JN225419

緒論 備考

2

一九四〇

在日朝鮮人資料叢書

史料編二編

在日朝鮮人資料叢書18

四
八

一、本資料集計「昭和十五年國勢調査」(內閣統計局)。

一、「你」分子多數在地在住(朝鮮人)「家庭本末」。

一、付属資料計「昭和十五年國勢調査」(内閣統計局)。

一、本資料集計「昭和十五年國勢調査」(内閣統計局)。

一、收錄之家庭大半為「不難明體所居多以之」，小莊戶者。

一、本資料集計「昭和十五年國勢調査」(内閣統計局)。

一、外地人及外國人「職業」(小分類) 職業人。

一、本資料集計「昭和十五年國勢調査」(内閣統計局)。

一、本資料集計「昭和十五年國勢調査」(内閣統計局)。

一、本資料集以「昭和十五年國勢調査」為底本之「外國人及外國人配偶」。
二、廿萬筆資料（昭和十五年國勢調査）〔外國籍配偶〕（外國籍配偶）〔外國籍配偶人〕。
三、廿二千份子文之內地在住者（配偶人）配偶本末之大。
四、廿五萬年國勢調査資料（小分類）配偶別小分類表。
五、昭和十五年國勢調査資料（小分類）配偶別小分類表。
六、本資料集版面（A5判）〔配偶本末〕。
七、收錄之大字之文本、不詳明確所屬多之大字、小社之縮縮字、繁榮（小分類）、臺灣（小分類）。
八、收錄之大字之文本、配偶本末之大。
九、外埠人及外國人配偶（小分類）配偶人。
十、廿萬筆資料（昭和十五年國勢調査）〔配偶別小分類表〕。
十一、廿五萬年國勢調査資料（小分類）配偶別小分類表。
十二、昭和十五年國勢調査資料（繁榮）〔配偶別小分類表〕。
十三、昭和十五年國勢調査資料（繁榮）〔配偶別小分類表〕。
十四、配偶、離妻等性別其道（内閣統計局）〔配偶別小分類表〕。
十五、配偶、離妻等性別其道（内閣統計局）〔配偶別小分類表〕。

2228	2227	2226	2225	2224	2223	2222	2221	2220	2219	2218	2217	2216	2215	2214	2213	2212	2211	2210	2209
建築用防水紙及防水布製造業	人造骨料製造業	玻璃製品製造業	發出售劑及防腐劑製造業	建築材料及耐火材料製造業	其他／化學製品製造業	電子元件製造業	水道業	電器機械及辦公機器製造業	其他／化學製品製造業	電子元件製造業	水道業	電器機械及辦公機器製造業	其他／化學製品製造業	電子元件製造業	水道業	電器機械及辦公機器製造業	其他／化學製品製造業	電子元件製造業	水道業
2288	2277	2266	2255	2244	2233	2222	2221	2220	2219	2218	2217	2216	2215	2214	2213	2212	2211	2210	2209
玻璃製器製造業	其他／瓦斯製造業	人造骨料製造業	建築用防水紙及防水布製造業	建築材料及耐火材料製造業	其他／化學製品製造業	電子元件製造業	水道業	電器機械及辦公機器製造業	其他／化學製品製造業	電子元件製造業	水道業	電器機械及辦公機器製造業	其他／化學製品製造業	電子元件製造業	水道業	電器機械及辦公機器製造業	其他／化學製品製造業	電子元件製造業	水道業
2298	2285	2277	2269	2268	2263	2262	2257	2254	2251	2250	2249	2248	2247	2246	2245	2244	2243	2242	2241
玻璃製器製造業	其他／瓦斯製造業	人造骨料製造業	建築用防水紙及防水布製造業	建築材料及耐火材料製造業	其他／化學製品製造業	電子元件製造業	水道業	電器機械及辦公機器製造業	其他／化學製品製造業	電子元件製造業	水道業	電器機械及辦公機器製造業	其他／化學製品製造業	電子元件製造業	水道業	電器機械及辦公機器製造業	其他／化學製品製造業	電子元件製造業	水道業

169	268	269	270	271	272	273	274	275	276	277	278	279	280	281	282	283	284	285	286	287	288	289	290	291	292	293	294	295	296	297	298	299	300
人道觀念下之文獻與藏物類遺證案	其他之文獻與藏物類遺證案	財團法人民權促進會	其他之文獻與藏物類遺證案																														
藏品與其說明文字	藏品與其說明文字	藏品與其說明文字	藏品與其說明文字	藏品與其說明文字	藏品與其說明文字	藏品與其說明文字	藏品與其說明文字	藏品與其說明文字	藏品與其說明文字	藏品與其說明文字	藏品與其說明文字	藏品與其說明文字	藏品與其說明文字	藏品與其說明文字	藏品與其說明文字	藏品與其說明文字	藏品與其說明文字	藏品與其說明文字	藏品與其說明文字	藏品與其說明文字	藏品與其說明文字	藏品與其說明文字	藏品與其說明文字	藏品與其說明文字	藏品與其說明文字	藏品與其說明文字	藏品與其說明文字	藏品與其說明文字	藏品與其說明文字	藏品與其說明文字	藏品與其說明文字	藏品與其說明文字	
168	169	170	171	172	173	174	175	176	177	178	179	180	181	182	183	184	185	186	187	188	189	190	191	192	193	194	195	196	197	198	199	200	

346	345	344	343	342	341	340	339	338	337	336	335	334	333	332	331	330	329	328	327	326	325	324	323	322	321	320
厨具(金属製 / 壁 / 玻璃 / 鐵鑄 鑄鐵製作業	鑄鐵製 作業																									
金屬製 作業	金屬製 作業	金屬製 作業	金屬製 作業	金屬製 作業	金屬製 作業	金屬製 作業	金屬製 作業	金屬製 作業	金屬製 作業	金屬製 作業	金屬製 作業	金屬製 作業	金屬製 作業	金屬製 作業	金屬製 作業	金屬製 作業	金屬製 作業	金屬製 作業	金屬製 作業	金屬製 作業	金屬製 作業	金屬製 作業	金屬製 作業	金屬製 作業	金屬製 作業	
316	315	314	313	312	311	310	309	308	306	304	303	302	300	298	297	294	293	292	291	290	289	288	287	286	285	284

386 385 384 383 382 381 380 379 378 377 376 375 374 373 372 371 370 369 368 367

372 370 368 365 362 361 359 359 357 356 355 354 353 352 351 350 348 347 346 345

卷一百一十一

III

459 458 457 456 455 454 453 452 451 450 449 448 447 446 VI

其 / 他 / 由 用 案

代 品 、 代 開 案

社 会 事 案 团 体

雇 用 、 訂 雇 、
雇 用 、 訂 雇

青 年 、 舞 蹚

其 / 他 / 訂 雇

養 老 案 、 文 票

醫 藥 案 、 清 帳 案

理 費 案 、 家 事 案

493 492 491 490 489 488 487 486 485 484 483 482 481 480

2

一九四〇

在日朝鮮人國籍調查資料

年 齢 年 齢	伐木夫、造材夫		電気係続工		給管工、給工		機械運転工、機工		工具保全工		ソーダ工		組合機械操業工		セメント業地工		バーチカル工		人頭17.5才以上		人頭17.5才以下		人頭スル勤工		
	男	女	男	女	男	女	男	女	男	女	男	女	男	女	男	女	男	女	男	女	男	女	男	女	
十五歳以下																									
十三歳																									
十四歳																									
十五歳																									
十六歳																									
十七歳																									
十八歳																									
十九歳																									
二十歳																									
二十一歳																									
二十二歳																									
二十三歳																									
二十四歳																									
二十五歳																									
二十六歳																									
二十七歳																									
二十八歳																									
二十九歳																									
三十歳																									
三十一歳																									
三十二歳																									
三十三歳																									
三十四歳																									
三十五歳																									
三十六歳																									
三十七歳																									
三十八歳																									
三十九歳																									
四十歳																									
四十一歳																									
四十二歳																									
四十三歳																									
四十四歳																									
四十五歳																									
四十六歳																									
四十七歳																									
四十八歳																									
四十九歳																									
五十歳																									
五十一歳																									
五十二歳																									
五十三歳																									
五十四歳																									
五十五歳																									
五十六歳																									
五十七歳																									
五十八歳																									
五十九歳																									
六十歳																									
年齢不詳																									
合計																									

113

年 齢 組 別	人組ス、社工		製造業		195人		織糸製造業		染物業		其他の工場		料理人、コック 等
	男	女	男	女	男	女	男	女	男	女	男	女	
十二歳以下													
十三歳	5	4	4	3	2	2	2	2	2	2	2	2	
十四歳	4	3	3	2	2	2	2	2	2	2	2	2	
十五歳	3	2	2	1	1	1	1	1	1	1	1	1	
十六歳	3	2	2	1	1	1	1	1	1	1	1	1	
十七歳	4	3	3	2	2	2	2	2	2	2	2	2	
十八歳	4	3	3	2	2	2	2	2	2	2	2	2	
十九歳	3	2	2	1	1	1	1	1	1	1	1	1	
二十歳	2	1	1	1	1	1	1	1	1	1	1	1	
二十一歳	1	1	1	1	1	1	1	1	1	1	1	1	
二十二歳	1	1	1	1	1	1	1	1	1	1	1	1	
二十三歳	1	1	1	1	1	1	1	1	1	1	1	1	
二十四歳	1	1	1	1	1	1	1	1	1	1	1	1	
二十五歳	1	1	1	1	1	1	1	1	1	1	1	1	
二十六歳	1	1	1	1	1	1	1	1	1	1	1	1	
二十七歳	1	1	1	1	1	1	1	1	1	1	1	1	
二十八歳	1	1	1	1	1	1	1	1	1	1	1	1	
二十九歳	1	1	1	1	1	1	1	1	1	1	1	1	
三十歳	1	1	1	1	1	1	1	1	1	1	1	1	
三十一歳	1	1	1	1	1	1	1	1	1	1	1	1	
三十二歳	1	1	1	1	1	1	1	1	1	1	1	1	
三十三歳	1	1	1	1	1	1	1	1	1	1	1	1	
三十四歳	3	2	2	1	1	1	1	1	1	1	1	1	
三十五歳	2	1	1	1	1	1	1	1	1	1	1	1	
三十六歳	2	1	1	1	1	1	1	1	1	1	1	1	
三十七歳	2	1	1	1	1	1	1	1	1	1	1	1	
三十八歳	2	1	1	1	1	1	1	1	1	1	1	1	
三十九歳	2	1	1	1	1	1	1	1	1	1	1	1	
四十歳	2	1	1	1	1	1	1	1	1	1	1	1	
四十一歳	2	1	1	1	1	1	1	1	1	1	1	1	
四十二歳	2	1	1	1	1	1	1	1	1	1	1	1	
四十三歳	2	1	1	1	1	1	1	1	1	1	1	1	
四十四歳	2	1	1	1	1	1	1	1	1	1	1	1	
四十五歳	2	1	1	1	1	1	1	1	1	1	1	1	
四十六歳	2	1	1	1	1	1	1	1	1	1	1	1	
四十七歳	2	1	1	1	1	1	1	1	1	1	1	1	
四十八歳	2	1	1	1	1	1	1	1	1	1	1	1	
四十九歳	2	1	1	1	1	1	1	1	1	1	1	1	
五十歳	2	1	1	1	1	1	1	1	1	1	1	1	
五十一歳	2	1	1	1	1	1	1	1	1	1	1	1	
五十二歳	2	1	1	1	1	1	1	1	1	1	1	1	
五十三歳	2	1	1	1	1	1	1	1	1	1	1	1	
五十四歳	2	1	1	1	1	1	1	1	1	1	1	1	
五十五歳	2	1	1	1	1	1	1	1	1	1	1	1	
五十六歳	2	1	1	1	1	1	1	1	1	1	1	1	
五十七歳	2	1	1	1	1	1	1	1	1	1	1	1	
五十八歳	2	1	1	1	1	1	1	1	1	1	1	1	
五十九歳	2	1	1	1	1	1	1	1	1	1	1	1	
六十歳以上	2	1	1	1	1	1	1	1	1	1	1	1	
勤務不詳	2	1	1	1	1	1	1	1	1	1	1	1	
合計	30	28	2	2	9	5	3	4	3	8	2	4	

年 輪 年 令	職 業 名	1965 カラー一ブレーフアイ／バ／製造業				1971 其ノ他／化學機械製造業				1971 其ノ他／化學機械製造業			
		小便 給仕	鍛 造	工 場	鍛 造	小便 給仕	鍛 造	工 場	鍛 造	研 化 工 人	其 他 業 品 製 造 工 人	ハ ル ブ 工 人	
十二歳以下	男	女	男	女	男	女	男	女	男	女	男	女	女
十三歳以下	三	三	一	一	一	一	一	一	二	二	一	一	一
十四歳	四	四	一	一	一	一	一	一	四	四	一	一	一
十五歳	五	五	一	一	一	一	一	一	一	一	一	一	一
十六歳	六	六	一	一	一	一	一	一	一	一	一	一	一
十七歳	七	七	一	一	一	一	一	一	一	一	一	一	一
十八歳	八	八	一	一	一	一	一	一	二	二	一	一	一
十九歳	九	九	一	一	一	一	一	一	一	一	一	一	一
二十歳	十	十	一	一	一	一	一	一	一	一	一	一	一
二十一歳	十一	十一	一	一	一	一	一	一	一	一	一	一	一
二十二歳	十二	十二	一	一	一	一	一	一	一	一	一	一	一
二十三歳	十三	十三	一	一	一	一	一	一	一	一	一	一	一
二十四歳	十四	十四	一	一	一	一	一	一	一	一	一	一	一
二十五歳	十五	十五	一	一	一	一	一	一	一	一	一	一	一
二十六歳	十六	十六	一	一	一	一	一	一	一	一	一	一	一
二十七歳	十七	十七	一	一	一	一	一	一	一	一	一	一	一
二十八歳	十八	十八	一	一	一	一	一	一	一	一	一	一	一
二十九歳	十九	十九	一	一	一	一	一	一	一	一	一	一	一
三十歳	二十	二十	一	一	一	一	一	一	一	一	一	一	一
三十一歳	二十一	二十一	一	一	一	一	一	一	一	一	一	一	一
三十二歳	二十二	二十二	一	一	一	一	一	一	一	一	一	一	一
三十三歳	二十三	二十三	一	一	一	一	一	一	一	一	一	一	一
三十四歳	二十四	二十四	一	一	一	一	一	一	一	一	一	一	一
三十五歳	二十五	二十五	一	一	一	一	一	一	一	一	一	一	一
三十六歳	二十六	二十六	一	一	一	一	一	一	一	一	一	一	一
三十七歳	二十七	二十七	一	一	一	一	一	一	一	一	一	一	一
三十八歳	二十八	二十八	一	一	一	一	一	一	一	一	一	一	一
三十九歳	二十九	二十九	一	一	一	一	一	一	一	一	一	一	一
四十歳	三十	三十	一	一	一	一	一	一	一	一	一	一	一
四十一歳	三十一	三十一	一	一	一	一	一	一	一	一	一	一	一
四十二歳	三十二	三十二	一	一	一	一	一	一	一	一	一	一	一
四十三歳	三十三	三十三	一	一	一	一	一	一	一	一	一	一	一
四十四歳	三十四	三十四	一	一	一	一	一	一	一	一	一	一	一
四十五歳	三十五	三十五	一	一	一	一	一	一	一	一	一	一	一
四十六歳	三十六	三十六	一	一	一	一	一	一	一	一	一	一	一
四十七歳	三十七	三十七	一	一	一	一	一	一	一	一	一	一	一
四十八歳	三十八	三十八	一	一	一	一	一	一	一	一	一	一	一
四十九歳	三十九	三十九	一	一	一	一	一	一	一	一	一	一	一
五十歳以上	四十	四十	一	一	一	一	一	一	一	一	一	一	一
年 輪 合 計	八	八	二	二	二	二	二	二	八	八	二	二	二

年 齢 組 合	203 石油及化粧品製造業										204 人造レジン素地及製品製造業	
	男	女	男	女	男	女	男	女	男	女	男	女
十二歳以下												
十三歳												
十四歳												
十五歳												
十六歳												
十七歳												
十八歳												
十九歳												
二十歳												
二十一歳												
二十二歳												
二十三歳												
二十四歳												
二十五歳												
二十六歳												
二十七歳												
二十八歳												
二十九歳												
三十歳												
三十一歳												
三十二歳												
三十三歳												
三十四歳												
三十五歳												
三十六歳												
三十七歳												
三十八歳												
三十九歳												
四十歳												
四十一歳												
四十二歳												
四十三歳												
四十四歳												
四十五歳												
四十六歳												
四十七歳												
四十八歳												
四十九歳												
五十歳												
五十一歳												
五十二歳												
五十三歳												
五十四歳												
五十五歳												
五十六歳												
五十七歳												
五十八歳												
五十九歳												
六十歳以上												
年齢不詳												
合計	2	32	7	6	39	5	4	2	843	48	7	

209種家用防水紙及防水布製造業 （金額単位：千九百六十）											2017年1月度販賣量 總數
年 齡 組 別	性 別	手 工			二 工 加 工			製 紙			物 品 類 別
		男	女	男	女	男	女	男	女	男	
十二歲以下											
十三歲	男										
十四歲	男										
十五歲	男										
十六歲	男										
十七歲	男										
十八歲	男										
十九歲	男										
二十歲	男										
廿一歲	男										
廿二歲	男										
廿三歲	男										
廿四歲	男										
廿五歲	男										
廿六歲	男										
廿七歲	男										
廿八歲	男										
廿九歲	男										
三十歲	男										
卅一歲	男										
卅二歲	男										
卅三歲	男										
卅四歲	男										
卅五歲	男										
卅六歲	男										
卅七歲	男										
卅八歲	男										
卅九歲	男										
四十歲	男										
四十一歲	男										
四十二歲	男										
四十三歲	男										
四十四歲	男										
四十五歲	男										
四十六歲	男										
四十七歲	男										
四十八歲	男										
四十九歲	男										
五十歲	男										
五十一歲	男										
五十二歲	男										
五十三歲	男										
五十四歲	男										
五十五歲	男										
五十六歲	男										
五十七歲	男										
五十八歲	男										
五十九歲	男										
六十歲以上	男										
年齡不知	男										
合計	男										

213 胡料製造業

215 研磨材料及研磨用品調查案

年 齡 組 別 人 數 人	214 細虫劑及防腐劑製造		215 研磨材料及研磨用品調查案	
	男	女	男	女
十二歲以下				
十三歲				
十四歲				
十五歲				
十六歲				
十七歲				
十八歲				
十九歲				
二十歲				
二十一歲				
二十二歲				
二十三歲				
二十四歲				
二十五歲				
二十六歲				
二十七歲				
二十八歲				
二十九歲				
三十歲				
三十一歲				
三十二歲				
三十三歲				
三十四歲				
三十五歲				
三十六歲				
三十七歲				
三十八歲				
三十九歲				
四十歲				
四十一歲				
四十二歲				
四十三歲				
四十四歲				
四十五歲				
四十六歲				
四十七歲				
四十八歲				
四十九歲				
五十歲				
五十一歲				
五十二歲				
五十三歲				
五十四歲				
五十五歲				
五十六歲				
五十七歲				
五十八歲				
五十九歲				
六十歲以上				
年齡不詳				
合計	2	/	3	4
			10	5
			402	264
			6	4

年 齢 別 別	性 別	職 業	会員登録月日(生年月日)	2.15 初等科及幼稚園用品製造				2.15 初等科及幼稚園用品製造				2.15 初等科及幼稚園用品製造			
				男	女	男	女	男	女	男	女	男	女	男	女
十七歳以上	男	農業	1912.12.31	/	2	/	2	/	2	/	2	/	2	/	2
十三歳	男	農業	1913.12.31	/	2	/	2	/	2	/	2	/	2	/	2
十四歳	男	農業	1914.12.31	/	2	/	2	/	2	/	2	/	2	/	2
十五歳	男	農業	1915.12.31	/	2	/	2	/	2	/	2	/	2	/	2
十六歳	男	農業	1916.12.31	/	2	/	2	/	2	/	2	/	2	/	2
十七歳	男	農業	1917.12.31	/	2	/	2	/	2	/	2	/	2	/	2
十八歳	男	農業	1918.12.31	/	2	/	2	/	2	/	2	/	2	/	2
十九歳	男	農業	1919.12.31	/	2	/	2	/	2	/	2	/	2	/	2
二十歳	男	農業	1920.12.31	/	2	/	2	/	2	/	2	/	2	/	2
二十一歳	男	農業	1921.12.31	/	2	/	2	/	2	/	2	/	2	/	2
二十二歳	男	農業	1922.12.31	/	2	/	2	/	2	/	2	/	2	/	2
二十三歳	男	農業	1923.12.31	/	2	/	2	/	2	/	2	/	2	/	2
二十四歳	男	農業	1924.12.31	/	2	/	2	/	2	/	2	/	2	/	2
二十五歳	男	農業	1925.12.31	/	2	/	2	/	2	/	2	/	2	/	2
二十六歳	男	農業	1926.12.31	/	2	/	2	/	2	/	2	/	2	/	2
二十七歳	男	農業	1927.12.31	/	2	/	2	/	2	/	2	/	2	/	2
二十八歳	男	農業	1928.12.31	/	2	/	2	/	2	/	2	/	2	/	2
二十九歳	男	農業	1929.12.31	/	2	/	2	/	2	/	2	/	2	/	2
三十歳	男	農業	1930.12.31	/	2	/	2	/	2	/	2	/	2	/	2
三十一歳	男	農業	1931.12.31	/	2	/	2	/	2	/	2	/	2	/	2
三十二歳	男	農業	1932.12.31	/	2	/	2	/	2	/	2	/	2	/	2
三十三歳	男	農業	1933.12.31	/	2	/	2	/	2	/	2	/	2	/	2
三十四歳	男	農業	1934.12.31	/	2	/	2	/	2	/	2	/	2	/	2
三十五歳	男	農業	1935.12.31	/	2	/	2	/	2	/	2	/	2	/	2
三十六歳	男	農業	1936.12.31	/	2	/	2	/	2	/	2	/	2	/	2
三十七歳	男	農業	1937.12.31	/	2	/	2	/	2	/	2	/	2	/	2
三十八歳	男	農業	1938.12.31	/	2	/	2	/	2	/	2	/	2	/	2
三十九歳	男	農業	1939.12.31	/	2	/	2	/	2	/	2	/	2	/	2
四十歳	男	農業	1940.12.31	/	2	/	2	/	2	/	2	/	2	/	2
四十一歳	男	農業	1941.12.31	/	2	/	2	/	2	/	2	/	2	/	2
四十二歳	男	農業	1942.12.31	/	2	/	2	/	2	/	2	/	2	/	2
四十三歳	男	農業	1943.12.31	/	2	/	2	/	2	/	2	/	2	/	2
四十四歳	男	農業	1944.12.31	/	2	/	2	/	2	/	2	/	2	/	2
四十五歳	男	農業	1945.12.31	/	2	/	2	/	2	/	2	/	2	/	2
四十六歳	男	農業	1946.12.31	/	2	/	2	/	2	/	2	/	2	/	2
四十七歳	男	農業	1947.12.31	/	2	/	2	/	2	/	2	/	2	/	2
四十八歳	男	農業	1948.12.31	/	2	/	2	/	2	/	2	/	2	/	2
四十九歳	男	農業	1949.12.31	/	2	/	2	/	2	/	2	/	2	/	2
五十歳	男	農業	1950.12.31	/	2	/	2	/	2	/	2	/	2	/	2
年齢合計	41	42	2	668	27	5	6	8	9	4	9	4	9	4	9

216 族業製品製造業

年 齢 組 合 会 員 数 千 人	職業工 人 数 千 人	黒船ルツボ工 具售人 其ノ他ノ職業者 男 女	其ノ他ノ職工 男 女	216 族業製品製造業		汽 車 織 土 火 天 油 差 薪 造 工 男 女	
				ガキ(旅館)等 男 女	自動車運転手 男 女		
十二歳以下							
十三歳							
十四歳							
十五歳							
十六歳							
十七歳							
十八歳							
十九歳							
二十歳							
二十一歳							
二十二歳							
二十三歳							
二十四歳							
二十五歳							
二十六歳							
二十七歳							
二十八歳							
二十九歳							
三十歳							
三十一歳							
三十二歳							
三十三歳							
三十四歳							
三十五歳							
三十六歳							
三十七歳							
三十八歳							
三十九歳							
四十歳							
四十一歳							
四十二歳							
四十三歳							
四十四歳							
四十五歳							
四十六歳							
四十七歳							
四十八歳							
四十九歳							
五十歳							
五十一歳							
五十二歳							
五十三歳							
五十四歳							
五十五歳							
五十六歳							
五十七歳							
五十八歳							
五十九歳							
六十歳以上							
平均	4.7	3.3	2.2	2.2	2.2	2.2	2.2

職業		216 農業品製造業 農業、林業、漁業者 其の他 ^(他)			217 コーヒー製造業 焙煎、挽き、調理用器具等 其の他 ^(他)		
年齢	性別	男	女	男	女	男	女
二十歳以下	男	/	/	/	/	/	/
十三歳未満	男	/	/	/	/	/	/
十四歳	男	/	/	/	/	/	/
十五歳	男	2	/	/	/	2	/
十六歳	男	2	/	/	/	5	/
十七歳	男	2	/	/	/	5	/
十八歳	男	2	/	/	/	9	/
十九歳	男	2	/	/	/	7	/
二十歳	男	2	/	/	/	3	/
二十一歳	男	2	/	/	/	3	/
二十二歳	男	2	/	/	/	22	2
二十三歳	男	2	/	/	/	24	/
二十四歳	男	2	/	/	/	24	/
二十五歳	男	2	/	/	/	23	/
二十六歳	男	2	/	/	/	22	/
二十七歳	男	2	/	/	/	22	/
二十八歳	男	2	/	/	/	22	/
二十九歳	男	2	/	/	/	22	/
三十歳	男	2	/	/	/	22	/
三十一歳	男	2	/	/	/	22	/
三十二歳	男	2	/	/	/	22	/
三十三歳	男	2	/	/	/	22	/
三十四歳	男	2	/	/	/	22	/
三十五歳	男	2	/	/	/	22	/
三十六歳	男	2	/	/	/	22	/
三十七歳	男	2	/	/	/	22	/
三十八歳	男	2	/	/	/	22	/
三十九歳	男	2	/	/	/	22	/
四十歳	男	2	/	/	/	22	/
四十一歳	男	2	/	/	/	22	/
四十二歳	男	2	/	/	/	22	/
四十三歳	男	2	/	/	/	22	/
四十四歳	男	2	/	/	/	22	/
四十五歳	男	2	/	/	/	22	/
四十六歳	男	2	/	/	/	22	/
四十七歳	男	2	/	/	/	22	/
四十八歳	男	2	/	/	/	22	/
四十九歳	男	2	/	/	/	22	/
五十歳以上	男	2	/	/	/	22	/
年齢不詳	男	2	/	/	/	22	/
合計	男	24	1	5	1	64	41

2117 コークス製造業
パルプ工
男 女

218 其ノ他ノ化學製品製造業

218 其ノ他ノ化学製品製造業

年 齢 組 合 会 員 数 (単位: 人)	218) 其)他 / 化粧品製造業		219) 八 業		220) 九 電気技術者		221) 一 機械工具、機器、汽水機器等		222) 二 金属加工業		223) 三 有機化學工業	
	男	女	男	女	男	女	男	女	男	女	男	女
十五歳以上	/	/	/	/	/	/	/	/	/	/	/	/
十五歳 2	/	/	/	/	/	/	/	/	/	/	/	/
十四歳 2	/	/	/	/	/	/	/	/	/	/	/	/
十三歳 2	/	/	/	/	/	/	/	/	/	/	/	/
十二歳 2	/	/	/	/	/	/	/	/	/	/	/	/
十一歳 2	/	/	/	/	/	/	/	/	/	/	/	/
十歳 2	/	/	/	/	/	/	/	/	/	/	/	/
九歳 2	/	/	/	/	/	/	/	/	/	/	/	/
八歳 2	/	/	/	/	/	/	/	/	/	/	/	/
七歳 2	/	/	/	/	/	/	/	/	/	/	/	/
六歳 2	/	/	/	/	/	/	/	/	/	/	/	/
五歳 2	/	/	/	/	/	/	/	/	/	/	/	/
四歳 2	/	/	/	/	/	/	/	/	/	/	/	/
三歳 2	/	/	/	/	/	/	/	/	/	/	/	/
二歳 2	/	/	/	/	/	/	/	/	/	/	/	/
一歳 2	/	/	/	/	/	/	/	/	/	/	/	/
半歳 2	/	/	/	/	/	/	/	/	/	/	/	/
合計	/	/	4	52	8	1	40	9	2	1	40	2

年 期	被訪者性別	職業	220電気業												常時就業者	其他ノルマ操作者	専門電工	通信電機装置工		
			印刷工	印刷工	機械製工組立工	機械製工組立工	料理人	コック	鉄筋工	鉄鋼工	コンクリート工	石工	瓦工	漆工	男	女	男	女		
十二月 下	男	女																		
十三月 上	男	女																		
十三月 下	男	女																		
十四月 上	男	女																		
十四月 下	男	女																		
十五月 上	男	女																		
十五月 下	男	女																		
十六月 上	男	女																		
十六月 下	男	女																		
十七月 上	男	女																		
十七月 下	男	女																		
十八月 上	男	女																		
十八月 下	男	女																		
十九月 上	男	女																		
十九月 下	男	女																		
二十月 上	男	女																		
二十月 下	男	女																		
二十一月 上	男	女																		
二十一月 下	男	女																		
二十二月 上	男	女																		
二十二月 下	男	女																		
二十三月 上	男	女																		
二十三月 下	男	女																		
二十四月 上	男	女																		
二十四月 下	男	女																		
二十五月 上	男	女																		
二十五月 下	男	女																		
二十六月 上	男	女																		
二十六月 下	男	女																		
二十七月 上	男	女																		
二十七月 下	男	女																		
二十八月 上	男	女																		
二十八月 下	男	女																		
二十九月 上	男	女																		
二十九月 下	男	女																		
三十月 上	男	女																		
三十月 下	男	女																		
三十一月 上	男	女																		
三十一月 下	男	女																		
三十二月 上	男	女																		
三十二月 下	男	女																		
三十三月 上	男	女																		
三十三月 下	男	女																		
三十四月 上	男	女																		
三十四月 下	男	女																		
三十五月 上	男	女																		
三十五月 下	男	女																		
三十六月 上	男	女																		
三十六月 下	男	女																		
三十七月 上	男	女																		
三十七月 下	男	女																		
三十八月 上	男	女																		
三十八月 下	男	女																		
三十九月 上	男	女																		
三十九月 下	男	女																		
四十月 上	男	女																		
四十月 下	男	女																		
四十一月 上	男	女																		
四十一月 下	男	女																		
四十二月 上	男	女																		
四十二月 下	男	女																		
四十三月 上	男	女																		
四十三月 下	男	女																		
四十四月 上	男	女																		
四十四月 下	男	女																		
四十五月 上	男	女																		
四十五月 下	男	女																		
四十六月 上	男	女																		
四十六月 下	男	女																		
四十七月 上	男	女																		
四十七月 下	男	女																		
四十八月 上	男	女																		
四十八月 下	男	女																		
四十九月 上	男	女																		
四十九月 下	男	女																		
五十月 上	男	女																		
五十月 下	男	女																		
五十一月 上	男	女																		
五十一月 下	男	女																		
五十二月 上	男	女																		
五十二月 下	男	女																		
五十三月 上	男	女																		
五十三月 下	男	女																		
五十四月 上	男	女																		
五十四月 下	男	女																		
五十五月 上	男	女																		
五十五月 下	男	女																		
五十六月 上	男	女																		
五十六月 下	男	女																		
五十七月 上	男	女																		
五十七月 下	男	女																		
五十八月 上	男	女																		
五十八月 下	男	女																		
五十九月 上	男	女																		
五十九月 下	男	女																		
六十月 上	男	女																		
六十月 下	男	女																		
六十一月 上	男	女																		
六十一月 下	男	女																		
六十二月 上	男	女																		
六十二月 下	男	女																		
六十三月 上	男	女																		
六十三月 下	男	女																		
六十四月 上	男	女																		
六十四月 下	男	女																		
六十五月 上	男	女																		
六十五月 下	男	女																		
六十六月 上	男	女																		
六十六月 下	男	女																		
六十七月 上	男	女																		
六十七月 下	男	女																		
六十八月 上	男	女																		
六十八月 下	男	女																		
六十九月 上	男	女																		
六十九月 下	男	女																		
七十月 上	男	女																		
七十月 下	男	女																		
七十一月 上	男	女																		
七十一月 下	男	女																		

年 齢 組 別	233 陶磁器給付業				224 ガラス及ガラス製品製造業			
	火 夫 油 差 男 男 女 女	荷 造 工 小 便 給 仕 女 男 男 女	販 賣 正 社 員 娘 役 者 娘 役 者	一 般 事 務 員 娘 役 者 娘 役 者	經 營 者 男 男 女 女	經 營 者 男 男 女 女	就業技術者 男 男 女 女	就業技術者 男 男 女 女
十五歳以下	/	/	/	/	941	104	/	/
十六歳	/	/	/	/	153	77	/	/
十七歳	/	/	/	/	225	60	/	/
十八歳	/	/	/	/	280	77	/	/
十九歳	/	/	/	/	290	29	/	/
二十歳	/	/	/	/	328	47	/	/
二十一歳	/	/	/	/	324	52	/	/
二十二歳	/	/	/	/	304	57	/	/
二十三歳	/	/	/	/	259	28	/	/
二十四歳	/	/	/	/	214	32	/	/
二十五歳	/	/	/	/	216	23	/	/
二十六歳	/	/	/	/	281	29	/	/
二十七歳	/	/	/	/	290	29	/	/
二十八歳	/	/	/	/	294	25	/	/
二十九歳	/	/	/	/	292	21	/	/
三十歳	/	/	/	/	292	21	/	/
三十一歳	/	/	/	/	292	21	/	/
三十二歳	/	/	/	/	292	21	/	/
三十三歳	/	/	/	/	292	21	/	/
三十四歳	/	/	/	/	292	21	/	/
三十五歳	/	/	/	/	292	21	/	/
三十六歳	/	/	/	/	292	21	/	/
三十七歳	/	/	/	/	292	21	/	/
三十八歳	/	/	/	/	292	21	/	/
三十九歳	/	/	/	/	292	21	/	/
四十歳	/	/	/	/	292	21	/	/
四十一歳	/	/	/	/	292	21	/	/
四十二歳	/	/	/	/	292	21	/	/
四十三歳	/	/	/	/	292	21	/	/
四十四歳	/	/	/	/	292	21	/	/
四十五歳	/	/	/	/	292	21	/	/
四十六歳	/	/	/	/	292	21	/	/
四十七歳	/	/	/	/	292	21	/	/
四十八歳	/	/	/	/	292	21	/	/
四十九歳	/	/	/	/	292	21	/	/
五十歳	/	/	/	/	292	21	/	/
五十一歳	/	/	/	/	292	21	/	/
五十二歳	/	/	/	/	292	21	/	/
五十三歳	/	/	/	/	292	21	/	/
五十四歳	/	/	/	/	292	21	/	/
五十五歳	/	/	/	/	292	21	/	/
五十六歳	/	/	/	/	292	21	/	/
五十七歳	/	/	/	/	292	21	/	/
五十八歳	/	/	/	/	292	21	/	/
五十九歳	/	/	/	/	292	21	/	/
六十歳以上	/	/	/	/	292	21	/	/
年齢不詳	/	/	/	/	292	21	/	/
合計	2	2	2	2	6,825	986	3	9

224 ガラス及ガラス製品製造業

224 ガラス及ガラス製品製造業

年 齢 組 別 性 別	高齢シカウチ業 者	料理人、コック、其の他の品物業者	大工	工 業	コンクリート工 業	煉瓦タイル屋根工 業	瓦、職業 者	職業 者	其の他の土建業者	完電工 業
十 二 歳 未 満										
十三 歳										
十四 歳										
十五 歳										
十六 歳										
十七 歳										
十八 歳										
十九 歳										
二十 歳										
二十一 歳										
二十二 歳										
二十三 歳										
二十四 歳										
二十五 歳										
二十六 歳										
二十七 歳										
二十八 歳										
二十九 歳										
三十 歳										
三十一 歳										
三十二 歳										
三十三 歳										
三十四 歳										
三十五 歳										
三十六 歳										
三十七 歳										
三十八 歳										
三十九 歳										
四十 歳										
四十一 歳										
四十二 歳										
四十三 歳										
四十四 歳										
四十五 歳										
四十六 歳										
四十七 歳										
四十八 歳										
四十九 歳										
五十 歳										
五十一 歳										
五十二 歳										
五十三 歳										
五十四 歳										
五十五 歳										
五十六 歳										
五十七 歳										
五十八 歳										
五十九 歳										
六十 歳										
六十 歳以上										
年 齢 組 別 性 別										
合 計	2	2	2	2	2	2	2	2	2	2

224 ガラス及ガラス製品製造業

年 齢 組	性 別	業 種	工 業	小 使 給 主	就業者 員	就業者 員(中等職業)	其 他 作 業 者	画 家 園 芸 術 家	總 数	一般事務官		露天採掘業		土砂採掘業		造 塊 業		工 業		船 舶 航 運	
										男	女	男	女	男	女	男	女	男	女	男	女
十二歳以下	男	農、漁、道	工	小使給主	就業者	就業者(中等職業)	其 他 作 業 者	画 家 園 芸 術 家	總 数	一般事務官	露天採掘業	土砂採掘業	造 塊 業	工 業	船 舶 航 運	男	女	男	女	男	女
+ 三歳	男				3				2												
+ 四歳	男								2												
+ 五歳	男								2												
+ 六歳	男								2												
+ 七歳	男								2												
+ 八歳	男								2												
+ 九歳	男								2												
+ 十歳	男								2												
+ 十一歳	男								2												
+ 十二歳	男								2												
+ 十三歳	男								2												
+ 十四歳	男								2												
+ 十五歳	男								2												
+ 十六歳	男								2												
+ 十七歳	男								2												
+ 十八歳	男								2												
+ 十九歳	男								2												
+ 二十歳	男								2												
+ 二十一歳	男								2												
+ 二十二歳	男								2												
+ 二十三歳	男								2												
+ 二十四歳	男								2												
+ 二十五歳	男								2												
+ 二十六歳	男								2												
+ 二十七歳	男								2												
+ 二十八歳	男								2												
+ 二十九歳	男								2												
+ 三十歳以上	男								2												
合	21								2												

年 令	性別 別職業・外ソシル職業別	石 工	工 業機械大工・ガラス工場工 其の他土木機械業者	電気工 業	其の他電工	ハサワ工 業	磨工・磨工・分析工	精整業・精整業・表面処理業	自動車用電子 部品・自動車用電子部品	自動車用電子部品
	男	女	男	女	男	女	男	女	男	女
十五歳以下	/	/	/	/	/	/	/	/	/	/
十三歳	/	/	/	/	/	/	/	/	/	/
十四歳	/	/	/	/	/	/	/	/	/	/
十五歳	/	/	/	/	/	/	/	/	/	/
十六歳	/	/	/	/	/	/	/	/	/	/
十七歳	/	/	/	/	/	/	/	/	/	/
十八歳	/	/	/	/	/	/	/	/	/	/
十九歳	/	/	/	/	/	/	/	/	/	/
二十歳	/	/	/	/	/	/	/	/	/	/
二十一歳	/	/	/	/	/	/	/	/	/	/
二十二歳	/	/	/	/	/	/	/	/	/	/
二十三歳	/	/	/	/	/	/	/	/	/	/
二十四歳	/	/	/	/	/	/	/	/	/	/
二十五歳	/	/	/	/	/	/	/	/	/	/
二十六歳	/	/	/	/	/	/	/	/	/	/
二十七歳	/	/	/	/	/	/	/	/	/	/
二十八歳	/	/	/	/	/	/	/	/	/	/
二十九歳	/	/	/	/	/	/	/	/	/	/
三十歳	/	/	/	/	/	/	/	/	/	/
三十一歳	/	/	/	/	/	/	/	/	/	/
三十二歳	/	/	/	/	/	/	/	/	/	/
三十三歳	/	/	/	/	/	/	/	/	/	/
三十四歳	/	/	/	/	/	/	/	/	/	/
三十五歳	/	/	/	/	/	/	/	/	/	/
三十六歳	/	/	/	/	/	/	/	/	/	/
三十七歳	/	/	/	/	/	/	/	/	/	/
三十八歳	/	/	/	/	/	/	/	/	/	/
三十九歳	/	/	/	/	/	/	/	/	/	/
四十歳	/	/	/	/	/	/	/	/	/	/
四十一歳	/	/	/	/	/	/	/	/	/	/
四十二歳	/	/	/	/	/	/	/	/	/	/
四十三歳	/	/	/	/	/	/	/	/	/	/
四十四歳	/	/	/	/	/	/	/	/	/	/
四十五歳	/	/	/	/	/	/	/	/	/	/
四十六歳	/	/	/	/	/	/	/	/	/	/
四十七歳	/	/	/	/	/	/	/	/	/	/
四十八歳	/	/	/	/	/	/	/	/	/	/
四十九歳	/	/	/	/	/	/	/	/	/	/
五十歳	/	/	/	/	/	/	/	/	/	/
五十一歳	/	/	/	/	/	/	/	/	/	/
五十二歳	/	/	/	/	/	/	/	/	/	/
五十三歳	/	/	/	/	/	/	/	/	/	/
五十四歳	/	/	/	/	/	/	/	/	/	/
五十五歳	/	/	/	/	/	/	/	/	/	/
五十六歳	/	/	/	/	/	/	/	/	/	/
五十七歳	/	/	/	/	/	/	/	/	/	/
五十八歳	/	/	/	/	/	/	/	/	/	/
五十九歳	/	/	/	/	/	/	/	/	/	/
六十歳	/	/	/	/	/	/	/	/	/	/
六十一歳	/	/	/	/	/	/	/	/	/	/
六十二歳	/	/	/	/	/	/	/	/	/	/
六十三歳	/	/	/	/	/	/	/	/	/	/
六十四歳	/	/	/	/	/	/	/	/	/	/
六十五歳	/	/	/	/	/	/	/	/	/	/
六十六歳	/	/	/	/	/	/	/	/	/	/
六十七歳	/	/	/	/	/	/	/	/	/	/
六十八歳	/	/	/	/	/	/	/	/	/	/
六十九歳	/	/	/	/	/	/	/	/	/	/
七十歳	/	/	/	/	/	/	/	/	/	/
七十一歳	/	/	/	/	/	/	/	/	/	/
七十二歳	/	/	/	/	/	/	/	/	/	/
七十三歳	/	/	/	/	/	/	/	/	/	/
七十四歳	/	/	/	/	/	/	/	/	/	/
七十五歳	/	/	/	/	/	/	/	/	/	/
七十六歳	/	/	/	/	/	/	/	/	/	/
七十七歳	/	/	/	/	/	/	/	/	/	/
七十八歳	/	/	/	/	/	/	/	/	/	/
七十九歳	/	/	/	/	/	/	/	/	/	/
八十歳	/	/	/	/	/	/	/	/	/	/
八十一歳	/	/	/	/	/	/	/	/	/	/
八十二歳	/	/	/	/	/	/	/	/	/	/
八十三歳	/	/	/	/	/	/	/	/	/	/
八十四歳	/	/	/	/	/	/	/	/	/	/
八十五歳	/	/	/	/	/	/	/	/	/	/
八十六歳	/	/	/	/	/	/	/	/	/	/
八十七歳	/	/	/	/	/	/	/	/	/	/
八十八歳	/	/	/	/	/	/	/	/	/	/
八十九歳	/	/	/	/	/	/	/	/	/	/
九十歳	/	/	/	/	/	/	/	/	/	/

225. 七メント製造業		226. 瓦及耐火物製造業	
年 齢 組	職業別 従事者数	年 齢 組	職業別 従事者数
男	女	男	女
+ 15 歳以下	其ノ他ノ作業者	225. 七メント製造業	226. 瓦及耐火物製造業
+ 16 歳	1	男	男
+ 17 歳	1	女	女
+ 18 歳	1	男	男
+ 19 歳	2	女	女
+ 20 歳	1	男	男
+ 21 歳	1	女	女
+ 22 歳	1	男	男
+ 23 歳	1	女	女
+ 24 歳	2	男	男
+ 25 歳	1	女	女
+ 26 歳	1	男	男
+ 27 歳	1	女	女
+ 28 歳	1	男	男
+ 29 歳	1	女	女
+ 30 歳	1	男	男
+ 31 歳	1	女	女
+ 32 歳	1	男	男
+ 33 歳	1	女	女
+ 34 歳	1	男	男
+ 35 歳	1	女	女
+ 36 歳	1	男	男
+ 37 歳	1	女	女
+ 38 歳	1	男	男
+ 39 歳	1	女	女
+ 40 歳	1	男	男
+ 41 歳	1	女	女
+ 42 歳	1	男	男
+ 43 歳	1	女	女
+ 44 歳	1	男	男
+ 45 歳	1	女	女
+ 46 歳	1	男	男
+ 47 歳	1	女	女
+ 48 歳	1	男	男
+ 49 歳	1	女	女
+ 50 歳	1	男	男
+ 51 歳	1	女	女
+ 52 歳	1	男	男
+ 53 歳	1	女	女
+ 54 歳	1	男	男
+ 55 歳	1	女	女
+ 56 歳	1	男	男
+ 57 歳	1	女	女
+ 58 歳	1	男	男
+ 59 歳	1	女	女
+ 60 歳	1	男	男
+ 61 歳	1	女	女
+ 62 歳	1	男	男
+ 63 歳	1	女	女
+ 64 歳	1	男	男
+ 65 歳	1	女	女
+ 66 歳	1	男	男
+ 67 歳	1	女	女
+ 68 歳	1	男	男
+ 69 歳	1	女	女
+ 70 歳	1	男	男
+ 71 歳	1	女	女
+ 72 歳	1	男	男
+ 73 歳	1	女	女
+ 74 歳	1	男	男
+ 75 歳	1	女	女
+ 76 歳	1	男	男
+ 77 歳	1	女	女
+ 78 歳	1	男	男
+ 79 歳	1	女	女
+ 80 歳	1	男	男
+ 81 歳	1	女	女
+ 82 歳	1	男	男
+ 83 歳	1	女	女
+ 84 歳	1	男	男
+ 85 歳	1	女	女
+ 86 歳	1	男	男
+ 87 歳	1	女	女
+ 88 歳	1	男	男
+ 89 歳	1	女	女
+ 90 歳	1	男	男
+ 91 歳	1	女	女
+ 92 歳	1	男	男
+ 93 歳	1	女	女
+ 94 歳	1	男	男
+ 95 歳	1	女	女
+ 96 歳	1	男	男
+ 97 歳	1	女	女
+ 98 歳	1	男	男
+ 99 歳	1	女	女
+ 100 歳以上	2	男	男
合計	443	1	2

年 齢 組	性 別	雇 用 形 態	業 種	其の他の土木業者		少少工場施設工合会		自働車運送手		人材雇用者		職業別就業者		店舗業者		就業者		其の他の作業者	
				男	女	男	女	男	女	男	女	男	女	男	女	男	女	男	女
二十歳以下																			
二十 三 歳																			
二十 四 歳																			
二十 五 歳																			
二十一 歳																			
二十二 歳																			
二十三 歳																			
二十四 歳																			
二十五 歳																			
二十六 歳																			
二十七 歳																			
二十八 歳																			
二十九 歳																			
三十 歳																			
三十一 歳																			
三十二 歳																			
三十三 歳																			
三十四 歳																			
三十五 歳																			
三十六 歳																			
三十七 歳																			
三十八 歳																			
三十九 歳																			
四十 歳																			
四十一 歳																			
四十二 歳																			
四十三 歳																			
四十四 歳																			
四十五 歳																			
四十六 歳																			
四十七 歳																			
四十八 歳																			
四十九 歳																			
五十 歳																			
五十 歳以上																			
半 年 不 詳																			
合 計	N			3		8		/	2		4		8		3		9	2	2

年 令	組合員	金屬フレーム工	打抜工	ドラム缶	アキレス工	接合工	ガス	溶接工	電気溶接工	其他ノ接合工	K/電気溶接機操作者	手仕上工	機械整備社員工	機械整備工	組立工	塗料工	其他外品類製造業	男	女
45 未満	2																		
46 歳	2																		
47 歳	2																		
48 歳	2																		
49 歳	2																		
50 歳	2																		
51 歳	2																		
52 歳	2																		
53 歳	2																		
54 歳	2																		
55 歳	2																		
56 歳	2																		
57 歳	2																		
58 歳	2																		
59 歳	2																		
60 歳	2																		
61 歳	2																		
62 歳	2																		
63 歳	2																		
64 歳	2																		
65 歳	2																		
66 歳	2																		
67 歳	2																		
68 歳	2																		
69 歳	2																		
70 歳	2																		
71 歳	2																		
72 歳	2																		
73 歳	2																		
74 歳	2																		
75 歳	2																		
76 歳	2																		
77 歳	2																		
78 歳	2																		
79 歳	2																		
80 歳	2																		
81 歳	2																		
82 歳	2																		
83 歳	2																		
84 歳	2																		
85 歳	2																		
86 歳	2																		
87 歳	2																		
88 歳	2																		
89 歳	2																		
90 歳	2																		
91 歳	2																		
92 歳	2																		
93 歳	2																		
94 歳	2																		
95 歳	2																		
96 歳	2																		
97 歳	2																		
98 歳	2																		
99 歳	2																		
100 歳	2																		
101 歳	2																		
102 歳	2																		
103 歳	2																		
104 歳	2																		
105 歳	2																		
106 歳	2																		
107 歳	2																		
108 歳	2																		
109 歳	2																		
110 歳	2																		
111 歳	2																		
112 歳	2																		
113 歳	2																		
114 歳	2																		
115 歳	2																		
116 歳	2																		
117 歳	2																		
118 歳	2																		
119 歳	2																		
120 歳	2																		
121 歳	2																		
122 歳	2																		
123 歳	2																		
124 歳	2																		
125 歳	2																		
126 歳	2																		
127 歳	2																		
128 歳	2																		
129 歳	2																		
130 歳	2																		
131 歳	2																		
132 歳	2																		
133 歳	2																		
134 歳	2																		
135 歳	2																		
136 歳	2																		
137 歳	2																		
138 歳	2																		
139 歳	2																		
140 歳	2																		
141 歳	2																		
142 歳	2																		
143 歳	2																		
144 歳	2																		
145 歳	2																		
146 歳	2																		
147 歳	2																		
148 歳	2																		
149 歳	2																		
150 歳	2																		
151 歳	2																		
152 歳	2																		
153 歳	2																		
154 歳	2																		
155 歳	2																		
156 歳	2																		
157 歳	2																		
158 歳	2																		
159 歳	2																		
160 歳	2																		
161 歳	2																		
162 歳	2																		
163 歳	2																		
164 歳	2																		
165 歳	2																		
166 歳	2																		
167 歳	2																		
168 歳	2																		
169 歳	2																		
170 歳	2																		
171 歳	2																		
172 歳	2																		

		230 桑 / 他 / 蔬菜製品製造業																	
		一般事務員		土砂採取夫		金属加工延伸工		火薬・漆油等の全般操業		鐵鋼製工場		電線製工場		織物工場		紡織工		機械工場	
年 齢	性別	男	女	男	女	男	女	男	女	男	女	男	女	男	女	男	女	男	女
+ 二三	男																		
+ 四五	男																		
+ 五六	男																		
+ 六七	男																		
+ 八九	男																		
+ 十一	男																		
+ 十二	男																		
+ 十三	男																		
+ 十四	男																		
+ 十五	男																		
+ 十六	男																		
+ 十七	男																		
+ 十八	男																		
+ 十九	男																		
+ 二十	男																		
+ 二十一	男																		
+ 二十二	男																		
+ 二十三	男																		
+ 二十四	男																		
+ 二十五	男																		
+ 二十六	男																		
+ 二十七	男																		
+ 二十八	男																		
+ 二十九	男																		
+ 三十	男																		
+ 三十一	男																		
+ 三十二	男																		
+ 三十三	男																		
+ 三十四	男																		
+ 三十五	男																		
+ 三十六	男																		
+ 三十七	男																		
+ 三十八	男																		
+ 三十九	男																		
+ 四十	男																		
+ 四十一	男																		
+ 四十二	男																		
+ 四十三	男																		
+ 四十四	男																		
+ 四十五	男																		
+ 四十六	男																		
+ 四十七	男																		
+ 四十八	男																		
+ 四十九	男																		
+ 五十	男																		
+ 五十一	男																		
+ 五十二	男																		
+ 五十三	男																		
+ 五十四	男																		
+ 五十五	男																		
+ 五十六	男																		
+ 五十七	男																		
+ 五十八	男																		
+ 五十九	男																		
+ 六十	男																		
+ 六十一	男																		
+ 六十二	男																		
+ 六十三	男																		
+ 六十四	男																		
+ 六十五	男																		
+ 六十六	男																		
+ 六十七	男																		
+ 六十八	男																		
+ 六十九	男																		
+ 七十	男																		
+ 七十一	男																		
+ 七十二	男																		
+ 七十三	男																		
+ 七十四	男																		
+ 七十五	男																		
+ 七十六	男																		
+ 七十七	男																		
+ 七十八	男																		
+ 七十九	男																		
+ 八十	男																		
+ 八十一	男																		
+ 八十二	男																		
+ 八十三	男																		
+ 八十四	男																		
+ 八十五	男																		
+ 八十六	男																		
+ 八十七	男																		
+ 八十八	男																		
+ 八十九	男																		
+ 九十	男																		
+ 九十一	男																		
+ 九十二	男																		
+ 九十三	男																		
+ 九十四	男																		
+ 九十五	男																		
+ 九十六	男																		
+ 九十七	男																		
+ 九十八	男																		
+ 九十九	男																		
+ 一百	男																		
+ 一百零一	男																		
+ 一百零二	男																		
+ 一百零三	男																		
+ 一百零四	男																		
+ 一百零五	男																		
+ 一百零六	男																		
+ 一百零七	男																		
+ 一百零八	男																		
+ 一百零九	男																		
+ 一百一十	男																		
+ 一百一十一	男																		
+ 一百一十二	男																		
+ 一百一十三	男																		
+ 一百一十四	男																		
+ 一百一十五	男																		
+ 一百一十六	男																		
+ 一百一十七	男																		
+ 一百一十八	男																		
+ 一百一十九	男																		
+ 一百二十	男																		
+ 一百二十一	男																		
+ 一百二十二	男																		
+ 一百二十三	男																		
+ 一百二十四	男																		
+ 一百二十五	男																		
+ 一百二十六	男																		
+ 一百二十七	男																		
+ 一百二十八	男																		
+ 一百二十九	男																		
+ 一百三十	男					</td													

230. 其ノ他ノ葉菜製品製造業		231. メンソート製品製造業											
年 期	業種子目(従事者)	其ノ他ノ作業者	総 数	経営者	一般事務者	土砂搬取工	細工	手仕上工	葉菜原料工	運送工(輸送)	*		
男	女	男	女	男	女	男	女	男	女	男	女	男	女
+ - 2													
+ 四 2													
+ 五 2													
+ 六 2													
+ 七 2													
+ 八 2													
+ 九 2													
+ 一 2													
+ 二 2													
+ 三 2													
+ 四 2													
+ 五 2													
+ 六 2													
+ 七 2													
+ 八 2													
+ 九 2													
+ 一 2													
+ 二 2													
+ 三 2													
+ 四 2													
+ 五 2													
+ 六 2													
+ 七 2													
+ 八 2													
+ 九 2													
+ 一 2													
+ 二 2													
+ 三 2													
+ 四 2													
+ 五 2													
+ 六 2													
+ 七 2													
+ 八 2													
+ 九 2													
+ 一 2													
+ 二 2													
+ 三 2													
+ 四 2													
+ 五 2													
+ 六 2													
+ 七 2													
+ 八 2													
+ 九 2													
+ 一 2													
+ 二 2													
+ 三 2													
+ 四 2													
+ 五 2													
+ 六 2													
+ 七 2													
+ 八 2													
+ 九 2													
+ 一 2													
+ 二 2													
+ 三 2													
+ 四 2													
+ 五 2													
+ 六 2													
+ 七 2													
+ 八 2													
+ 九 2													
+ 一 2													
+ 二 2													
+ 三 2													
+ 四 2													
+ 五 2													
+ 六 2													
+ 七 2													
+ 八 2													
+ 九 2													
+ 一 2													
+ 二 2													
+ 三 2													
+ 四 2													
+ 五 2													
+ 六 2													
+ 七 2													
+ 八 2													
+ 九 2													
+ 一 2													
+ 二 2													
+ 三 2													
+ 四 2													
+ 五 2													
+ 六 2													
+ 七 2													
+ 八 2													
+ 九 2													
+ 一 2													
+ 二 2													
+ 三 2													
+ 四 2													
+ 五 2													
+ 六 2													
+ 七 2													
+ 八 2													
+ 九 2													
+ 一 2													
+ 二 2													
+ 三 2													
+ 四 2													
+ 五 2													
+ 六 2													
+ 七 2													
+ 八 2													
+ 九 2													
+ 一 2													
+ 二 2													
+ 三 2													
+ 四 2													
+ 五 2													
+ 六 2													
+ 七 2													
+ 八 2													
+ 九 2													
+ 一 2													
+ 二 2													
+ 三 2													
+ 四 2													
+ 五 2													
+ 六 2													
+ 七 2													
+ 八 2													
+ 九 2													
+ 一 2													
+ 二 2													
+ 三 2													
+ 四 2													
+ 五 2													
+ 六 2													
+ 七 2													
+ 八 2													
+ 九 2													
+ 一 2													
+ 二 2													
+ 三 2													
+ 四 2													
+ 五 2													
+ 六 2													
+ 七 2													
+ 八 2													
+ 九 2													
+ 一 2													
+ 二 2													
+ 三 2													
+ 四 2													
+ 五 2													
+ 六 2													
+ 七 2													
+ 八 2													
+ 九 2													
+ 一 2													
+ 二 2													
+ 三 2													
+ 四 2													
+ 五 2													
+ 六 2													
+ 七 2													
+ 八 2													
+ 九 2													
+ 一 2													
+ 二 2													
+ 三 2													
+ 四 2													
+ 五 2													
+ 六 2													
+ 七 2													
+ 八 2													
+ 九 2													
+ 一 2													
+ 二 2													
+ 三 2													
+ 四 2													
+ 五 2													
+ 六 2													
+ 七 2													
+ 八 2													
+ 九 2													

233 石 工 品 製 造 菜

盛算子(単位:円)

年 令 組 合 会 員 数 人	其 他 工 業 者	其 他 電 工	バ ッ フ 磨 工	人 力 車 大 馬 力 製 造 者	附 屬 機 械 製 造 者	物 品 制 作 業 者	仲 間 人	店 鋪 者	火 工 業 者	天 然 ガ ス 工 業 者	油 漆 工 業 者	漆 油 工 業 者	工 業 者	小 便 給 仕 業 者	盛 算 子 (単 位 単 位 人)
	男	女	男	女	男	女	男	女	男	女	男	女	男	女	男
+ 二 三 四 五 六 七 八 九 十 一 二 十三 十四 十五 十六 十七 十八 十九 二十 二十一 二十二 二十三 二十四 二十五 二十六 二十七 二十八 二十九 三十 三十一 三十二 三十三 三十四 三十五 三十六 三十七 三十八 三十九 四十 四十一 四十二 四十三 四十四 四十五 四十六 四十七 四十八 四十九 五十 五十一 五十二 五十三 五十四 五十五 五十六 五十七 五十八 五十九 六十 六十一 六十二 六十三 六十四 六十五 六十六 六十七 六十八 六十九 七十 七十一 七十二 七十三 七十四 七十五 七十六 七十七 七十八 七十九 八十 八十一 八十二 八十三 八十四 八十五 八十六 八十七 八十八 八十九 九十 九十一 九十二 九十三 九十四 九十五 九十六 九十七 九十八 九十九 一百 合 計	18	2	2	2	2	2	2	2	2	2	2	2	2	2	2

年 月 日	228 生皮革、毛皮製造業												229 電子、精機、塑料製品業												
	汽、鑄、土、火、油、差				小煉、紡、織、染、發、香				製、采、工、其、他、機、械、製、造、業				製、光、工、精、機、漂、白、工、其、他、機、械、製、造、業				總、數				總、數				
	男	女	男	女	男	女	男	女	男	女	男	女	男	女	男	女	男	女	男	女	男	女	男	女	
+ 22. 1. 1																									
+ 22. 1. 2																									
+ 22. 1. 3																									
+ 22. 1. 4																									
+ 22. 1. 5																									
+ 22. 1. 6																									
+ 22. 1. 7																									
+ 22. 1. 8																									
+ 22. 1. 9																									
+ 22. 1. 10																									
+ 22. 1. 11																									
+ 22. 1. 12																									
+ 22. 1. 13																									
+ 22. 1. 14																									
+ 22. 1. 15																									
+ 22. 1. 16																									
+ 22. 1. 17																									
+ 22. 1. 18																									
+ 22. 1. 19																									
+ 22. 1. 20																									
+ 22. 1. 21																									
+ 22. 1. 22																									
+ 22. 1. 23																									
+ 22. 1. 24																									
+ 22. 1. 25																									
+ 22. 1. 26																									
+ 22. 1. 27																									
+ 22. 1. 28																									
+ 22. 1. 29																									
+ 22. 1. 30																									
+ 22. 1. 31																									
分	41		5	2		1		5	2	3	2	2	4		1		1		2	2	2	1	1	567	13935

239 鋼 素 鋼 精 類

外 部 形 狀	規 格	管 者	一般管路者	販賣社人係事務者 其/他/理/事/業/事/務/業	總理工(或以少/多)伊 總理工(或以少/多)伊	總理工(或以少/多)伊	製 造 工	結 構 工	機 械 工	機 械 工	織 布 工
		男	女	男	女	男	女	男	女	男	女
+ - 1.7		/									
+ - 2		/									
+ 2		/									
+ 5.2		/									
+ 六.2		/									
+ 七.2		/									
+ 八.2		/									
+ 九.2		/									
+ 一.2		/									
+ 二.2		/									
+ 三.2		/									
+ 四.2		/									
+ 五.2		/									
+ 六.2		/									
+ 七.2		/									
+ 八.2		/									
+ 九.2		/									
+ 一.2		/									
+ 二.2		/									
+ 三.2		/									
+ 四.2		/									
+ 五.2		/									
+ 六.2		/									
+ 七.2		/									
+ 八.2		/									
+ 九.2		/									
+ 一.2		/									
+ 二.2		/									
+ 三.2		/									
+ 四.2		/									
+ 五.2		/									
+ 六.2		/									
+ 七.2		/									
+ 八.2		/									
+ 九.2		/									
+ 一.2		/									
+ 二.2		/									
+ 三.2		/									
+ 四.2		/									
+ 五.2		/									
+ 六.2		/									
+ 七.2		/									
+ 八.2		/									
+ 九.2		/									
+ 一.2		/									
+ 二.2		/									
+ 三.2		/									
+ 四.2		/									
+ 五.2		/									
+ 六.2		/									
+ 七.2		/									
+ 八.2		/									
+ 九.2		/									
+ 一.2		/									
+ 二.2		/									
+ 三.2		/									
+ 四.2		/									
+ 五.2		/									
+ 六.2		/									
+ 七.2		/									
+ 八.2		/									
+ 九.2		/									
+ 一.2		/									
+ 二.2		/									
+ 三.2		/									
+ 四.2		/									
+ 五.2		/									
+ 六.2		/									
+ 七.2		/									
+ 八.2		/									
+ 九.2		/									
+ 一.2		/									
+ 二.2		/									
+ 三.2		/									
+ 四.2		/									
+ 五.2		/									
+ 六.2		/									
+ 七.2		/									
+ 八.2		/									
+ 九.2		/									
+ 一.2		/									
+ 二.2		/									
+ 三.2		/									
+ 四.2		/									
+ 五.2		/									
+ 六.2		/									
+ 七.2		/									
+ 八.2		/									
+ 九.2		/									
+ 一.2		/									
+ 二.2		/									
+ 三.2		/									
+ 四.2		/									
+ 五.2		/									
+ 六.2		/									
+ 七.2		/									
+ 八.2		/									
+ 九.2		/									
+ 一.2		/									
+ 二.2		/									
+ 三.2		/									
+ 四.2		/									
+ 五.2		/									
+ 六.2		/									
+ 七.2		/									
+ 八.2		/									
+ 九.2		/									
+ 一.2		/									
+ 二.2		/									
+ 三.2		/									
+ 四.2		/									
+ 五.2		/									
+ 六.2		/									
+ 七.2		/									
+ 八.2		/									
+ 九.2		/									
+ 一.2		/									
+ 二.2		/									
+ 三.2		/									
+ 四.2		/									
+ 五.2		/									
+ 六.2		/									
+ 七.2		/									
+ 八.2		/									
+ 九.2		/									
+ 一.2		/									
+ 二.2		/									
+ 三.2		/									
+ 四.2		/									
+ 五.2		/									
+ 六.2		/									
+ 七.2		/									
+ 八.2		/									
+ 九.2		/									
+ 一.2		/									
+ 二.2		/									
+ 三.2		/									
+ 四.2		/									
+ 五.2		/									
+ 六.2		/									
+ 七.2		/									
+ 八.2		/									
+ 九.2		/									
+ 一.2		/									
+ 二.2		/									
+ 三.2		/									
+ 四.2		/									
+ 五.2		/									
+ 六.2		/									
+ 七.2		/									
+ 八.2		/									
+ 九.2		/									
+ 一.2		/									
+ 二.2		/									
+ 三.2		/									
+ 四.2		/									
+ 五.2		/									
+ 六.2		/									
+ 七.2		/									
+ 八.2		/									
+ 九.2		/									
+ 一.2		/									
+ 二.2		/									
+ 三.2		/									
+ 四.2		/									
+ 五.2		/									
+ 六.2		/									
+ 七.2		/									
+ 八.2		/									
+ 九.2		/									
+ 一.2		/									
+ 二.2		/									
+ 三.2		/									
+ 四.2		/									
+ 五.2		/									
+ 六.2		/									
+ 七.2		/									
+ 八.2		/									
+ 九.2		/									
+ 一.2		/									
+ 二.2		/									
+ 三.2		/									
+ 四.2		/									
+ 五.2		/									
+ 六.2		/									
+ 七.2		/									
+ 八.2		/									
+ 九.2		/									
+ 一.2		/									
+ 二.2		/									
+ 三.2		/									
+ 四.2		/									
+ 五.2		/									
+ 六.2		/									
+ 七.2		/									
+ 八.2		/									
+ 九.2		/									
+ 一.2		/									
+ 二.2		/									
+ 三.2		/									

小機給仕・運搬の其ノ作業者		總數		一般勞務者		農地耕作・園芸工作者		鐵道建築工場・鐵工所		24小時兼 烹飪業		打鐵工・保稅工		製糸工		麻繩織工		紡織工		染色工	
性別	年令	男	女	男	女	男	女	男	女	男	女	男	女	男	女	男	女	男	女		
十 歲以下				20	33													20	4		
十一 歲	2			6	23													28	3		
十二 歲	2			13	43													45	3		
十三 歲	2			10	61													35	2		
十四 歲	2			12	45													20	2		
十五 歲	2			10	44													20	2		
十六 歲	2			8	5													20	1		
十七 歲	2			5	2													20	1		
十八 歲	2			3	1													20	1		
十九 歲	2			2	1													20	1		
二十 歲	2			1	1													20	1		
二十一 歲	2																	20	1		
二十二 歲	2																	20	1		
二十三 歲	2																	20	1		
二十四 歲	2																	20	1		
二十五 歲	2																	20	1		
二十六 歲	2																	20	1		
二十七 歲	2																	20	1		
二十八 歲	2																	20	1		
二十九 歲	2																	20	1		
三十 歲	2																	20	1		
三十一 歲	2																	20	1		
三十二 歲	2																	20	1		
三十三 歲	2																	20	1		
三十四 歲	2																	20	1		
三十五 歲	2																	20	1		
三十六 歲	2																	20	1		
三十七 歲	2																	20	1		
三十八 歲	2																	20	1		
三十九 歲	2																	20	1		
四十 歲	2																	20	1		
四十一 歲	2																	20	1		
四十二 歲	2																	20	1		
四十三 歲	2																	20	1		
四十四 歲	2																	20	1		
四十五 歲	2																	20	1		
四十六 歲	2																	20	1		
四十七 歲	2																	20	1		
四十八 歲	2																	20	1		
四十九 歲	2																	20	1		
五十 歲	2																	20	1		
五十一 歲	2																	20	1		
五十二 歲	2																	20	1		
五十三 歲	2																	20	1		
五十四 歲	2																	20	1		
五十五 歲	2																	20	1		
五十六 歲	2																	20	1		
五十七 歲	2																	20	1		
五十八 歲	2																	20	1		
五十九 歲	2																	20	1		
六十 歲	2																	20	1		
六十一 歲	2																	20	1		
六十二 歲	2																	20	1		
六十三 歲	2																	20	1		
六十四 歲	2																	20	1		
六十五 歲	2																	20	1		
六十六 歲	2																	20	1		
六十七 歲	2																	20	1		
六十八 歲	2																	20	1		
六十九 歲	2																	20	1		
七十 歲	2																	20	1		
七十一 歲	2																	20	1		
七十二 歲	2																	20	1		
七十三 歲	2																	20	1		
七十四 歲	2																	20	1		
七十五 歲	2																	20	1		
七十六 歲	2																	20	1		
七十七 歲	2																	20	1		
七十八 歲	2																	20	1		
七十九 歲	2																	20	1		
八十 歲	2																	20	1		
八十一 歲	2																	20	1		
八十二 歲	2																	20	1		
八十三 歲	2																	20	1		
八十四 歲	2																	20	1		
八十五 歲	2																	20	1		
八十六 歲	2																	20	1		
八十七 歲	2																	20	1		
八十八 歲	2																	20	1		
八十九 歲	2																	20	1		
九十 歲	2																	20	1		
九十一 歲	2																	20	1		
九十二 歲	2																	20	1		
九十三 歲	2																	20	1		
九十四 歲	2																	20	1		
九十五 歲	2																	20	1		
九十六 歲	2																	20	1		
九十七 歲	2																	20	1		
九十八 歲	2																	20	1		
九十九 歲	2																	20	1		
一百 歲	2																	20	1		
一百零一 歲	2																	20	1		
一百零二 歲	2																	20	1		
一百零三 歲	2																	20	1		
一百零四 歲	2																	20	1		
一百零五 歲	2																	20	1		
一百零六 歲	2																	20	1		
一百零七 歲	2																	20	1		
一百零八 歲	2																	20	1		
一百零九 歲	2																	20	1		
一百一十 歲	2																	20	1		
一百一十一 歲	2																	20	1		
一百一十二 歲	2																	20	1		
一百一十三 歲	2																	20	1		
一百一十四 歲	2																	20	1		
一百一十五 歲	2																	20	1		
一百一十六 歲	2																	20	1		
一百一十七 歲	2																	20	1		
一百一十八 歲	2																	20	1		
一百一十九 歲	2																	20	1		
一百二十 歲	2																	20	1		
一百二十一 歲	2																	20	1		
一百二十二 歲	2																	20	1		
一百二十三 歲	2																	20	1		
一百二十四 歲	2																	20	1		
一百二十五 歲	2																	20	1		
一百二十六 歲	2																	20	1		
一百二十七 歲	2																	20	1		
一百二十八 歲	2																				

年 月		毛 糸 織 織 業		染 色 工		紡 織 工		染 料 工		織 布 工		起 毛 工		剪 毛 工		精 梳 漂 白 工		染 物 職 業	
		男	女	男	女	男	女	男	女	男	女	男	女	男	女	男	女		
十一	三 一 七	46		30		14		14		14		14		14		14		14	
十	四 四 三	4		23		12		23		12		12		12		12		12	
五	五 五 三	23		26		19		26		19		19		19		19		19	
六	六 六 二	26		26		19		26		19		19		19		19		19	
七	七 八 三	26		26		19		26		19		19		19		19		19	
八	八 九 三	26		26		19		26		19		19		19		19		19	
九	九 十 二	26		26		19		26		19		19		19		19		19	
十	十 一 二	26		26		19		26		19		19		19		19		19	
十一	十二 三	26		26		19		26		19		19		19		19		19	
十二	十三 四	26		26		19		26		19		19		19		19		19	
一	十四 五	26		26		19		26		19		19		19		19		19	
二	十五 六	26		26		19		26		19		19		19		19		19	
三	十六 七	26		26		19		26		19		19		19		19		19	
四	十七 八	26		26		19		26		19		19		19		19		19	
五	十八 九	26		26		19		26		19		19		19		19		19	
六	十九 十	26		26		19		26		19		19		19		19		19	
七	二十 一	26		26		19		26		19		19		19		19		19	
八	二十一 二	26		26		19		26		19		19		19		19		19	
九	二十二 三	26		26		19		26		19		19		19		19		19	
十	二十三 四	26		26		19		26		19		19		19		19		19	
十一	二十四 五	26		26		19		26		19		19		19		19		19	
十二	二十五 六	26		26		19		26		19		19		19		19		19	
一	二十六 七	26		26		19		26		19		19		19		19		19	
二	二十七 八	26		26		19		26		19		19		19		19		19	
三	二十八 九	26		26		19		26		19		19		19		19		19	
四	二十九 十	26		26		19		26		19		19		19		19		19	
五	三十 一	26		26		19		26		19		19		19		19		19	
六	三十一 二	26		26		19		26		19		19		19		19		19	
七	三十二 三	26		26		19		26		19		19		19		19		19	
八	三十三 四	26		26		19		26		19		19		19		19		19	
九	三十四 五	26		26		19		26		19		19		19		19		19	
十	三十五 六	26		26		19		26		19		19		19		19		19	
十一	三十六 七	26		26		19		26		19		19		19		19		19	
十二	三十七 八	26		26		19		26		19		19		19		19		19	
一	三十八 九	26		26		19		26		19		19		19		19		19	
二	三十九 十	26		26		19		26		19		19		19		19		19	
三	四十 一	26		26		19		26		19		19		19		19		19	
四	四十一 二	26		26		19		26		19		19		19		19		19	
五	四十二 三	26		26		19		26		19		19		19		19		19	
六	四十三 四	26		26		19		26		19		19		19		19		19	
七	四十四 五	26		26		19		26		19		19		19		19		19	
八	四十五 六	26		26		19		26		19		19		19		19		19	
九	四十六 七	26		26		19		26		19		19		19		19		19	
十	四十七 八	26		26		19		26		19		19		19		19		19	
十一	四十八 九	26		26		19		26		19		19		19		19		19	
十二	四十九 十	26		26		19		26		19		19		19		19		19	
一	五十 一	26		26		19		26		19		19		19		19		19	
二	五十一 二	26		26		19		26		19		19		19		19		19	
三	五十二 三	26		26		19		26		19		19		19		19		19	
四	五十三 四	26		26		19		26		19		19		19		19		19	
五	五十四 五	26		26		19		26		19		19		19		19		19	
六	五十五 六	26		26		19		26		19		19		19		19		19	
七	五十六 七	26		26		19		26		19		19		19		19		19	
八	五十七 八	26		26		19		26		19		19		19		19		19	
九	五十八 九	26		26		19		26		19		19		19		19		19	
十	五十九 十	26		26		19		26		19		19		19		19		19	
十一	六十 一	26		26		19		26		19		19		19		19		19	
十二	六十一 二	26		26		19		26		19		19		19		19		19	
一	六十二 三	26		26		19		26		19		19		19		19		19	
二	六十三 四	26		26		19		26		19		19		19		19		19	
三	六十四 五	26		26		19		26		19		19		19		19		19	
四	六十五 六	26		26		19		26		19		19		19		19		19	
五	六十六 七	26		26		19		26		19		19		19		19		19	
六	六十七 八	26		26		19		26		19		19		19		19		19	
七	六十八 九	26		26		19		26		19		19		19		19		19	
八	六十九 十	26		26		19		26		19		19		19		19		19	
九	七十 一	26		26		19		26		19		19		19		19		19	
十	七十一 二	26		26		19		26		19		19		19		19		19	
十一	七十二 三	26		26		19		26		19		19		19		19		19	
十二	七十三 四	26		26		19		26		19		19		19		19		19	
一	七十四 五	26		26		19		26		19		19		19		19		19	
二	七十五 六	26		26		19		26		19		19		19		19		19	
三	七十六 七	26		26		19		26		19		19		19		19		19	
四	七十七 八	26		26		19		26		19		19		19		19		19	
五	七十八 九	26		26		19		26		19		19		19		19		19	
六	七十九 十	26		26		19		26		19		19		19		19		19	
七	八十 一	26		26		19		26		19		19		19		19		19	
八	八十一 二	26		26		19		26		19		19		19		19		19	
九	八十二 三	26		26		19		26		19		19		19		19		19	
十	八十三 四	26		26		19		26		19		19		19		19		19	
十一	八十四 五	26		26		19		26		19		19		19		19		19	
十二	八十五 六	26		26		19		26		19		19		19		19		19	
一	八十六 七	26		26		19		26		19		19		19		19		19	
二	八十七 八	26		26		19		26		19		19		19		19		19	
三	八十八 九	26		26		19		26		19		19		19		19		19	
四	八十九 十	26		26		19		26		19		19		19		19		19	
五	九十 一	26		26		19		26		19		19		19		19		19	
六	九十一 二	26		26		19		26		19		19		19		19		19	
七	九十二 三	26		26		19		26		19		19		19		19		19	
八	九十三 四	26		26		19		26		19		19		19		19		19	
九	九十四 五	26		26		19		26		19		19		19		19		19	
十	九十五 六	26		26		19		26		19		19		19		19		19	
十一	九十六 七	26		26		19		26		19		19		19		19		19	
十二	九十七 八	26		26		19		26		19		19		19		19		19	
一	九十八 九	26		26		19		26		19		19		19		19		19	
二	九十九 十	26		26		19		26		19		19		19		19		19	
三	一百 一	26		26		19		26		19		19		19		19		19	

		機器工場工員		製糞工		燃糞工		染物職業染工		漆染工		其他(漆油顏料業者)		店員、行員、店員、雜工		小便給仕、雜工		被服手(被子被褥等)		被服手		總數		其 他		機器工場工員		漆油顏料業者		漆油顏料業者	
年 齡	性 別	男	女	男	女	男	女	男	女	男	女	男	女	男	女	男	女	男	女	男	女	男	女	男	女	男	女	男	女	男	女
+ 二十歲以下																															
+ 二十一歲																															
+ 二十二歲																															
+ 二十三歲																															
+ 二十四歲																															
+ 二十五歲																															
+ 二十六歲																															
+ 二十七歲																															
+ 二十八歲																															
+ 二十九歲																															
+ 三十歲																															
+ 三十一歲																															
+ 三十二歲																															
+ 三十三歲																															
+ 三十四歲																															
+ 三十五歲																															
+ 三十六歲																															
+ 三十七歲																															
+ 三十八歲																															
+ 三十九歲																															
+ 四十歲																															
+ 四十一歲																															
+ 四十二歲																															
+ 四十三歲																															
+ 四十四歲																															
+ 四十五歲																															
+ 四十六歲																															
+ 四十七歲																															
+ 四十八歲																															
+ 四十九歲																															
+ 五十歲																															
+ 五十一歲																															
+ 五十二歲																															
+ 五十三歲																															
+ 五十四歲																															
+ 五十五歲																															
+ 五十六歲																															
+ 五十七歲																															
+ 五十八歲																															
+ 五十九歲																															
+ 六十歲以上																															
老體不詳																															
合	21	2	1	3	128	267	1	2	1	2	1	109	370																		

年齢	ミシシ工	薬品・化粧品業者	其他小売業者	高級衣料・衣類販賣業	料理人・コック	其他土木建築業者	金属加工・機械器具製造業者	船体修理工	機械試験工	効能品販賣工	年齢
年齢	男	女	男	女	男	女	男	女	男	女	年齢
十歳以下											
十一歳											
十二歳											
十三歳											
十四歳											
十五歳											
十六歳											
十七歳											
十八歳											
十九歳											
二十歳											
二十一歳											
二十二歳											
二十三歳											
二十四歳											
二十五歳											
二十六歳											
二十七歳											
二十八歳											
二十九歳											
三十歳											
三十一歳											
三十二歳											
三十三歳											
三十四歳											
三十五歳											
三十六歳											
三十七歳											
三十八歳											
三十九歳											
四十歳											
四十一歳											
四十二歳											
四十三歳											
四十四歳											
四十五歳											
四十六歳											
四十七歳											
四十八歳											
四十九歳											
五十歳											
五十一歳											
五十二歳											
五十三歳											
五十四歳											
五十五歳											
五十六歳											
五十七歳											
五十八歳											
五十九歳											
六十歳											
六十一歳											
六十二歳											
六十三歳											
六十四歳											
六十五歳											
六十六歳											
六十七歳											
六十八歳											
六十九歳											
七十歳											
七十一歳											
七十二歳											
七十三歳											
七十四歳											
七十五歳											
七十六歳											
七十七歳											
七十八歳											
七十九歳											
八十歳											
八十一歳											
八十二歳											
八十三歳											
八十四歳											
八十五歳											
八十六歳											
八十七歳											
八十八歳											
八十九歳											
九十歳											
九十一歳											
九十二歳											
九十三歳											
九十四歳											
九十五歳											
九十六歳											
九十七歳											
九十八歳											
九十九歳											
一百歳											
合計	3	1	1	1	1	1	1	1	1	1	4

年 期 別 及 性 別	208 油脂蜡製造業										209 油脂蜡製物及交通工具製物製造業												
	自製蠟運手	腳踏車駕駛員	店員	客	售	衛	監	督	汽	鋼	土	火	夫	油	漆	小瓶	給仕	總發者	總受者	其人也	業者	總數	一般事務者
+一、三、下																						20	
+一、四、上																						20	
+一、五、上																						25	
+一、六、上																						30	
+一、七、上																						35	
+一、八、上																						35	
+一、九、上																						35	
+一、十、上																						35	
+一、十一、上																						35	
+一、十二、上																						35	
+一、十三、上																						35	
+一、十四、上																						35	
+一、十五、上																						35	
+一、十六、上																						35	
+一、十七、上																						35	
+一、十八、上																						35	
+一、十九、上																						35	
+一、二十、上																						35	
+一、廿一、上																						35	
+一、廿二、上																						35	
+一、廿三、上																						35	
+一、廿四、上																						35	
+一、廿五、上																						35	
+一、廿六、上																						35	
+一、廿七、上																						35	
+一、廿八、上																						35	
+一、廿九、上																						35	
+一、三十、上																						35	
+一、卅一、上																						35	
+一、卅二、上																						35	
+一、卅三、上																						35	
+一、卅四、上																						35	
+一、卅五、上																						35	
+一、卅六、上																						35	
+一、卅七、上																						35	
+一、卅八、上																						35	
+一、卅九、上																						35	
+一、四十、上																						35	
+一、四十一、上																						35	
+一、四十二、上																						35	
+一、四十三、上																						35	
+一、四十四、上																						35	
+一、四十五、上																						35	
+一、四十六、上																						35	
+一、四十七、上																						35	
+一、四十八、上																						35	
+一、四十九、上																						35	
+一、五十、上																						35	
+一、五十一、上																						35	
+一、五十二、上																						35	
+一、五十三、上																						35	
+一、五十四、上																						35	
+一、五十五、上																						35	
+一、五十六、上																						35	
+一、五十七、上																						35	
+一、五十八、上																						35	
+一、五十九、上																						35	
+一、六十、上																						35	
+一、六十一、上																						35	
+一、六十二、上																						35	
+一、六十三、上																						35	
+一、六十四、上																						35	
+一、六十五、上																						35	
+一、六十六、上																						35	
+一、六十七、上																						35	
+一、六十八、上																						35	
+一、六十九、上																						35	
+一、七十、上																						35	
+一、七十一、上																						35	
+一、七十二、上																						35	
+一、七十三、上																						35	
+一、七十四、上																						35	
+一、七十五、上																						35	
+一、七十六、上																						35	
+一、七十七、上																						35	
+一、七十八、上																						35	
+一、七十九、上																						35	
+一、八十、上																						35	
+一、八十一、上																						35	
+一、八十二、上																						35	
+一、八十三、上																						35	
+一、八十四、上																						35	
+一、八十五、上																						35	
+一、八十六、上																						35	
+一、八十七、上																						35	
+一、八十八、上																						35	
+一、八十九、上																						35	
+一、九〇、上																						35	
+一、九一、上																						35	
+一、九二、上																						35	
+一、九三、上																						35	
+一、九四、上																						35	
+一、九五、上																						35	
+一、九六、上																						35	
+一、九七、上																						35	
+一、九八、上																						35	
+一、九九、上																						35	
合	2	9	3	2	10	33	44	3	3	103	916												
合	21																						

29. 民用機械及交通工具製造業											
半手工上工		自動組工		修繕工		機械組工		製米工		紡織工	
年齡	性別	男	女	男	女	男	女	男	女	男	女
十五以下											
+一至二											
+三至四											
+四至五											
+五至六											
+六至七											
+七至八											
+八至九											
+九至十											
+十至十一											
+十一至十二											
+十二至十三											
+十三至十四											
+十四至十五											
+十五至十六											
+十六至十七											
+十七至十八											
+十八至十九											
+十九至二十											
+二十至二十一											
+二十一至二十二											
+二十二至二十三											
+二十三至二十四											
+二十四至二十五											
+二十五至二十六											
+二十六至二十七											
+二十七至二十八											
+二十八至二十九											
+二十九至三十											
+三十至三十一											
+三十一至三十二											
+三十二至三十三											
+三十三至三十四											
+三十四至三十五											
+三十五至三十六											
+三十六至三十七											
+三十七至三十八											
+三十八至三十九											
+三十九至四十											
+四十至四十一											
+四十一至四十二											
+四十二至四十三											
+四十三至四十四											
+四十四至四十五											
+四十五至四十六											
+四十六至四十七											
+四十七至四十八											
+四十八至四十九											
+四十九至五十											
+五十至五十一											
+五十一至五十二											
+五十二至五十三											
+五十三至五十四											
+五十四至五十五											
+五十五至五十六											
+五十六至五十七											
+五十七至五十八											
+五十八至五十九											
+五十九至六十											
+六十至六十一											
+六十一至六十二											
+六十二至六十三											
+六十三至六十四											
+六十四至六十五											
+六十五至六十六											
+六十六至六十七											
+六十七至六十八											
+六十八至六十九											
+六十九至七十											
+七十至七十一											
+七十一至七十二											
+七十二至七十三											
+七十三至七十四											
+七十四至七十五											
+七十五至七十六											
+七十六至七十七											
+七十七至七十八											
+七十八至七十九											
+七十九至八十											
+八十至八十一											
+八十一至八十二											
+八十二至八十三											
+八十三至八十四											
+八十四至八十五											
+八十五至八十六											
+八十六至八十七											
+八十七至八十八											
+八十八至八十九											
+八十九至九十											
+九十至九十一											
+九十一至九十二											
+九十二至九十三											
+九十三至九十四											
+九十四至九十五											
+九十五至九十六											
+九十六至九十七											
+九十七至九十八											
+九十八至九十九											
+九十九至一百											
合計		15	3	6	4	8	20	25	222	3	20

249 洋服縫製物及交織紡物製造業

年 齢	洋 裁 師	裁 縫 工	ミ シ ン 工	高 級 裁 縫 工	其 他 少 年 工 業	機 械 操 作 者	機 械 操 作 工	附 屬 工 業	生 活 水 平 指 標	汽 車 士	小 汽 船 給 仕 雜 務 者	船 主 (運 送 業)
男	女	男	女	男	女	男	女	男	女	男	女	男
十 歳 以 下												
十 一 二												
十 三 四												
十 五 六												
十 七 八												
十 九 十												
二十 一												
二十 二												
二十 三												
二十 四												
二十 五												
二十 六												
二十 七												
二十 八												
二十 九												
三十 一												
三十 二												
三十 三												
三十 四												
三十 五												
三十 六												
三十 七												
三十 八												
三十 九												
四十 一												
四十 二												
四十 三												
四十 四												
四十 五												
四十 六												
四十 七												
四十 八												
四十 九												
五十 一												
五十 二												
五十 三												
五十 四												
五十 五												
五十 六												
五十 七												
五十 八												
五十 九												
六十 一												
六十 二												
六十 三												
六十 四												
六十 五												
六十 六												
六十 七												
六十 八												
六十 九												
七十 一												
七十 二												
七十 三												
七十 四												
七十 五												
七十 六												
七十 七												
七十 八												
七十 九												
八十 一												
八十 二												
八十 三												
八十 四												
八十 五												
八十 六												
八十 七												
八十 八												
八十 九												
九十 一												
九十 二												
九十 三												
九十 四												
九十 五												
九十 六												
九十 七												
九十 八												
九十 九												
一百 一												
一百 二												
一百 三												
一百 四												
一百 五												
一百 六												
一百 七												
一百 八												
一百 九												
一百 十												
一百 十一												
一百 十二												
一百 十三												
一百 十四												
一百 十五												
一百 十六												
一百 十七												
一百 十八												
一百 十九												
一百 二十												
一百 二十一												
一百 二十二												
一百 二十三												
一百 二十四												
一百 二十五												
一百 二十六												
一百 二十七												
一百 二十八												
一百 二十九												
一百 三十												
一百 三十一												
一百 三十二												
一百 三十三												
一百 三十四												
一百 三十五												
一百 三十六												
一百 三十七												
一百 三十八												
一百 三十九												
一百 四十												
一百 四十一												
一百 四十二												
一百 四十三												
一百 四十四												
一百 四十五												
一百 四十六												
一百 四十七												
一百 四十八												
一百 四十九												
一百 五十												
一百 五十一												
一百 五十二												
一百 五十三												
一百 五十四												
一百 五十五												
一百 五十六												
一百 五十七												
一百 五十八												
一百 五十九												
一百 六十												
一百 六十一												
一百 六十二												
一百 六十三												
一百 六十四												
一百 六十五												
一百 六十六												
一百 六十七												
一百 六十八												
一百 六十九												
一百 七十												
一百 七十一												
一百 七十二												
一百 七十三												
一百 七十四												
一百 七十五												
一百 七十六												
一百 七十七												
一百 七十八												
一百 七十九												
一百 八十												
一百 八十一												
一百 八十二												
一百 八十三												
一百 八十四												
一百 八十五												
一百 八十六												
一百 八十七												
一百 八十八												
一百 八十九												
一百 九十												
一百 九十一												
一百 九十二												
一百 九十三												
一百 九十四												
一百 九十五												
一百 九十六												
一百 九十七												
一百 九十八												
一百 九十九												
一百 二十												
一百 二十 一												
一百 二十 二												
一百 二十 三												
一百 二十 四												
一百 二十 五												
一百 二十 六												
一百 二十 七												
一百 二十 八												
一百 二十 九				</								

年 齢 組		相 数		経 営 者		一般業務者		販売仕入係務者		製造技術者		職能課題相談係		人材アドバイス工		製糸工		紡績工		撚糸工	
男	女	男	女	男	女	男	女	男	女	男	女	男	女	男	女	男	女	男	女	男	女
+ 20才以下	/	13	/	77	36	24	13	24	13	24	24	13	24	13	24	24	13	24	24	13	24
+ 25才	/	13	/	77	36	24	13	24	13	24	24	13	24	13	24	24	13	24	24	13	24
+ 30才	/	13	/	77	36	24	13	24	13	24	24	13	24	13	24	24	13	24	24	13	24
+ 35才	/	13	/	77	36	24	13	24	13	24	24	13	24	13	24	24	13	24	24	13	24
+ 40才	/	13	/	77	36	24	13	24	13	24	24	13	24	13	24	24	13	24	24	13	24
+ 45才	/	13	/	77	36	24	13	24	13	24	24	13	24	13	24	24	13	24	24	13	24
+ 50才	/	13	/	77	36	24	13	24	13	24	24	13	24	13	24	24	13	24	24	13	24
+ 55才	/	13	/	77	36	24	13	24	13	24	24	13	24	13	24	24	13	24	24	13	24
+ 60才	/	13	/	77	36	24	13	24	13	24	24	13	24	13	24	24	13	24	24	13	24
+ 65才	/	13	/	77	36	24	13	24	13	24	24	13	24	13	24	24	13	24	24	13	24
+ 70才	/	13	/	77	36	24	13	24	13	24	24	13	24	13	24	24	13	24	24	13	24
+ 75才	/	13	/	77	36	24	13	24	13	24	24	13	24	13	24	24	13	24	24	13	24
+ 80才	/	13	/	77	36	24	13	24	13	24	24	13	24	13	24	24	13	24	24	13	24
+ 85才	/	13	/	77	36	24	13	24	13	24	24	13	24	13	24	24	13	24	24	13	24
+ 90才	/	13	/	77	36	24	13	24	13	24	24	13	24	13	24	24	13	24	24	13	24
+ 95才	/	13	/	77	36	24	13	24	13	24	24	13	24	13	24	24	13	24	24	13	24
+ 100才	/	13	/	77	36	24	13	24	13	24	24	13	24	13	24	24	13	24	24	13	24
合計	N	805	336	1	4	1	2	1	80	2	2	4	94	29	601	573	10	57	10	57	*

年
齢

250人組

251人組

組数

人

起手工、剪手工

男

女

男

女

男

女

男

女

男

女

男

女

男

女

染物職、漆工

男

女

男

女

男

女

男

女

男

女

男

女

男

女

機械製造工

男

女

男

女

男

女

男

女

男

女

男

女

男

女

其他職業者

男

女

男

女

男

女

男

女

男

女

男

女

男

女

運送業者

男

女

男

女

男

女

男

女

男

女

男

女

男

女

運送業者

男

女

男

女

男

女

男

女

男

女

男

女

男

女

運送業者

男

女

男

女

男

女

男

女

男

女

男

女

男

女

運送業者

男

女

男

女

男

女

男

女

男

女

男

女

男

女

運送業者

男

女

男

女

男

女

男

女

男

女

男

女

男

女

運送業者

男

女

男

女

男

女

男

女

男

女

男

女

男

女

運送業者

男

女

男

女

男

女

男

女

男

女

男

女

男

女

運送業者

男

女

男

女

男

女

男

女

男

女

男

女

男

女

運送業者

男

女

男

女

男

女

男

女

男

女

男

女

男

女

運送業者

男

女

男

女

男

女

男

女

男

女

男

女

男

女

運送業者

男

女

男

女

男

女

男

女

男

女

男

女

男

女

運送業者

男

女

男

女

男

女

男

女

男

女

男

女

男

女

運送業者

男

女

男

女

男

女

男

女

男

女

男

女

男

女

運送業者

男

女

男

女

男

女

男

女

男

女

男

女

男

女

運送業者

男

女

男

女

男

女

男

女

男

女

男

女

男

女

運送業者

男

女

男

女

男

女

男

女

男

女

男

女

男

女

運送業者

男

女

男

女

男

女

男

女

男

女

男

女

男

女

運送業者

男

女

男

女

男

女

男

女

男

女

男

女

男

女

運送業者

男

女

男

女

男

女

男

女

男

女

男

女

男

女

年 齢 組 合 数	職 業 別 数	製 造 工 業		機 械 工 業		起 毛 工 業		剪 毛 工 業		染 織 工 業		染 色 工 業		漆 器 工 業		其 他 工 業		漆 油 工 業		社 立 職		高 級 職		低 級 職		其 他 土 建 業		機 械 工 業		施 工	
		男	女	男	女	男	女	男	女	男	女	男	女	男	女	男	女	男	女	男	女	男	女	男	女	男	女	男	女		
十 歳 以 下	1																														
二 三 四	2																														
五 六 七	3																														
八 九 十	4																														
十一 十二 十三	5																														
十四 十五 十六	6																														
十七 十八 十九	7																														
二十 廿一 廿二	8																														
廿三 廿四 廿五	9																														
廿六 廿七 廿八	10																														
廿九 三十 卅一	11																														
卅二 卅三 卅四	12																														
卅五 卅六 卅七	13																														
卅八 卅九 四十	14																														
四十一 四十二 四十三	15																														
四十四 四十五 四十六	16																														
四十七 四十八 四十九	17																														
五十 五十一 五十二	18																														
五十三 五十四 五十五	19																														
五十六 五十七 五十八	20																														
五十九 六十 六十	21																														
六十一 六十二 六十三	22																														
六十四 六十五 六十六	23																														
六十七 六十八 六十九	24																														
七十一 七十二 七十三	25																														
七十四 七十五 七十六	26																														
七十七 七十八 七十九	27																														
八十一 八十二 八十三	28																														
八十四 八十五 八十六	29																														
八十七 八十八 八十九	30																														
九十一 九十二 九十三	31																														
九十四 九十五 九十六	32																														
九十七 九十八 九十九	33																														
一百一 一百二 一百三	34																														
一百四 一百五 一百六	35																														
一百七 一百八 一百九	36																														
一百十一 一百十二 一百十三	37																														
一百四 一百五 一百六	38																														
一百七 一百八 一百九	39																														
一百十一 一百十二 一百十三	40																														
一百四 一百五 一百六	41																														
一百七 一百八 一百九	42																														
一百十一 一百十二 一百十三	43																														
一百四 一百五 一百六	44																														
一百七 一百八 一百九	45																														
一百十一 一百十二 一百十三	46																														
一百四 一百五 一百六	47																														
一百七 一百八 一百九	48																														
一百十一 一百十二 一百十三	49																														
一百四 一百五 一百六	50																														
一百七 一百八 一百九	51																														
一百十一 一百十二 一百十三	52																														
一百四 一百五 一百六	53																														
一百七 一百八 一百九	54																														
一百十一 一百十二 一百十三	55																														
一百四 一百五 一百六	56																														
一百七 一百八 一百九	57																														
一百十一 一百十二 一百十三	58																														
一百四 一百五 一百六	59																														
一百七 一百八 一百九	60																														
一百十一 一百十二 一百十三	61																														
一百四 一百五 一百六	62																														
一百七 一百八 一百九	63																														
一百十一 一百十二 一百十三	64																														
一百四 一百五 一百六	65																														
一百七 一百八 一百九	66																														
一百十一 一百十二 一百十三	67																														
一百四 一百五 一百六	68																														
一百七 一百八 一百九	69																														
一百十一 一百十二 一百十三	70																														
一百四 一百五 一百六	71																														
一百七 一百八 一百九	72																														
一百十一 一百十二 一百十三	73																														
一百四 一百五 一百六	74																														
一百七 一百八 一百九	75																														
一百十一 一百十二 一百十三	76																														

年 齢	性別	人頭、又フ仕上工	効 績 工	燃 烈 工	織 布 工	起 毛 工、羽毛工	精練、漂白工	瓦/地/糊品検査者	糊品検査工	店員等、注文書入人	小物、給仕、諸役者	其他ノ作業者
	男	女	男	女	男	女	火	男	女	男	女	男
十 一 歳												
十 二 歳												
十 三 歳												
十 四 歳												
十 五 歳												
十 六 歳												
十 七 歳												
十 八 歳												
十 九 歳												
二十 歳												
二十 一 歳												
二十 二 歳												
二十 三 歳												
二十 四 歳												
二十 五 歳												
二十 六 歳												
二十 七 歳												
二十 八 歳												
二十 九 歳												
三十 歳												
三十 一 歳												
三十 二 歳												
三十 三 歳												
三十 四 歳												
三十 五 歳												
三十 六 歳												
三十 七 歳												
三十 八 歳												
三十 九 歳												
四十 歳												
四十 一 歳												
四十 二 歳												
四十 三 歳												
四十 四 歳												
四十 五 歳												
四十 六 歳												
四十 七 歳												
四十 八 歳												
四十 九 歳												
五十 歳												
五十 一 歳												
五十 二 歳												
五十 三 歳												
五十 四 歳												
五十 五 歳												
五十 六 歳												
五十 七 歳												
五十 八 歳												
五十 九 歳												
六十 歳												
六十 一 歳												
六十 二 歳												
六十 三 歳												
六十 四 歳												
六十 五 歳												
六十 六 歳												
六十 七 歳												
六十 八 歳												
六十 九 歳												
七十 歳												
七十 一 歳												
七十 二 歳												
七十 三 歳												
七十 四 歳												
七十 五 歳												
七十 六 歳												
七十 七 歳												
七十 八 歳												
七十 九 歳												
八十 歳												
八十 一 歳												
八十 二 歳												
八十 三 歳												
八十 四 歳												
八十 五 歳												
八十 六 歳												
八十 七 歳												
八十 八 歳												
八十 九 歳												
九十 歳												
合		4	1	1	1	1	1	1	1	3	4	4

259 ステークフルファイバー織物製造業

年 齢 組 合 会 員 数 人	被 保 険 料 額 人 均 額 元 人	一般事務者		機器運工機工係工		人織スフ織糸工		紡績工		織布工		精練漂白工		刺繡工		瓦/セメント品種卸業者		ミシン工		織物製造業者	
		男	女	男	女	男	女	男	女	男	女	男	女	男	女	男	女	男	女		
+17.3.7	20																				
+18.3.2	1																				
+19.2	1																				
+19.3	1																				
+19.4	1																				
+19.5	1																				
+19.6	1																				
+19.7	1																				
+19.8	1																				
+19.9	1																				
+19.10	1																				
+19.11	1																				
+19.12	1																				
+19.13	1																				
+19.14	1																				
+19.15	1																				
+19.16	1																				
+19.17	1																				
+19.18	1																				
+19.19	1																				
+19.20	1																				
+19.21	1																				
+19.22	1																				
+19.23	1																				
+19.24	1																				
+19.25	1																				
+19.26	1																				
+19.27	1																				
+19.28	1																				
+19.29	1																				
+19.30	1																				
+19.31	1																				
+19.32	1																				
+19.33	1																				
+19.34	1																				
+19.35	1																				
+19.36	1																				
+19.37	1																				
+19.38	1																				
+19.39	1																				
+19.40	1																				
+19.41	1																				
+19.42	1																				
+19.43	1																				
+19.44	1																				
+19.45	1																				
+19.46	1																				
+19.47	1																				
+19.48	1																				
+19.49	1																				
+19.50	1																				
+19.51	1																				
+19.52	1																				
+19.53	1																				
+19.54	1																				
+19.55	1																				
+19.56	1																				
+19.57	1																				
+19.58	1																				
+19.59	1																				
+19.60	1																				
+19.61	1																				
+19.62	1																				
+19.63	1																				
+19.64	1																				
+19.65	1																				
+19.66	1																				
+19.67	1																				
+19.68	1																				
+19.69	1																				
+19.70	1																				
+19.71	1																				
+19.72	1																				
+19.73	1																				
+19.74	1																				
+19.75	1																				
+19.76	1																				
+19.77	1																				
+19.78	1																				
+19.79	1																				
+19.80	1																				
+19.81	1																				
+19.82	1																				
+19.83	1																				
+19.84	1																				
+19.85	1																				
+19.86	1																				
+19.87	1																				
+19.88	1																				
+19.89	1																				
+19.90	1																				
+19.91	1																				
+19.92	1																				
+19.93	1																				
+19.94	1																				
+19.95	1																				
+19.96	1																				
+19.97	1																				
+19.98	1																				
+19.99	1																				
+19.100	1																				
+19.101	1																				
+19.102	1																				
+19.103	1																				
+19.104	1																				
+19.105	1																				
+19.106	1																				
+19.107	1																				
+19.108	1																				
+19.109	1																				
+19.110	1																				
+19.111	1																				
+19.112	1																				
+19.113	1																				
+19.114	1																				
+19.115	1																				
+19.116	1																				
+19.117	1																				

259 ステーブルファイバー織物製造業

260 其ノ他ノ織物製造業

261 メリヤス素地編立業

卷之三

261 メリヤス素地編立菜

年 令	性別	ミシシ工		電気機器製造		自動車関連手		繊維、紙、印刷、出版		物品充電業者、仲買、販賣、委託、包装、精工、機工		小売、給仕、卸業者、運送業者、他		男	
		男	女	男	女	男	女	男	女	男	女	男	女	男	女
二十歳以下															
十三歳	男														
十四歳	男														
十五歳	男														
十六歳	男														
十七歳	男														
十八歳	男														
十九歳	男														
二十歳	男														
二十一歳	男														
二十二歳	男														
二十三歳	男														
二十四歳	男														
二十五歳	男														
二十六歳	男														
二十七歳	男														
二十八歳	男														
二十九歳	男														
三十歳	男														
三十一歳	男														
三十二歳	男														
三十三歳	男														
三十四歳	男														
三十五歳	男														
三十六歳	男														
三十七歳	男														
三十八歳	男														
三十九歳	男														
四十歳	男														
四十一歳	男														
四十二歳	男														
四十三歳	男														
四十四歳	男														
四十五歳	男														
四十六歳	男														
四十七歳	男														
四十八歳	男														
四十九歳	男														
五十歳	男														
合計	男	11	32	6	1	1	4	2	4	5	1	12	6	2	6

年 令 組 合 会 員 数 人	起工前毛工		精耕漂白工		染物刷浸染工		織物刷染工		板張光器業		其他ノ織物業者		仕立業		裁断工		ミシシ工		織物業者		製版工紙型工	
	男	女	男	女	男	女	男	女	男	女	男	女	男	女	男	女	男	女	男	女	男	女
二十歳以下																						
+ - 2																						
+ 2																						
+ 3																						
+ 4																						
+ 5																						
+ 6																						
+ 7																						
+ 8																						
+ 9																						
+ 10																						
+ 11																						
+ 12																						
+ 13																						
+ 14																						
+ 15																						
+ 16																						
+ 17																						
+ 18																						
+ 19																						
+ 20																						
+ 21																						
+ 22																						
+ 23																						
+ 24																						
+ 25																						
+ 26																						
+ 27																						
+ 28																						
+ 29																						
+ 30																						
+ 31																						
+ 32																						
+ 33																						
+ 34																						
+ 35																						
+ 36																						
+ 37																						
+ 38																						
+ 39																						
+ 40																						
+ 41																						
+ 42																						
+ 43																						
+ 44																						
+ 45																						
+ 46																						
+ 47																						
+ 48																						
+ 49																						
+ 50																						
+ 51																						
+ 52																						
+ 53																						
+ 54																						
+ 55																						
+ 56																						
+ 57																						
+ 58																						
+ 59																						
+ 60																						
+ 61																						
+ 62																						
+ 63																						
+ 64																						
+ 65																						
+ 66																						
+ 67																						
+ 68																						
+ 69																						
+ 70																						
+ 71																						
+ 72																						
+ 73																						
+ 74																						
+ 75																						
+ 76																						
+ 77																						
+ 78																						
+ 79																						
+ 80																						
+ 81																						
+ 82																						
+ 83																						
+ 84																						
+ 85																						
+ 86																						
+ 87																						
+ 88																						
+ 89																						
+ 90																						
+ 91																						
+ 92																						
+ 93																						
+ 94																						
+ 95																						
+ 96																						
+ 97																						
+ 98																						
+ 99																						
+ 100																						
合計	1	1	2	3	4	5	6	7	8	9	10	11	12	13	14	15	16	17	18	19	20	21
平均	1	1	2	3	4	5	6	7	8	9	10	11	12	13	14	15	16	17	18	19	20	21
最高	1	1	2	3	4	5	6	7	8	9	10	11	12	13	14	15	16	17	18	19	20	21
最低	1	1	2	3	4	5	6	7	8	9	10	11	12	13	14	15	16	17	18	19	20	21

卷三

263 其ノ他ノ織物、ドロンウオーク、レース類製造業

262 メリヤス製品製造業

10

年 月		自製品運送手 数		被輸出販賣手 数		物品製造業者 販賣手数		店頭販賣人 販賣手数		卸賣業者 販賣手数		小便給土漬役者 販賣手数		其他(作業者 手数)	
男	女	男	女	男	女	男	女	男	女	男	女	男	女	男	女
+7.1.2															
+7.2.2															
+7.3.2															
+7.4.2															
+7.5.2															
+7.6.2															
+7.7.2															
+7.8.2															
+7.9.2															
+7.10.2															
+7.11.2															
+7.12.2															
+7.1.3															
+7.2.3															
+7.3.3															
+7.4.3															
+7.5.3															
+7.6.3															
+7.7.3															
+7.8.3															
+7.9.3															
+7.10.3															
+7.11.3															
+7.12.3															
+7.1.4															
+7.2.4															
+7.3.4															
+7.4.4															
+7.5.4															
+7.6.4															
+7.7.4															
+7.8.4															
+7.9.4															
+7.10.4															
+7.11.4															
+7.12.4															
+7.1.5															
+7.2.5															
+7.3.5															
+7.4.5															
+7.5.5															
+7.6.5															
+7.7.5															
+7.8.5															
+7.9.5															
+7.10.5															
+7.11.5															
+7.12.5															
+7.1.6															
+7.2.6															
+7.3.6															
+7.4.6															
+7.5.6															
+7.6.6															
+7.7.6															
+7.8.6															
+7.9.6															
+7.10.6															
+7.11.6															
+7.12.6															
+7.1.7															
+7.2.7															
+7.3.7															
+7.4.7															
+7.5.7															
+7.6.7															
+7.7.7															
+7.8.7															
+7.9.7															
+7.10.7															
+7.11.7															
+7.12.7															
+7.1.8															
+7.2.8															
+7.3.8															
+7.4.8															
+7.5.8															
+7.6.8															
+7.7.8															
+7.8.8															
+7.9.8															
+7.10.8															
+7.11.8															
+7.12.8															
+7.1.9															
+7.2.9															
+7.3.9															
+7.4.9															
+7.5.9															
+7.6.9															
+7.7.9															
+7.8.9															
+7.9.9															
+7.10.9															
+7.11.9															
+7.12.9															
+7.1.10															
+7.2.10															
+7.3.10															
+7.4.10															
+7.5.10															
+7.6.10															
+7.7.10															
+7.8.10															
+7.9.10															
+7.10.10															
+7.11.10															
+7.12.10															
+7.1.11															
+7.2.11															
+7.3.11															
+7.4.11															
+7.5.11															
+7.6.11															
+7.7.11															
+7.8.11															
+7.9.11															
+7.10.11															
+7.11.11															
+7.12.11															
+7.1.12															
+7.2.12															
+7.3.12															
+7.4.12															
+7.5.12															
+7.6.12															
+7.7.12															
+7.8.12															
+7.9.12															
+7.10.12															
+7.11.12															
+7.12.12															
7	11	5	24	2	6	32	2	1	2	6	64	39	1	51	8

年 齢 組 合	205 製 糖		205 製 糖		205 製 造業		205 機 械		205 機 械		染 色		染 色		
	其 他 業 者	男	女	男	女	男	女	男	女	男	女	男	女	男	女
+ 二歳以下															
+ 三歳															
+ 四歳															
+ 五歳															
+ 六歳															
+ 七歳															
+ 八歳															
+ 九歳															
+ 十歳															
+ 十一歳															
+ 十二歳															
+ 十三歳															
+ 十四歳															
+ 十五歳															
+ 十六歳															
+ 十七歳															
+ 十八歳															
+ 十九歳															
+ 二十歳															
+ 二十一歳															
+ 二十二歳															
+ 二十三歳															
+ 二十四歳															
+ 二十五歳															
+ 二十六歳															
+ 二十七歳															
+ 二十八歳															
+ 二十九歳															
+ 三十歳															
+ 三十一歳															
+ 三十二歳															
+ 三十三歳															
+ 三十四歳															
+ 三十五歳															
+ 三十六歳															
+ 三十七歳															
+ 三十八歳															
+ 三十九歳															
+ 四十歳															
+ 四十一歳															
+ 四十二歳															
+ 四十三歳															
+ 四十四歳															
+ 四十五歳															
+ 四十六歳															
+ 四十七歳															
+ 四十八歳															
+ 四十九歳															
+ 五十歳															
+ 五十一歳															
+ 五十二歳															
+ 五十三歳															
+ 五十四歳															
+ 五十五歳															
+ 五十六歳															
+ 五十七歳															
+ 五十八歳															
+ 五十九歳															
+ 六十歳															
六十一歳以上															
老 年 不 算															
合	2	2	4	7	4	3	2	2	2	2	871	108	3	2	1

269 黑地染及紋染葉

年 齢 組	作物職 業別	被 用 工 時	農業工		機械農業工		漁業、林業業		其他ノ農業業		仕立業		ミシン工		織物業		其他ノ織工		画工、繪付工		漆工、塗装工	
			男	女	男	女	男	女	男	女	男	女	男	女	男	女	男	女	男	女	男	女
十三歳未満	3	3																				
十三歳	7	7																				
十三歳以上	79	79																				
十五歳	23	23																				
十五歳以上	23	23																				
十六歳	77	77																				
十六歳以上	77	77																				
十七歳	20	20																				
十七歳以上	20	20																				
十八歳	37	37																				
十八歳以上	37	37																				
十九歳	32	32																				
十九歳以上	32	32																				
二十歳	34	34																				
二十歳以上	34	34																				
二十一歳	29	29																				
二十一歳以上	29	29																				
二十二歳	23	23																				
二十二歳以上	23	23																				
二十三歳	35	35																				
二十三歳以上	35	35																				
二十四歳	38	38																				
二十四歳以上	38	38																				
二十五歳	29	29																				
二十五歳以上	29	29																				
二十六歳	23	23																				
二十六歳以上	23	23																				
二十七歳	23	23																				
二十七歳以上	23	23																				
二十八歳	23	23																				
二十八歳以上	23	23																				
二十九歳	23	23																				
二十九歳以上	23	23																				
三十歳	23	23																				
三十歳以上	23	23																				
三十一歳	23	23																				
三十一歳以上	23	23																				
三十二歳	23	23																				
三十二歳以上	23	23																				
三十三歳	23	23																				
三十三歳以上	23	23																				
三十四歳	23	23																				
三十四歳以上	23	23																				
三十五歳	23	23																				
三十五歳以上	23	23																				
三十六歳	23	23																				
三十六歳以上	23	23																				
三十七歳	23	23																				
三十七歳以上	23	23																				
三十八歳	23	23																				
三十八歳以上	23	23																				
三十九歳	23	23																				
三十九歳以上	23	23																				
四十歳	23	23																				
四十歳以上	23	23																				
四十一歳	23	23																				
四十一歳以上	23	23																				
四十二歳	23	23																				
四十二歳以上	23	23																				
四十三歳	23	23																				
四十三歳以上	23	23																				
四十四歳	23	23																				
四十四歳以上	23	23																				
四十五歳	23	23																				
四十五歳以上	23	23																				
四十六歳	23	23																				
四十六歳以上	23	23																				
四十七歳	23	23																				
四十七歳以上	23	23																				
四十八歳	23	23																				
四十八歳以上	23	23																				
四十九歳	23	23																				
四十九歳以上	23	23																				
五十歳	23	23																				
五十歳以上	23	23																				
五十一歳	23	23																				
五十一歳以上	23	23																				
五十二歳	23	23																				
五十二歳以上	23	23																				
五十三歳	23	23																				
五十三歳以上	23	23																				
五十四歳	23	23																				
五十四歳以上	23	23																				
五十五歳	23	23																				
五十五歳以上	23	23																				
五十六歳	23	23																				
五十六歳以上	23	23																				
五十七歳	23	23																				
五十七歳以上	23	23																				
五十八歳	23	23																				
五十八歳以上	23	23																				
五十九歳	23	23																				
五十九歳以上	23	23																				
六十歳	23	23																				
六十歳以上	23	23																				
六十一歳	23	23																				
六十一歳以上	23	23																				
六十二歳	23	23																				
六十二歳以上	23	23																				
六十三歳	23	23																				
六十三歳以上	23	23																				
六十四歳	23	23																				
六十四歳以上	23	23																				
六十五歳	23	23																				
六十五歳以上	23	23																				
六十六歳	23	23																				
六十六歳以上	23	23		</td																		

歲月	自動車機手	船夫、水夫、船夫	駕駛照領取者	物品販賣者、代理人	店鋪主人或金人	起重機操作工	汽 油	精 土	火 大 油	漆	泡膠漆工漆工	小便、給仕、漆設者	漆工(漆工等)
年 齡	男	女	男	女	男	女	男	女	男	女	男	女	男
十三歲以下													
十三歲													
十四歲													
十五歲													
十六歲													
十七歲													
十八歲													
十九歲													
二十歲													
二十一歲													
二十二歲													
二十三歲													
二十四歲													
二十五歲													
二十六歲													
二十七歲													
二十八歲													
二十九歲													
三十歲													
三十一歲													
三十二歲													
三十三歲													
三十四歲													
三十五歲													
三十六歲													
三十七歲													
三十八歲													
三十九歲													
四十歲													
四十一歲													
四十二歲													
四十三歲													
四十四歲													
四十五歲													
四十六歲													
四十七歲													
四十八歲													
四十九歲													
五十歲													
五十一歲													
五十二歲													
五十三歲													
五十四歲													
五十五歲													
五十六歲													
五十七歲													
五十八歲													
五十九歲													
六十歲以上													
半個不詳													
合計	9		/	/3	2	40	7	1	6	7	31	7	3

229 無染及吸染率

270 素色、精梳及漂白業

年 齡	其 / 他 / 作業者			其 / 他 / 藏業者			總 數			染色技術者			其他製造業者			手 工			上 工			精梳江綢麻紗			染 料			工			人 體			又 / 仕上工			製 糊				
	男	女	★	男	女	★	男	女	★	男	女	★	男	女	★	男	女	★	男	女	★	男	女	★	男	女	★	男	女	★	男	女	★	男	女	★					
十二歲以下																																									
十三歲																																									
十四歲																																									
十五歲																																									
十六歲																																									
十七歲																																									
十八歲																																									
十九歲																																									
二十歲																																									
二十一歲																																									
二十二歲																																									
二十三歲																																									
二十四歲																																									
二十五歲																																									
二十六歲																																									
二十七歲																																									
二十八歲																																									
二十九歲																																									
三十歲																																									
三十一歲																																									
三十二歲																																									
三十三歲																																									
三十四歲																																									
三十五歲																																									
三十六歲																																									
三十七歲																																									
三十八歲																																									
三十九歲																																									
四十歲																																									
四十一歲																																									
四十二歲																																									
四十三歲																																									
四十四歲																																									
四十五歲																																									
四十六歲																																									
四十七歲																																									
四十八歲																																									
四十九歲																																									
五十歲																																									
五十一歲																																									
五十二歲																																									
五十三歲																																									
五十四歲																																									
五十五歲																																									
五十六歲																																									
五十七歲																																									
五十八歲																																									
五十九歲																																									
六十歲以上																																									
半體不詳																																									
合計	3	1	1	1	1	1	1	1	1	1	1	1	1	1	1	1	1	1	1	1	1	1	1	1	1	1	1	1	1	1	1	1	1	1	1	1	1	1	1	1	1
	571	110	8																																						

271 精練、漂白及整理業

年 齢		三 シ ン 工		畜 業 農 業		交 通 工 業		製 鐵 工 業		汽 車 用 機 械 製 造		船 舶 工 業		其 他 機 器 製 造		染 料 工 業	
性 別	年 齢	男	女	男	女	男	女	男	女	男	女	男	女	男	女	男	女
男	15	96	3	17													
+	16	153	148	3	22												
+	17	153	148	5	24												
+	18	153	148	3	27												
+	19	153	148	3	27												
+	20	153	148	3	27												
+	21	153	148	3	27												
+	22	153	148	3	27												
+	23	153	148	3	27												
+	24	153	148	3	27												
+	25	153	148	3	27												
+	26	153	148	3	27												
+	27	153	148	3	27												
+	28	153	148	3	27												
+	29	153	148	3	27												
+	30	153	148	3	27												
+	31	153	148	3	27												
+	32	153	148	3	27												
+	33	153	148	3	27												
+	34	153	148	3	27												
+	35	153	148	3	27												
+	36	153	148	3	27												
+	37	153	148	3	27												
+	38	153	148	3	27												
+	39	153	148	3	27												
+	40	153	148	3	27												
+	41	153	148	3	27												
+	42	153	148	3	27												
+	43	153	148	3	27												
+	44	153	148	3	27												
+	45	153	148	3	27												
+	46	153	148	3	27												
+	47	153	148	3	27												
+	48	153	148	3	27												
+	49	153	148	3	27												
+	50	153	148	3	27												
+	51	153	148	3	27												
+	52	153	148	3	27												
+	53	153	148	3	27												
+	54	153	148	3	27												
+	55	153	148	3	27												
+	56	153	148	3	27												
+	57	153	148	3	27												
+	58	153	148	3	27												
+	59	153	148	3	27												
+	60	153	148	3	27												
+	61	153	148	3	27												
+	62	153	148	3	27												
+	63	153	148	3	27												
+	64	153	148	3	27												
+	65	153	148	3	27												
+	66	153	148	3	27												
+	67	153	148	3	27												
+	68	153	148	3	27												
+	69	153	148	3	27												
+	70	153	148	3	27												
+	71	153	148	3	27												
+	72	153	148	3	27												
+	73	153	148	3	27												
+	74	153	148	3	27												
+	75	153	148	3	27												
+	76	153	148	3	27												
+	77	153	148	3	27												
+	78	153	148	3	27												
+	79	153	148	3	27												
+	80	153	148	3	27												
+	81	153	148	3	27												
+	82	153	148	3	27												
+	83	153	148	3	27												
+	84	153	148	3	27												
+	85	153	148	3	27												
+	86	153	148	3	27												
+	87	153	148	3	27												
+	88	153	148	3	27												
+	89	153	148	3	27												
+	90	153	148	3	27												
+	91	153	148	3	27												
+	92	153	148	3	27												
+	93	153	148	3	27												
+	94	153	148	3	27												
+	95	153	148	3	27												
+	96	153	148	3	27												
+	97	153	148	3	27												
+	98	153	148	3	27												
+	99	153	148	3	27												
+	100	153	148	3	27												
+	101	153	148	3	27												
+	102	153	148	3	27												
+	103	153	148	3	27												
+	104	153	148	3	27												
+	105	153	148	3	27												
+	106	153	148	3	27												
+	107	153	148	3	27												
+	108	153	148	3	27												
+	109	153	148	3	27												
+	110	153	148	3	27												
+	111	153	148	3	27												
+	112	153	148	3	27												
+	113	153	148	3	27												
+	114	153	148	3	27												
+	115	153	148	3	27												
+	116	153	148	3	27												
+	117	153	148	3	27												
+	118	153	148	3	27												
+	119	153	148	3	27												
+	120	153	148	3	27												
+	121	153	148	3	27												
+	122	153	148	3	27												
+	123	153	148	3	27												
+	124	153	148	3	27												
+	125	153	148	3	27												
+	126	153	148	3	27												
+	127	153	148	3	27												
+	128	153	148	3	27												
+	129	153	148	3	27												
+	130	153	148	3	27												
+	131	153	148	3	27												
+	132	153	148	3	27												
+	133	153	148	3	27												
+	134	153	148	3	27												
+	135	153	148	3	27												
+	136	153	148	3	27												
+	137	153	148	3	27		</										

年 令 ★	被 用 者		經 營 者		一 般 勞 務 者		ハ リ ア 工		其 他 作 業 者		製 米 工		麻 織 工		紡 織 工		燃 料 工		織 布 工		起 毛 削 工	
	男	女	男	女	男	女	男	女	男	女	男	女	男	女	男	女	男	女	男	女	男	女
二十 三 歳	3	2	1	1	17	13	2	1	27	23	2	1	2	1	2	1	1	2	1	2	1	1
十四 歳	2	2	2	2	2	2	2	2	2	2	2	2	2	2	2	2	2	2	2	2	2	2
十六 歳	2	2	2	2	2	2	2	2	2	2	2	2	2	2	2	2	2	2	2	2	2	2
十七 歳	2	2	2	2	2	2	2	2	2	2	2	2	2	2	2	2	2	2	2	2	2	2
十八 歳	1	1	1	1	1	1	1	1	1	1	1	1	1	1	1	1	1	1	1	1	1	1
十九 歳	1	1	1	1	1	1	1	1	1	1	1	1	1	1	1	1	1	1	1	1	1	1
二十 歲	1	1	1	1	1	1	1	1	1	1	1	1	1	1	1	1	1	1	1	1	1	1
二十一 歲	1	1	1	1	1	1	1	1	1	1	1	1	1	1	1	1	1	1	1	1	1	1
二十二 歲	1	1	1	1	1	1	1	1	1	1	1	1	1	1	1	1	1	1	1	1	1	1
二十三 歲	1	1	1	1	1	1	1	1	1	1	1	1	1	1	1	1	1	1	1	1	1	1
二十四 歲	1	1	1	1	1	1	1	1	1	1	1	1	1	1	1	1	1	1	1	1	1	1
二十五 歲	1	1	1	1	1	1	1	1	1	1	1	1	1	1	1	1	1	1	1	1	1	1
二十六 歲	1	1	1	1	1	1	1	1	1	1	1	1	1	1	1	1	1	1	1	1	1	1
二十七 歲	1	1	1	1	1	1	1	1	1	1	1	1	1	1	1	1	1	1	1	1	1	1
二十八 歲	1	1	1	1	1	1	1	1	1	1	1	1	1	1	1	1	1	1	1	1	1	1
二十九 歲	1	1	1	1	1	1	1	1	1	1	1	1	1	1	1	1	1	1	1	1	1	1
三十 歲	1	1	1	1	1	1	1	1	1	1	1	1	1	1	1	1	1	1	1	1	1	1
三十一 歲	1	1	1	1	1	1	1	1	1	1	1	1	1	1	1	1	1	1	1	1	1	1
三十二 歲	1	1	1	1	1	1	1	1	1	1	1	1	1	1	1	1	1	1	1	1	1	1
三十三 歲	1	1	1	1	1	1	1	1	1	1	1	1	1	1	1	1	1	1	1	1	1	1
三十四 歲	1	1	1	1	1	1	1	1	1	1	1	1	1	1	1	1	1	1	1	1	1	1
三十五 歲	1	1	1	1	1	1	1	1	1	1	1	1	1	1	1	1	1	1	1	1	1	1
三十六 歲	1	1	1	1	1	1	1	1	1	1	1	1	1	1	1	1	1	1	1	1	1	1
三十七 歲	1	1	1	1	1	1	1	1	1	1	1	1	1	1	1	1	1	1	1	1	1	1
三十八 歲	1	1	1	1	1	1	1	1	1	1	1	1	1	1	1	1	1	1	1	1	1	1
三十九 歲	1	1	1	1	1	1	1	1	1	1	1	1	1	1	1	1	1	1	1	1	1	1
四十 歲	1	1	1	1	1	1	1	1	1	1	1	1	1	1	1	1	1	1	1	1	1	1
四十一 歲	1	1	1	1	1	1	1	1	1	1	1	1	1	1	1	1	1	1	1	1	1	1
四十二 歲	1	1	1	1	1	1	1	1	1	1	1	1	1	1	1	1	1	1	1	1	1	1
四十三 歲	1	1	1	1	1	1	1	1	1	1	1	1	1	1	1	1	1	1	1	1	1	1
四十四 歲	1	1	1	1	1	1	1	1	1	1	1	1	1	1	1	1	1	1	1	1	1	1
四十五 歲	1	1	1	1	1	1	1	1	1	1	1	1	1	1	1	1	1	1	1	1	1	1
四十六 歲	1	1	1	1	1	1	1	1	1	1	1	1	1	1	1	1	1	1	1	1	1	1
四十七 歲	1	1	1	1	1	1	1	1	1	1	1	1	1	1	1	1	1	1	1	1	1	1
四十八 歲	1	1	1	1	1	1	1	1	1	1	1	1	1	1	1	1	1	1	1	1	1	1
四十九 歲	1	1	1	1	1	1	1	1	1	1	1	1	1	1	1	1	1	1	1	1	1	1
五十 歲	1	1	1	1	1	1	1	1	1	1	1	1	1	1	1	1	1	1	1	1	1	1
五十一 歲	1	1	1	1	1	1	1	1	1	1	1	1	1	1	1	1	1	1	1	1	1	1
五十二 歲	1	1	1	1	1	1	1	1	1	1	1	1	1	1	1	1	1	1	1	1	1	1
五十三 歲	1	1	1	1	1	1	1	1	1	1	1	1	1	1	1	1	1	1	1	1	1	1
五十四 歲	1	1	1	1	1	1	1	1	1	1	1	1	1	1	1	1	1	1	1	1	1	1
五十五 歲	1	1	1	1	1	1	1	1	1	1	1	1	1	1	1	1	1	1	1	1	1	1
五十六 歲	1	1	1	1	1	1	1	1	1	1	1	1	1	1	1	1	1	1	1	1	1	1
五十七 歲	1	1	1	1	1	1	1	1	1	1	1	1	1	1	1	1	1	1	1	1	1	1
五十八 歲	1	1	1	1	1	1	1	1	1	1	1	1	1	1	1	1	1	1	1	1	1	1
五十九 歲	1	1	1	1	1	1	1	1	1	1	1	1	1	1	1	1	1	1	1	1	1	1
六十 歲以上	1	1	1	1	1	1	1	1	1	1	1	1	1	1	1	1	1	1	1	1	1	1
老 師 不 詳	1	1	1	1	1	1	1	1	1	1	1	1	1	1	1	1	1	1	1	1	1	1
合 計	3,977	4,025	4	1	12	2	2	1	2	4	5	13	8	14	1	3	2	1	2	4	5	13

年 齢 組 合 計	鋳物工場		機造工場		機械工場		機械工場		刃物研磨工場		製材工場		飼料工場		木工場		高級木工場		瓦工場		其他用品製造業者	
	男	女	男	女	男	女	男	女	男	女	男	女	男	女	男	女	男	女	男	女	男	女
二十歳以下																						
二十一歳																						
二十二歳																						
二十三歳																						
二十四歳																						
二十五歳																						
二十六歳																						
二十七歳																						
二十八歳																						
二十九歳																						
三十歳																						
三十一歳																						
三十二歳																						
三十三歳																						
三十四歳																						
三十五歳																						
三十六歳																						
三十七歳																						
三十八歳																						
三十九歳																						
四十歳																						
四十一歳																						
四十二歳																						
四十三歳																						
四十四歳																						
四十五歳																						
四十六歳																						
四十七歳																						
四十八歳																						
四十九歳																						
五十歳																						
五十一歳																						
五十二歳																						
五十三歳																						
五十四歳																						
五十五歳																						
五十六歳																						
五十七歳																						
五十八歳																						
五十九歳																						
六十歳以上																						
老練不詳																						
合計	/	/	/	/	/	/	/	/	/	/	/	/	/	/	/	/	/	/	/	/	/	/

281 ～ニヤ合板製造業

282 木製道具及家具製造業

年 齢 組 別 大 別	自 動 車 運 送 手 業	機 械 製 造 業	紡 織 工 業	服 装 生 産	火 炎 工 業	油 漆 工 業	漆 油 工 業	小 便 給 社 業	施 設 受 託 業	電 気 工 業	其 他 工 業	作 業 者	總 數	經 營 者
男	女	男	女	男	女	男	女	男	女	男	女	男	女	男
+二歳以下	/	/	/	/	/	/	/	/	/	/	/	/	/	9
+三歳	/	/	/	/	/	/	/	/	/	/	/	/	/	17
+四歳	/	/	/	/	/	/	/	/	/	/	/	/	/	19
+五歳	/	/	/	/	/	/	/	/	/	/	/	/	/	22
+六歳	/	/	/	/	/	/	/	/	/	/	/	/	/	23
+七歳	/	/	/	/	/	/	/	/	/	/	/	/	/	23
+八歳	/	/	/	/	/	/	/	/	/	/	/	/	/	24
+九歳	/	/	/	/	/	/	/	/	/	/	/	/	/	24
+十歳	/	/	/	/	/	/	/	/	/	/	/	/	/	23
+十一歳	/	/	/	/	/	/	/	/	/	/	/	/	/	23
+十二歳	/	/	/	/	/	/	/	/	/	/	/	/	/	23
+十三歳	/	/	/	/	/	/	/	/	/	/	/	/	/	23
+十四歳	/	/	/	/	/	/	/	/	/	/	/	/	/	23
+十五歳	/	/	/	/	/	/	/	/	/	/	/	/	/	19
+十六歳	/	/	/	/	/	/	/	/	/	/	/	/	/	19
+十七歳	/	/	/	/	/	/	/	/	/	/	/	/	/	19
+十八歳	/	/	/	/	/	/	/	/	/	/	/	/	/	19
+十九歳	/	/	/	/	/	/	/	/	/	/	/	/	/	19
+二十歳	/	/	/	/	/	/	/	/	/	/	/	/	/	19
+二十一歳	/	/	/	/	/	/	/	/	/	/	/	/	/	19
+二十二歳	/	/	/	/	/	/	/	/	/	/	/	/	/	19
+二十三歳	/	/	/	/	/	/	/	/	/	/	/	/	/	19
+二十四歳	/	/	/	/	/	/	/	/	/	/	/	/	/	19
+二十五歳	/	/	/	/	/	/	/	/	/	/	/	/	/	19
+二十六歳	/	/	/	/	/	/	/	/	/	/	/	/	/	19
+二十七歳	/	/	/	/	/	/	/	/	/	/	/	/	/	19
+二十八歳	/	/	/	/	/	/	/	/	/	/	/	/	/	19
+二十九歳	/	/	/	/	/	/	/	/	/	/	/	/	/	19
+三十歳	/	/	/	/	/	/	/	/	/	/	/	/	/	19
+三十一歳	/	/	/	/	/	/	/	/	/	/	/	/	/	19
+三十二歳	/	/	/	/	/	/	/	/	/	/	/	/	/	19
+三十三歳	/	/	/	/	/	/	/	/	/	/	/	/	/	19
+三十四歳	/	/	/	/	/	/	/	/	/	/	/	/	/	19
+三十五歳	/	/	/	/	/	/	/	/	/	/	/	/	/	19
+三十六歳	/	/	/	/	/	/	/	/	/	/	/	/	/	19
+三十七歳	/	/	/	/	/	/	/	/	/	/	/	/	/	19
+三十八歳	/	/	/	/	/	/	/	/	/	/	/	/	/	19
+三十九歳	/	/	/	/	/	/	/	/	/	/	/	/	/	19
+四十歳	/	/	/	/	/	/	/	/	/	/	/	/	/	19
+四十一歳	/	/	/	/	/	/	/	/	/	/	/	/	/	19
+四十二歳	/	/	/	/	/	/	/	/	/	/	/	/	/	19
+四十三歳	/	/	/	/	/	/	/	/	/	/	/	/	/	19
+四十四歳	/	/	/	/	/	/	/	/	/	/	/	/	/	19
+四十五歳	/	/	/	/	/	/	/	/	/	/	/	/	/	19
+四十六歳	/	/	/	/	/	/	/	/	/	/	/	/	/	19
+四十七歳	/	/	/	/	/	/	/	/	/	/	/	/	/	19
+四十八歳	/	/	/	/	/	/	/	/	/	/	/	/	/	19
+四十九歳	/	/	/	/	/	/	/	/	/	/	/	/	/	19
+五十歳	/	/	/	/	/	/	/	/	/	/	/	/	/	19
+五十一歳	/	/	/	/	/	/	/	/	/	/	/	/	/	19
+五十二歳	/	/	/	/	/	/	/	/	/	/	/	/	/	19
+五十三歳	/	/	/	/	/	/	/	/	/	/	/	/	/	19
+五十四歳	/	/	/	/	/	/	/	/	/	/	/	/	/	19
+五十五歳	/	/	/	/	/	/	/	/	/	/	/	/	/	19
+五十六歳	/	/	/	/	/	/	/	/	/	/	/	/	/	19
+五十七歳	/	/	/	/	/	/	/	/	/	/	/	/	/	19
+五十八歳	/	/	/	/	/	/	/	/	/	/	/	/	/	19
+五十九歳	/	/	/	/	/	/	/	/	/	/	/	/	/	19
+六十歳	/	/	/	/	/	/	/	/	/	/	/	/	/	19
+六十歳以上	/	/	/	/	/	/	/	/	/	/	/	/	/	19
半 年 不 詳	/	/	/	/	/	/	/	/	/	/	/	/	/	19
合 計	/	/	/	/	/	/	/	/	/	/	/	/	/	19
	12	2	2	15	2	2	2	3	3	3	3	3	3	637

282 木製建具及家具製造業

年 齢 組 合 会 員 数 人	282 木製棧板及梱包製造業											
	其地製造業者		大工		漆工・刷毛師		塗装工		ハフ丁工		鋼板・瓦等業者	
	男	女	男	女	男	女	男	女	男	女	男	女
二十歳以下												
十三歳												
十四歳												
十五歳												
十六歳												
十七歳												
十八歳												
十九歳												
二十歳												
二十一歳												
二十二歳												
二十三歳												
二十四歳												
二十五歳												
二十六歳												
二十七歳												
二十八歳												
二十九歳												
三十歳												
三十一歳												
三十二歳												
三十三歳												
三十四歳												
三十五歳												
三十六歳												
三十七歳												
三十八歳												
三十九歳												
四十歳												
四十一歳												
四十二歳												
四十三歳												
四十四歳												
四十五歳												
四十六歳												
四十七歳												
四十八歳												
四十九歳												
五十歳												
五十一歳												
五十二歳												
五十三歳												
五十四歳												
五十五歳												
五十六歳												
五十七歳												
五十八歳												
五十九歳												
六十歳以上												
半體不育												
合	2	4	11	24	6	9	5.	13	2	8	3	2

年 別 月 別	性 別	種 類	製 材 工		調 木 工 木 箱 製 造		合 板 工		木 工		木 塑 工 木 塑 製 造		機 具 製 造		機 械 製 造		曲 物 鐵 器		儀 電 行 業		塑 膠 製 造		金 屬 製 造		
			男	女	男	女	男	女	男	女	男	女	男	女	男	女	男	女	男	女	男	女	男	女	
+ 1 月 1 日																									
+ 1 月 2 日																									
+ 1 月 3 日																									
+ 1 月 4 日																									
+ 1 月 5 日																									
+ 1 月 6 日																									
+ 1 月 7 日																									
+ 1 月 8 日																									
+ 1 月 9 日																									
+ 1 月 10 日																									
+ 1 月 11 日																									
+ 1 月 12 日																									
+ 1 月 13 日																									
+ 1 月 14 日																									
+ 1 月 15 日																									
+ 1 月 16 日																									
+ 1 月 17 日																									
+ 1 月 18 日																									
+ 1 月 19 日																									
+ 1 月 20 日																									
+ 1 月 21 日																									
+ 1 月 22 日																									
+ 1 月 23 日																									
+ 1 月 24 日																									
+ 1 月 25 日																									
+ 1 月 26 日																									
+ 1 月 27 日																									
+ 1 月 28 日																									
+ 1 月 29 日																									
+ 1 月 30 日																									
+ 1 月 31 日																									
合 計	J1						2	1497	4	12	/	9	/	38	5	6	8	46	/	2	2	/	49	11	

業種		年 齢		性別		職業		其ノ他		作業者		総数		被光仕事者		ボール盤工		金属フレン工		打工		木工		機械運転者		自動車運転手		船員		機械駕駆運転員		自動車運転手		船員		機械駕駆運転員	
284 木管製造業		21歳未満		男		女		22歳		23		24		25		26		27		28		29		30		31		32		33		34		35			
21歳以上		21歳以上		男		女		22歳以上		23		24		25		26		27		28		29		30		31		32		33		34		35			
21歳未満		21歳未満		男		女		22歳未満		23		24		25		26		27		28		29		30		31		32		33		34		35			
21歳以上		21歳以上		男		女		22歳以上		23		24		25		26		27		28		29		30		31		32		33		34		35			
21歳未満		21歳未満		男		女		22歳未満		23		24		25		26		27		28		29		30		31		32		33		34		35			
21歳以上		21歳以上		男		女		22歳以上		23		24		25		26		27		28		29		30		31		32		33		34		35			
21歳未満		21歳未満		男		女		22歳未満		23		24		25		26		27		28		29		30		31		32		33		34		35			
21歳以上		21歳以上		男		女		22歳以上		23		24		25		26		27		28		29		30		31		32		33		34		35			
21歳未満		21歳未満		男		女		22歳未満		23		24		25		26		27		28		29		30		31		32		33		34		35			
21歳以上		21歳以上		男		女		22歳以上		23		24		25		26		27		28		29		30		31		32		33		34		35			
21歳未満		21歳未満		男		女		22歳未満		23		24		25		26		27		28		29		30		31		32		33		34		35			
21歳以上		21歳以上		男		女		22歳以上		23		24		25		26		27		28		29		30		31		32		33		34		35			
21歳未満		21歳未満		男		女		22歳未満		23		24		25		26		27		28		29		30		31		32		33		34		35			
21歳以上		21歳以上		男		女		22歳以上		23		24		25		26		27		28		29		30		31		32		33		34		35			
21歳未満		21歳未満		男		女		22歳未満		23		24		25		26		27		28		29		30		31		32		33		34		35			
21歳以上		21歳以上		男		女		22歳以上		23		24		25		26		27		28		29		30		31		32		33		34		35			
21歳未満		21歳未満		男		女		22歳未満		23		24		25		26		27		28		29		30		31		32		33		34		35			
21歳以上		21歳以上		男		女		22歳以上		23		24		25		26		27		28		29		30		31		32		33		34		35			
21歳未満		21歳未満		男		女		22歳未満		23		24		25		26		27		28		29		30		31		32		33		34		35			
21歳以上		21歳以上		男		女		22歳以上		23		24		25		26		27		28		29		30		31		32		33		34		35			
21歳未満		21歳未満		男		女		22歳未満		23		24		25		26		27		28		29		30		31		32		33		34		35			
21歳以上		21歳以上		男		女		22歳以上		23		24		25		26		27		28		29		30		31		32		33		34		35			
21歳未満		21歳未満		男		女		22歳未満		23		24		25		26		27		28		29		30		31		32		33		34		35			
21歳以上		21歳以上		男		女		22歳以上		23		24		25		26		27																			

205 コルク製品製造業												206 砂利、石粉、砂、灰等の製造業																	
物品卸業者、輸入業者			店頭表示、注文販賣業者			小売、給土、輸送業者			需要者(生産業者)			其ノ他ノ作業者			總数			一般事務業者			技术、材料大			ガラス器、金物等			運送業(運送車両)		
年 令 分 類	男	女	男	女	男	女	男	女	男	女	男	女	男	女	男	女	男	女	男	女	男	女	男	女	男	女	男	女	
十 一 歳 以 上																													
十一 歳 以 上	2																												
十 二 歳																													
十 三 歳																													
十 四 歳																													
十 五 歳																													
十 六 歳																													
十 七 歳																													
十 八 歳																													
十 九 歳																													
二十 歳																													
二十 一 歳																													
二十 二 歳																													
二十 三 歳																													
二十 四 歳																													
二十 五 歳																													
二十 六 歳																													
二十 七 歳																													
二十 八 歳																													
二十 九 歳																													
三十 歳																													
三十 一 歳																													
三十 二 歳																													
三十 三 歳																													
三十 四 歳																													
三十 五 歳																													
三十 六 歳																													
三十 七 歳																													
三十 八 歳																													
三十 九 歳																													
四十 歳																													
四十 一 歳																													
四十 二 歳																													
四十 三 歳																													
四十 四 歳																													
四十 五 歳																													
四十 六 歳																													
四十 七 歳																													
四十 八 歳																													
四十 九 歳																													
五十 歳																													
五十 一 歳																													
五十 二 歳																													
五十 三 歳																													
五十 四 歳																													
五十 五 歳																													
五十 六 歳																													
五十 七 歳																													
五十 八 歳																													
五十 九 歳																													
六十 歳																													
六十 一 歳																													
六十 二 歳																													
六十 三 歳																													
六十 四 歳																													
六十 五 歳																													
六十 六 歳																													
六十 七 歳																													
六十 八 歳																													
六十 九 歳																													
七十 歳																													
七十 一 歳																													
七十 二 歳																													
七十 三 歳																													
七十 四 歳																													
七十 五 歳																													
七十 六 歳																													
七十 七 歳																													
七十 八 歳																													
七十 九 歳																													
八十 歳																													
八十 一 歳																													
八十 二 歳																													
八十 三 歳																													
八十 四 歳																													
八十 五 歳																													
八十 六 歳																													
八十 七 歳																													
八十 八 歳																													
八十 九 歳																													
九十 歳																													
九十一 歳																													
九十二 歳																													
九十三 歳																													
九十四 歳																													
九十五 歳																													

卷之三

289 製 粉 業

年 齢	209 歳 時 其ノ他 作業者		總 數		機械技術者		製粉工場の工 業者		自動運転手		機械運転手		店舗子供係婦人		火、天、油 差		小便給仕、端役者		201 歳 時 其ノ他 作業者	
	男	女	男	女	男	女	男	女	男	女	男	女	男	女	男	女	男	女	男	女
十二歳以下																				
十三歳																				
十四歳																				
十五歳																				
十六歳																				
十七歳																				
十八歳																				
十九歳																				
二十歳																				
二十一歳																				
二十二歳																				
二十三歳																				
二十四歳																				
二十五歳																				
二十六歳																				
二十七歳																				
二十八歳																				
二十九歳																				
三十歳																				
三十一歳																				
三十二歳																				
三十三歳																				
三十四歳																				
三十五歳																				
三十六歳																				
三十七歳																				
三十八歳																				
三十九歳																				
四十歳																				
四十一歳																				
四十二歳																				
四十三歳																				
四十四歳																				
四十五歳																				
四十六歳																				
四十七歳																				
四十八歳																				
四十九歳																				
五十歳																				
五十一歳																				
五十二歳																				
五十三歳																				
五十四歳																				
五十五歳																				
五十六歳																				
五十七歳																				
五十八歳																				
五十九歳																				
六十歳以上																				
事體不詳																				
合																				
計	63	4			44	4			3	2			10			122				

296 飲料製造業

297

菸草製造業

年 齢	296 飲料製造業						297 菸草製造業					
	男	女	男	女	男	女	男	女	男	女	男	女
十二 三歳							13	42				
十四 五歳							22	43				
十六 六歳							36	40				
十七 七歳							52	57				
十八 八歳							59	27				
十九 九歳							53	14				
二十 一歳							50	15				
二十一 二歳							22	3				
二十二 三歳							40	3				
二十三 四歳							44	3				
二十四 五歳							26	26				
二十五 六歳							33	28				
二十六 七歳							28	27				
二十七 八歳							20	23				
二十八 九歳							23	23				
二十九 十歳							100	10				
三十 一歳							25	4				
三十一 二歳							16	4				
三十二 三歳							25	1				
三十三 四歳							18	1				
三十四 五歳							10	1				
三十五 六歳							10	0				
三十六 七歳							10	0				
三十七 八歳							100	0				
三十八 九歳							10	0				
三十九 十歳							10	0				
四十 一歳							100	0				
四十一 二歳							10	0				
四十二 三歳							10	0				
四十三 四歳							10	0				
四十四 五歳							10	0				
四十五 六歳							10	0				
四十六 七歳							10	0				
四十七 八歳							10	0				
四十八 九歳							10	0				
四十九 十歳							10	0				
五十 一歳							10	0				
五十一 二歳							10	0				
五十二 三歳							10	0				
五十三 四歳							10	0				
五十四 五歳							10	0				
五十五 六歳							10	0				
五十六 七歳							10	0				
五十七 八歳							10	0				
五十八 九歳							10	0				
五十九 十歳							10	0				
六十 一歳以上							10	0				
年齢不詳							10	0				
合 計	3	5	2	4	922	320	9	2	2	2	2	2

年 齢		組 数		一般事務者		簿記事務者		下工場ノ半熟練工		高級半熟練工		機械操作者		其他半熟練工		熟練工		熟練工		熟練工	
		男	女	男	女	男	女	男	女	男	女	男	女	男	女	男	女	男	女	男	女
十三歳以下		/	/	16	16	13	13	12	12	10	10	7	7	12	12	12	12	12	12	12	12
十三歳		/	/	16	16	13	13	12	12	10	10	7	7	12	12	12	12	12	12	12	12
十四歳		/	/	16	16	13	13	12	12	10	10	7	7	12	12	12	12	12	12	12	12
十五歳		/	/	16	16	13	13	12	12	10	10	7	7	12	12	12	12	12	12	12	12
十六歳		/	/	16	16	13	13	12	12	10	10	7	7	12	12	12	12	12	12	12	12
十七歳		/	/	16	16	13	13	12	12	10	10	7	7	12	12	12	12	12	12	12	12
十八歳		/	/	16	16	13	13	12	12	10	10	7	7	12	12	12	12	12	12	12	12
十九歳		/	/	16	16	13	13	12	12	10	10	7	7	12	12	12	12	12	12	12	12
二十歳		/	/	16	16	13	13	12	12	10	10	7	7	12	12	12	12	12	12	12	12
二十一歳		/	/	16	16	13	13	12	12	10	10	7	7	12	12	12	12	12	12	12	12
二十二歳		/	/	16	16	13	13	12	12	10	10	7	7	12	12	12	12	12	12	12	12
二十三歳		/	/	16	16	13	13	12	12	10	10	7	7	12	12	12	12	12	12	12	12
二十四歳		/	/	16	16	13	13	12	12	10	10	7	7	12	12	12	12	12	12	12	12
二十五歳		/	/	16	16	13	13	12	12	10	10	7	7	12	12	12	12	12	12	12	12
二十六歳		/	/	16	16	13	13	12	12	10	10	7	7	12	12	12	12	12	12	12	12
二十七歳		/	/	16	16	13	13	12	12	10	10	7	7	12	12	12	12	12	12	12	12
二十八歳		/	/	16	16	13	13	12	12	10	10	7	7	12	12	12	12	12	12	12	12
二十九歳		/	/	16	16	13	13	12	12	10	10	7	7	12	12	12	12	12	12	12	12
三十歳		/	/	16	16	13	13	12	12	10	10	7	7	12	12	12	12	12	12	12	12
三十一歳		/	/	16	16	13	13	12	12	10	10	7	7	12	12	12	12	12	12	12	12
三十二歳		/	/	16	16	13	13	12	12	10	10	7	7	12	12	12	12	12	12	12	12
三十三歳		/	/	16	16	13	13	12	12	10	10	7	7	12	12	12	12	12	12	12	12
三十四歳		/	/	16	16	13	13	12	12	10	10	7	7	12	12	12	12	12	12	12	12
三十五歳		/	/	16	16	13	13	12	12	10	10	7	7	12	12	12	12	12	12	12	12
三十六歳		/	/	16	16	13	13	12	12	10	10	7	7	12	12	12	12	12	12	12	12
三十七歳		/	/	16	16	13	13	12	12	10	10	7	7	12	12	12	12	12	12	12	12
三十八歳		/	/	16	16	13	13	12	12	10	10	7	7	12	12	12	12	12	12	12	12
三十九歳		/	/	16	16	13	13	12	12	10	10	7	7	12	12	12	12	12	12	12	12
四十歳		/	/	16	16	13	13	12	12	10	10	7	7	12	12	12	12	12	12	12	12
四十一歳		/	/	16	16	13	13	12	12	10	10	7	7	12	12	12	12	12	12	12	12
四十二歳		/	/	16	16	13	13	12	12	10	10	7	7	12	12	12	12	12	12	12	12
四十三歳		/	/	16	16	13	13	12	12	10	10	7	7	12	12	12	12	12	12	12	12
四十四歳		/	/	16	16	13	13	12	12	10	10	7	7	12	12	12	12	12	12	12	12
四十五歳		/	/	16	16	13	13	12	12	10	10	7	7	12	12	12	12	12	12	12	12
四十六歳		/	/	16	16	13	13	12	12	10	10	7	7	12	12	12	12	12	12	12	12
四十七歳		/	/	16	16	13	13	12	12	10	10	7	7	12	12	12	12	12	12	12	12
四十八歳		/	/	16	16	13	13	12	12	10	10	7	7	12	12	12	12	12	12	12	12
四十九歳		/	/	16	16	13	13	12	12	10	10	7	7	12	12	12	12	12	12	12	12
五十歳		/	/	16	16	13	13	12	12	10	10	7	7	12	12	12	12	12	12	12	12
五十一歳		/	/	16	16	13	13	12	12	10	10	7	7	12	12	12	12	12	12	12	12
五十二歳		/	/	16	16	13	13	12	12	10	10	7	7	12	12	12	12	12	12	12	12
五十三歳		/	/	16	16	13	13	12	12	10	10	7	7	12	12	12	12	12	12	12	12
五十四歳		/	/	16	16	13	13	12	12	10	10	7	7	12	12	12	12	12	12	12	12
五十五歳		/	/	16	16	13	13	12	12	10	10	7	7	12	12	12	12	12	12	12	12
五十六歳		/	/	16	16	13	13	12	12	10	10	7	7	12	12	12	12	12	12	12	12
五十七歳		/	/	16	16	13	13	12	12	10	10	7	7	12	12	12	12	12	12	12	12
五十八歳		/	/	16	16	13	13	12	12	10	10	7	7	12	12	12	12	12	12	12	12
五十九歳		/	/	16	16	13	13	12	12	10	10	7	7	12	12	12	12	12	12	12	12
六十歳以上		/	/	16	16	13	13	12	12	10	10	7	7	12	12	12	12	12	12	12	12
年齢不詳		/	/	16	16	13	13	12	12	10	10	7	7	12	12	12	12	12	12	12	12
合	R	111	107	1	2	/	/	68	78	2	4	/	/	11	11	2	2	2	2	2	2

299. 飲食店業		包装、醸工、機器工		小便、給水、施設等		経営者		食料品技術者		畜産業者		製粉工、鋳物工		鐵工、機器、電品販賣業		高級、低級、飲食業者	
年齢	性別	男	女	男	女	男	女	男	女	男	女	男	女	男	女	男	女
十五歳以下	男	/	/	/	/	/	/	/	/	/	/	/	/	/	/	/	/
十三歳	男	/	/	/	/	/	/	/	/	/	/	/	/	/	/	/	/
十四歳	男	/	/	/	/	/	/	/	/	/	/	/	/	/	/	/	/
十五歳	男	/	/	/	/	/	/	/	/	/	/	/	/	/	/	/	/
十六歳	男	/	/	/	/	/	/	/	/	/	/	/	/	/	/	/	/
十七歳	男	/	/	/	/	/	/	/	/	/	/	/	/	/	/	/	/
十八歳	男	/	/	/	/	/	/	/	/	/	/	/	/	/	/	/	/
十九歳	男	/	/	/	/	/	/	/	/	/	/	/	/	/	/	/	/
二十歳	男	/	/	/	/	/	/	/	/	/	/	/	/	/	/	/	/
二十一歳	男	/	/	/	/	/	/	/	/	/	/	/	/	/	/	/	/
二十二歳	男	/	/	/	/	/	/	/	/	/	/	/	/	/	/	/	/
二十三歳	男	/	/	/	/	/	/	/	/	/	/	/	/	/	/	/	/
二十四歳	男	/	/	/	/	/	/	/	/	/	/	/	/	/	/	/	/
二十五歳	男	/	/	/	/	/	/	/	/	/	/	/	/	/	/	/	/
二十六歳	男	/	/	/	/	/	/	/	/	/	/	/	/	/	/	/	/
二十七歳	男	/	/	/	/	/	/	/	/	/	/	/	/	/	/	/	/
二十八歳	男	/	/	/	/	/	/	/	/	/	/	/	/	/	/	/	/
二十九歳	男	/	/	/	/	/	/	/	/	/	/	/	/	/	/	/	/
三十歳	男	/	/	/	/	/	/	/	/	/	/	/	/	/	/	/	/
三十一歳	男	/	/	/	/	/	/	/	/	/	/	/	/	/	/	/	/
三十二歳	男	/	/	/	/	/	/	/	/	/	/	/	/	/	/	/	/
三十三歳	男	/	/	/	/	/	/	/	/	/	/	/	/	/	/	/	/
三十四歳	男	/	/	/	/	/	/	/	/	/	/	/	/	/	/	/	/
三十五歳	男	/	/	/	/	/	/	/	/	/	/	/	/	/	/	/	/
三十六歳	男	/	/	/	/	/	/	/	/	/	/	/	/	/	/	/	/
三十七歳	男	/	/	/	/	/	/	/	/	/	/	/	/	/	/	/	/
三十八歳	男	/	/	/	/	/	/	/	/	/	/	/	/	/	/	/	/
三十九歳	男	/	/	/	/	/	/	/	/	/	/	/	/	/	/	/	/
四十歳	男	/	/	/	/	/	/	/	/	/	/	/	/	/	/	/	/
四十一歳	男	/	/	/	/	/	/	/	/	/	/	/	/	/	/	/	/
四十二歳	男	/	/	/	/	/	/	/	/	/	/	/	/	/	/	/	/
四十三歳	男	/	/	/	/	/	/	/	/	/	/	/	/	/	/	/	/
四十四歳	男	/	/	/	/	/	/	/	/	/	/	/	/	/	/	/	/
四十五歳	男	/	/	/	/	/	/	/	/	/	/	/	/	/	/	/	/
四十六歳	男	/	/	/	/	/	/	/	/	/	/	/	/	/	/	/	/
四十七歳	男	/	/	/	/	/	/	/	/	/	/	/	/	/	/	/	/
四十八歳	男	/	/	/	/	/	/	/	/	/	/	/	/	/	/	/	/
四十九歳	男	/	/	/	/	/	/	/	/	/	/	/	/	/	/	/	/
五十歳	男	/	/	/	/	/	/	/	/	/	/	/	/	/	/	/	/
五十一歳	男	/	/	/	/	/	/	/	/	/	/	/	/	/	/	/	/
五十二歳	男	/	/	/	/	/	/	/	/	/	/	/	/	/	/	/	/
五十三歳	男	/	/	/	/	/	/	/	/	/	/	/	/	/	/	/	/
五十四歳	男	/	/	/	/	/	/	/	/	/	/	/	/	/	/	/	/
五十五歳	男	/	/	/	/	/	/	/	/	/	/	/	/	/	/	/	/
五十六歳	男	/	/	/	/	/	/	/	/	/	/	/	/	/	/	/	/
五十七歳	男	/	/	/	/	/	/	/	/	/	/	/	/	/	/	/	/
五十八歳	男	/	/	/	/	/	/	/	/	/	/	/	/	/	/	/	/
五十九歳	男	/	/	/	/	/	/	/	/	/	/	/	/	/	/	/	/
六十歳以上	男	/	/	/	/	/	/	/	/	/	/	/	/	/	/	/	/
本職不詳	男	/	/	/	/	/	/	/	/	/	/	/	/	/	/	/	/

年 齢	自転車通勤手 数	乗用車通勤手 数	物品販賣業者、仲買人 の従事者	店舗業者	卸業者	小売業者	卸業者	小売業者	一般労務者	食料品技術者
男	女	男	女	男	女	男	女	男	女	男
二十歳以下	2	2	2	2	2	2	2	2	2	2
二十一歳	2	2	2	2	2	2	2	2	2	2
二十二歳	2	2	2	2	2	2	2	2	2	2
二十三歳	2	2	2	2	2	2	2	2	2	2
二十四歳	2	2	2	2	2	2	2	2	2	2
二十五歳	2	2	2	2	2	2	2	2	2	2
二十六歳	2	2	2	2	2	2	2	2	2	2
二十七歳	2	2	2	2	2	2	2	2	2	2
二十八歳	2	2	2	2	2	2	2	2	2	2
二十九歳	2	2	2	2	2	2	2	2	2	2
三十歳	2	2	2	2	2	2	2	2	2	2
三十一歳	2	2	2	2	2	2	2	2	2	2
三十二歳	2	2	2	2	2	2	2	2	2	2
三十三歳	2	2	2	2	2	2	2	2	2	2
三十四歳	2	2	2	2	2	2	2	2	2	2
三十五歳	2	2	2	2	2	2	2	2	2	2
三十六歳	2	2	2	2	2	2	2	2	2	2
三十七歳	2	2	2	2	2	2	2	2	2	2
三十八歳	2	2	2	2	2	2	2	2	2	2
三十九歳	2	2	2	2	2	2	2	2	2	2
四十歳	2	2	2	2	2	2	2	2	2	2
四十一歳	2	2	2	2	2	2	2	2	2	2
四十二歳	2	2	2	2	2	2	2	2	2	2
四十三歳	2	2	2	2	2	2	2	2	2	2
四十四歳	2	2	2	2	2	2	2	2	2	2
四十五歳	2	2	2	2	2	2	2	2	2	2
四十六歳	2	2	2	2	2	2	2	2	2	2
四十七歳	2	2	2	2	2	2	2	2	2	2
四十八歳	2	2	2	2	2	2	2	2	2	2
四十九歳	2	2	2	2	2	2	2	2	2	2
五十歳	2	2	2	2	2	2	2	2	2	2
五十一歳	2	2	2	2	2	2	2	2	2	2
五十二歳	2	2	2	2	2	2	2	2	2	2
五十三歳	2	2	2	2	2	2	2	2	2	2
五十四歳	2	2	2	2	2	2	2	2	2	2
五十五歳	2	2	2	2	2	2	2	2	2	2
五十六歳	2	2	2	2	2	2	2	2	2	2
五十七歳	2	2	2	2	2	2	2	2	2	2
五十八歳	2	2	2	2	2	2	2	2	2	2
五十九歳	2	2	2	2	2	2	2	2	2	2
六十歳以上	2	2	2	2	2	2	2	2	2	2
半世紀未満	2	2	2	2	2	2	2	2	2	2
合計	3	5	2	3	2	424	118	2	2	2

301 水產食料品製造業

年 齡		性別		其 他 農 業 作 業 者		機 械 農 業 作 業 者		畜 牧 農 業 作 業 者		園 藝 農 業 作 業 者		林 業 農 業 作 業 者		漁 業 農 業 作 業 者		其 他 農 業 作 業 者		勞 動 力 人 口	
年 齡	性 別	男	女	男	女	男	女	男	女	男	女	男	女	男	女	男	女	男	女
十二歲以下																			
十三歲																			
十四歲																			
十五歲																			
十六歲																			
十七歲																			
十八歲																			
十九歲																			
二十歲																			
二十一歲																			
二十二歲																			
二十三歲																			
二十四歲																			
二十五歲																			
二十六歲																			
二十七歲																			
二十八歲																			
二十九歲																			
三十歲																			
三十一歲																			
三十二歲																			
三十三歲																			
三十四歲																			
三十五歲																			
三十六歲																			
三十七歲																			
三十八歲																			
三十九歲																			
四十歲																			
四十一歲																			
四十二歲																			
四十三歲																			
四十四歲																			
四十五歲																			
四十六歲																			
四十七歲																			
四十八歲																			
四十九歲																			
五十歲																			
五十一歲																			
五十二歲																			
五十三歲																			
五十四歲																			
五十五歲																			
五十六歲																			
五十七歲																			
五十八歲																			
五十九歲																			
六十歲以上																			
不 詳																			
合 計																			
		42	27	/	4	291	66	2	2	10	2	2	2	2	2	49	/	2	2

		303 横 早朝 通勤		304 横 水 美 通勤		305 横 朝夕 通勤		306 横 朝夕 通勤		307 横 朝夕 通勤		308 横 朝夕 通勤		309 横 朝夕 通勤		310 横 朝夕 通勤	
		電気機器工	産業製造工	其他製造業者	耐火材料業者	機械業者	機械器具業者	機械器具業者	機械器具業者								
年 齢	性別	男	女	男	女	男	女	男	女	男	女	男	女	男	女	男	女
+ 二十歳未満	男	3	3	3	3	3	3	3	3	3	3	3	3	3	3	3	3
+ 三歳	男	3	3	3	3	3	3	3	3	3	3	3	3	3	3	3	3
+ 四歳	男	3	3	3	3	3	3	3	3	3	3	3	3	3	3	3	3
+ 五歳	男	3	3	3	3	3	3	3	3	3	3	3	3	3	3	3	3
+ 六歳	男	3	3	3	3	3	3	3	3	3	3	3	3	3	3	3	3
+ 七歳	男	3	3	3	3	3	3	3	3	3	3	3	3	3	3	3	3
+ 八歳	男	3	3	3	3	3	3	3	3	3	3	3	3	3	3	3	3
+ 九歳	男	3	3	3	3	3	3	3	3	3	3	3	3	3	3	3	3
+ 十歳	男	3	3	3	3	3	3	3	3	3	3	3	3	3	3	3	3
+ 十一歳	男	3	3	3	3	3	3	3	3	3	3	3	3	3	3	3	3
+ 十二歳	男	3	3	3	3	3	3	3	3	3	3	3	3	3	3	3	3
+ 十三歳	男	3	3	3	3	3	3	3	3	3	3	3	3	3	3	3	3
+ 十四歳	男	3	3	3	3	3	3	3	3	3	3	3	3	3	3	3	3
+ 十五歳	男	3	3	3	3	3	3	3	3	3	3	3	3	3	3	3	3
+ 十六歳	男	3	3	3	3	3	3	3	3	3	3	3	3	3	3	3	3
+ 十七歳	男	3	3	3	3	3	3	3	3	3	3	3	3	3	3	3	3
+ 十八歳	男	3	3	3	3	3	3	3	3	3	3	3	3	3	3	3	3
+ 十九歳	男	3	3	3	3	3	3	3	3	3	3	3	3	3	3	3	3
+ 二十歳	男	3	3	3	3	3	3	3	3	3	3	3	3	3	3	3	3
+ 二十一歳	男	3	3	3	3	3	3	3	3	3	3	3	3	3	3	3	3
+ 二十二歳	男	3	3	3	3	3	3	3	3	3	3	3	3	3	3	3	3
+ 二十三歳	男	3	3	3	3	3	3	3	3	3	3	3	3	3	3	3	3
+ 二十四歳	男	3	3	3	3	3	3	3	3	3	3	3	3	3	3	3	3
+ 二十五歳	男	3	3	3	3	3	3	3	3	3	3	3	3	3	3	3	3
+ 二十六歳	男	3	3	3	3	3	3	3	3	3	3	3	3	3	3	3	3
+ 二十七歳	男	3	3	3	3	3	3	3	3	3	3	3	3	3	3	3	3
+ 二十八歳	男	3	3	3	3	3	3	3	3	3	3	3	3	3	3	3	3
+ 二十九歳	男	3	3	3	3	3	3	3	3	3	3	3	3	3	3	3	3
+ 三十歳	男	3	3	3	3	3	3	3	3	3	3	3	3	3	3	3	3
+ 三十一歳	男	3	3	3	3	3	3	3	3	3	3	3	3	3	3	3	3
+ 三十二歳	男	3	3	3	3	3	3	3	3	3	3	3	3	3	3	3	3
+ 三十三歳	男	3	3	3	3	3	3	3	3	3	3	3	3	3	3	3	3
+ 三十四歳	男	3	3	3	3	3	3	3	3	3	3	3	3	3	3	3	3
+ 三十五歳	男	3	3	3	3	3	3	3	3	3	3	3	3	3	3	3	3
+ 三十六歳	男	3	3	3	3	3	3	3	3	3	3	3	3	3	3	3	3
+ 三十七歳	男	3	3	3	3	3	3	3	3	3	3	3	3	3	3	3	3
+ 三十八歳	男	3	3	3	3	3	3	3	3	3	3	3	3	3	3	3	3
+ 三十九歳	男	3	3	3	3	3	3	3	3	3	3	3	3	3	3	3	3
+ 四十歳以上	男	3	3	3	3	3	3	3	3	3	3	3	3	3	3	3	3
年間不就業	男	2	2	2	2	2	2	2	2	2	2	2	2	2	2	2	2
合計	2	2	2	2	2	2	2	2	2	2	2	2	2	2	2	2	2

306型 鋼 素

307型、他(食料品製造業)

年 齢 組 合	製粉工・磨工			鋳造・乾燥工			料理人・コック			醸造・貯蔵・販賣			開拓・販賣・卸・販賣			店員・若手社員・職員・会計係・簿記工・機工・小便・給仕社員			其ノ他(作業者)			總 數			經營 者			
	男	女	男	女	男	女	男	女	男	女	男	女	男	女	男	女	男	女	男	女	男	女	男	女	男	女	男	女
十二歳以下																												
十三歳																												
十四歳																												
十五歳																												
十六歳																												
十七歳																												
十八歳																												
十九歳																												
二十歳																												
二十一歳																												
二十二歳																												
二十三歳																												
二十四歳																												
二十五歳																												
二十六歳																												
二十七歳																												
二十八歳																												
二十九歳																												
三十歳																												
三十一歳																												
三十二歳																												
三十三歳																												
三十四歳																												
三十五歳																												
三十六歳																												
三十七歳																												
三十八歳																												
三十九歳																												
四十歳																												
四十一歳																												
四十二歳																												
四十三歳																												
四十四歳																												
四十五歳																												
四十六歳																												
四十七歳																												
四十八歳																												
四十九歳																												
五十歳																												
五十一歳																												
五十二歳																												
五十三歳																												
五十四歳																												
五十五歳																												
五十六歳																												
五十七歳																												
五十八歳																												
五十九歳																												
六十歳																												
年齢不詳																												
合	3		76	16	2		2	3		27	2		1	2	2	2	2	2	2	2	2	2	2	2	2	2	2	

店頭売上(税込)		営業士		火薬専業		包装卸(税込)		荷造工		小便給仕		総合販賣部(税込)		其ノ他) 作業者		総数		経営者		一般事務者	
男	女	男	女	男	女	男	女	男	女	男	女	男	女	男	女	男	女	男	女	男	女
+二三八二	一																				
+三三	四																				
+五	三																				
+六	二																				
+七	一																				
+八	三																				
+九	二																				
+十	一																				
+十一	二																				
+十二	三																				
+十三	二																				
+十四	一																				
+十五	三																				
+十六	二																				
+十七	一																				
+十八	三																				
+十九	二																				
+二十	一																				
+二十一	二																				
+二十二	一																				
+二十三	三																				
+二十四	二																				
+二十五	一																				
+二十六	三																				
+二十七	二																				
+二十八	一																				
+二十九	三																				
+三十	二																				
+三十一	一																				
+三十二	三																				
+三十三	二																				
+三十四	一																				
+三十五	三																				
+三十六	二																				
+三十七	一																				
+三十八	三																				
+三十九	二																				
+四十	一																				
+四十一	三																				
+四十二	二																				
+四十三	一																				
+四十四	三																				
+四十五	二																				
+四十六	一																				
+四十七	三																				
+四十八	二																				
+四十九	一																				
+五十	三																				
+五十一	二																				
+五十二	一																				
+五十三	三																				
+五十四	二																				
+五十五	一																				
+五十六	三																				
+五十七	二																				
+五十八	一																				
+五十九	三																				
+六十	二																				
+六十一	一																				
+六十二	三																				
+六十三	二																				
+六十四	一																				
+六十五	三																				
+六十六	二																				
+六十七	一																				
+六十八	三																				
+六十九	二																				
+七十	一																				
+七十一	三																				
+七十二	二																				
+七十三	一																				
+七十四	三																				
+七十五	二																				
+七十六	一																				
+七十七	三																				
+七十八	二																				
+七十九	一																				
+八十	三																				
+八十一	二																				
+八十二	一																				
+八十三	三																				
+八十四	二																				
+八十五	一																				
+八十六	三																				
+八十七	二																				
+八十八	一																				
+八十九	三																				
+九十	二																				
+九十一	一																				
+九十二	三																				
+九十三	二																				
+九十四	一																				
+九十五	三																				
+九十六	二																				
+九十七	一																				
+九十八	三																				
+九十九	二																				
+一百	一																				
合計	H	45	6	1	5	1	4	3	9	1	6	1	1311	100	3	35	3	35	3	35	3

被光化症患者	被亞汞患者	タバコ・算盤	金属切削工	鍛造工	ガラス・金物等作業者	金属ガラス工	打上工	ドリルアーネル等作業者	瓦工	漆喰瓦工	瓦工	漆喰瓦工	瓦工	漆喰瓦工	瓦工
男	女	男	女	男	女	男	女	男	女	男	女	男	女	男	女
十二歳以下															
十三歳															
十四歳															
十五歳															
十六歳															
十七歳															
十八歳															
十九歳															
二十歳															
二十一歳															
二十二歳															
二十三歳															
二十四歳															
二十五歳															
二十六歳															
二十七歳															
二十八歳															
二十九歳															
三十歳															
三十一歳															
三十二歳															
三十三歳															
三十四歳															
三十五歳															
三十六歳															
三十七歳															
三十八歳															
三十九歳															
四十歳															
四十一歳															
四十二歳															
四十三歳															
四十四歳															
四十五歳															
四十六歳															
四十七歳															
四十八歳															
四十九歳															
五十歳以上															
四十九															
五															
六															
七															
八															
九															

年 月		扇子、圓盤製造業		文具、筆耕工場		活字印刷工		製紙工		印刷工		印刷、寫真師、寫真工		製木器		紙面印刷工		瓦楞紙板製造業		瓦楞紙板製造業者		
		男	女	男	女	男	女	男	女	男	女	男	女	男	女	男	女	男	女	男	女	
十二 三 月	下	/		2		2		/		/		/		/		/		/		/		
十 四 日	四	7		6		2		1		/		/		/		/		/		/		
十 五 日	五	9		9		1		/		/		/		/		/		/		/		
十 六 日	六	12		12		4		4		25		40		20		/		/		/		
十 七 日	七	12		12		4		4		43		43		2		/		/		/		
十 八 日	八	12		12		6		6		48		48		2		/		/		/		
十 九 日	九	12		12		4		4		44		44		2		/		/		/		
二十 日	十	12		12		4		4		36		36		2		/		/		/		
二十一 日	一	12		12		4		4		32		32		2		/		/		/		
二十二 日	二	12		12		4		4		41		41		2		/		/		/		
二十三 日	三	12		12		4		4		32		32		2		/		/		/		
二十四 日	四	12		12		4		4		30		30		2		/		/		/		
二十五 日	五	12		12		4		4		32		32		2		/		/		/		
二十六 日	六	12		12		4		4		32		32		2		/		/		/		
二十七 日	七	12		12		4		4		32		32		2		/		/		/		
二十八 日	八	12		12		4		4		32		32		2		/		/		/		
二十九 日	九	12		12		4		4		32		32		2		/		/		/		
三十 日	十	12		12		4		4		32		32		2		/		/		/		
三十 一 日	十一	12		12		4		4		32		32		2		/		/		/		
三十 二 日	十二	12		12		4		4		32		32		2		/		/		/		
三十 三 日	十三	12		12		4		4		32		32		2		/		/		/		
三十 四 日	十四	12		12		4		4		32		32		2		/		/		/		
三十 五 日	十五	12		12		4		4		32		32		2		/		/		/		
三十 六 日	十六	12		12		4		4		32		32		2		/		/		/		
三十 七 日	十七	12		12		4		4		32		32		2		/		/		/		
三十 八 日	十八	12		12		4		4		32		32		2		/		/		/		
三十 九 日	十九	12		12		4		4		32		32		2		/		/		/		
三十 日	二十	12		12		4		4		32		32		2		/		/		/		
三十 一 日	二十一	12		12		4		4		32		32		2		/		/		/		
三十 二 日	二十二	12		12		4		4		32		32		2		/		/		/		
三十 三 日	二十三	12		12		4		4		32		32		2		/		/		/		
三十 四 日	二十四	12		12		4		4		32		32		2		/		/		/		
三十 五 日	二十五	12		12		4		4		32		32		2		/		/		/		
三十 六 日	二十六	12		12		4		4		32		32		2		/		/		/		
三十 七 日	二十七	12		12		4		4		32		32		2		/		/		/		
三十 八 日	二十八	12		12		4		4		32		32		2		/		/		/		
三十 九 日	二十九	12		12		4		4		32		32		2		/		/		/		
三十 日	三十	12		12		4		4		32		32		2		/		/		/		
三十 一 日	一	12		12		4		4		32		32		2		/		/		/		
三十 二 日	二	12		12		4		4		32		32		2		/		/		/		
三十 三 日	三	12		12		4		4		32		32		2		/		/		/		
三十 四 日	四	12		12		4		4		32		32		2		/		/		/		
三十 五 日	五	12		12		4		4		32		32		2		/		/		/		
三十 六 日	六	12		12		4		4		32		32		2		/		/		/		
三十 七 日	七	12		12		4		4		32		32		2		/		/		/		
三十 八 日	八	12		12		4		4		32		32		2		/		/		/		
三十 九 日	九	12		12		4		4		32		32		2		/		/		/		
三十 日	十	12		12		4		4		32		32		2		/		/		/		
三十 一 日	十一	12		12		4		4		32		32		2		/		/		/		
三十 二 日	十二	12		12		4		4		32		32		2		/		/		/		
三十 三 日	十三	12		12		4		4		32		32		2		/		/		/		
三十 四 日	十四	12		12		4		4		32		32		2		/		/		/		
三十 五 日	十五	12		12		4		4		32		32		2		/		/		/		
三十 六 日	十六	12		12		4		4		32		32		2		/		/		/		
三十 七 日	十七	12		12		4		4		32		32		2		/		/		/		
三十 八 日	十八	12		12		4		4		32		32		2		/		/		/		
三十 九 日	十九	12		12		4		4		32		32		2		/		/		/		
三十 日	二十	12		12		4		4		32		32		2		/		/		/		
三十 一 日	二十一	12		12		4		4		32		32		2		/		/		/		
三十 二 日	二十二	12		12		4		4		32		32		2		/		/		/		
三十 三 日	二十三	12		12		4		4		32		32		2		/		/		/		
三十 四 日	二十四	12		12		4		4		32		32		2		/		/		/		
三十 五 日	二十五	12		12		4		4		32		32		2		/		/		/		
三十 六 日	二十六	12		12		4		4		32		32		2		/		/		/		
三十 七 日	二十七	12		12		4		4		32		32		2		/		/		/		
三十 八 日	二十八	12		12		4		4		32		32		2		/		/		/		
三十 九 日	二十九	12		12		4		4		32		32		2		/		/		/		
三十 日	三十	12		12		4		4		32		32		2		/		/		/		
三十 一 日	一	12		12		4		4		32		32		2		/		/		/		
三十 二 日	二	12		12		4		4		32		32		2		/		/		/		
三十 三 日	三	12		12		4		4		32		32		2		/		/		/		
三十 四 日	四	12		12		4		4		32		32		2		/		/		/		
三十 五 日	五	12		12		4		4		32		32		2		/		/		/		
三十 六 日	六	12		12		4		4		32		32		2		/		/		/		
三十 七 日	七	12		12		4		4		32		32		2		/		/		/		
三十 八 日	八	12		12		4		4		32		32		2		/		/		/		
三十 九 日	九	12		12		4		4		32		32		2		/		/		/		
三十 日	十	12		12		4		4		32		32		2		/		/		/		
三十 一 日	十一	12		12		4		4		32		32		2		/		/		/		
三十 二 日	十二	12		12		4		4		32		32		2		/		/		/		
三十 三 日	十三	12		12		4		4		32		32		2		/		/		/		
三十 四 日	十四	12		12		4		4		32		32		2		/		/		/		
三十 五 日	十五	12		12		4		4		32		32		2		/		/		/		
三十 六 日	十六	12		12		4		4		32		32		2		/		/		/		
三十 七 日	十七	12		12		4		4		32		32		2		/		/		/		
三十 八 日	十八	12		12		4		4		32		32		2		/		/		/		
三十 九 日	十九	12		12		4		4		32		32		2		/		/		/		
三十 日	二十	12		12		4		4		32		32		2		/		/		/		
三十 一 日	二十一	12		12		4		4		32		32		2		/		/		/		
三十 二 日	二十二	12		12		4		4		32		32		2		/		/		/		
三十 三 日	二十三	12	</td																			

小便・給仕・衛生者		運転手(機械操作者)		其の他の作業者		運転・因縁家・製造業者		總数		一般事務者		金属アレルギー者		目立工		加工		紙工		文具・機械工具工		塑型工	
年齢	性別	男	女	男	女	男	女	男	女	男	女	男	女	男	女	男	女	男	女	男	女	男	女
十二歳以下																							
十三歳	男	2																					
十四歳	男	3																					
十五歳	男	3																					
十六歳	男	4																					
十七歳	男	4																					
十八歳	男	5																					
十九歳	男	5																					
二十歳	男	7																					
二十一歳	男	7																					
二十二歳	男	7																					
二十三歳	男	7																					
二十四歳	男	7																					
二十五歳	男	7																					
二十六歳	男	7																					
二十七歳	男	7																					
二十八歳	男	7																					
二十九歳	男	7																					
三十歳	男	7																					
三十一歳	男	7																					
三十二歳	男	7																					
三十三歳	男	7																					
三十四歳	男	7																					
三十五歳	男	7																					
三十六歳	男	7																					
三十七歳	男	7																					
三十八歳	男	7																					
三十九歳	男	7																					
四十歳	男	7																					
四十一歳	男	7																					
四十二歳	男	7																					
四十三歳	男	7																					
四十四歳	男	7																					
四十五歳	男	7																					
四十六歳	男	7																					
四十七歳	男	7																					
四十八歳	男	7																					
四十九歳	男	7																					
五十歳	男	7																					
五十一歳	男	7																					
五十二歳	男	7																					
五十三歳	男	7																					
五十四歳	男	7																					
五十五歳	男	7																					
五十六歳	男	7																					
五十七歳	男	7																					
五十八歳	男	7																					
五十九歳	男	7																					
六十歳	男	7																					
六十一歳	男	7																					
六十二歳	男	7																					
六十三歳	男	7																					
六十四歳	男	7																					
六十五歳	男	7																					
六十六歳	男	7																					
六十七歳	男	7																					
六十八歳	男	7																					
六十九歳	男	7																					
七十歳	男	7																					
七十一歳	男	7																					
七十二歳	男	7																					
七十三歳	男	7																					
七十四歳	男	7																					
七十五歳	男	7																					
七十六歳	男	7																					
七十七歳	男	7																					
七十八歳	男	7																					
七十九歳	男	7																					
八十歳	男	7																					
八十一歳	男	7																					
八十二歳	男	7																					
八十三歳	男	7																					
八十四歳	男	7																					
八十五歳	男	7																					
八十六歳	男	7																					
八十七歳	男	7																					
八十八歳	男	7																					
八十九歳	男	7																					
九十歳	男	7																					
九十一歳	男	7																					
九十二歳	男	7																					
九十三歳	男	7																					
九十四歳	男	7																					
九十五歳	男	7																					
九十六歳	男	7																					
九十七歳	男	7																					
九十八歳	男	7																					
九十九歳	男	7																					
一百歳	男	7																					
合計	男	39	16	17	3	2	2	297	99	1	1	1	1	1	1	1	1	1	1	2	2	2	

309 飲 本 菜												310 土 木 建 築 菜			
年 月 日	印 刷 工	製 本 噴	其 他(用 機 構 等)	自動車運手	船 舶 鐵 軌 鋼 鋼	物 品 蔬 菜 葉 牛 肉	牛 肉 蔬 菜 葉 牛 肉	男	女	男	女	男	女	總 數	經 営 者
11/11/21	10	10	10	10	10	10	10	10	10	10	10	10	10	10	10
11/11/22	11	11	11	11	11	11	11	11	11	11	11	11	11	11	11
11/11/23	12	12	12	12	12	12	12	12	12	12	12	12	12	12	12
11/11/24	13	13	13	13	13	13	13	13	13	13	13	13	13	13	13
11/11/25	14	14	14	14	14	14	14	14	14	14	14	14	14	14	14
11/11/26	15	15	15	15	15	15	15	15	15	15	15	15	15	15	15
11/11/27	16	16	16	16	16	16	16	16	16	16	16	16	16	16	16
11/11/28	17	17	17	17	17	17	17	17	17	17	17	17	17	17	17
11/11/29	18	18	18	18	18	18	18	18	18	18	18	18	18	18	18
11/11/30	19	19	19	19	19	19	19	19	19	19	19	19	19	19	19
11/12/1	20	20	20	20	20	20	20	20	20	20	20	20	20	20	20
11/12/2	21	21	21	21	21	21	21	21	21	21	21	21	21	21	21
11/12/3	22	22	22	22	22	22	22	22	22	22	22	22	22	22	22
11/12/4	23	23	23	23	23	23	23	23	23	23	23	23	23	23	23
11/12/5	24	24	24	24	24	24	24	24	24	24	24	24	24	24	24
11/12/6	25	25	25	25	25	25	25	25	25	25	25	25	25	25	25
11/12/7	26	26	26	26	26	26	26	26	26	26	26	26	26	26	26
11/12/8	27	27	27	27	27	27	27	27	27	27	27	27	27	27	27
11/12/9	28	28	28	28	28	28	28	28	28	28	28	28	28	28	28
11/12/10	29	29	29	29	29	29	29	29	29	29	29	29	29	29	29
11/12/11	30	30	30	30	30	30	30	30	30	30	30	30	30	30	30
11/12/12	31	31	31	31	31	31	31	31	31	31	31	31	31	31	31
11/12/13	32	32	32	32	32	32	32	32	32	32	32	32	32	32	32
11/12/14	33	33	33	33	33	33	33	33	33	33	33	33	33	33	33
11/12/15	34	34	34	34	34	34	34	34	34	34	34	34	34	34	34
11/12/16	35	35	35	35	35	35	35	35	35	35	35	35	35	35	35
11/12/17	36	36	36	36	36	36	36	36	36	36	36	36	36	36	36
11/12/18	37	37	37	37	37	37	37	37	37	37	37	37	37	37	37
11/12/19	38	38	38	38	38	38	38	38	38	38	38	38	38	38	38
11/12/20	39	39	39	39	39	39	39	39	39	39	39	39	39	39	39
11/12/21	40	40	40	40	40	40	40	40	40	40	40	40	40	40	40
11/12/22	41	41	41	41	41	41	41	41	41	41	41	41	41	41	41
11/12/23	42	42	42	42	42	42	42	42	42	42	42	42	42	42	42
11/12/24	43	43	43	43	43	43	43	43	43	43	43	43	43	43	43
11/12/25	44	44	44	44	44	44	44	44	44	44	44	44	44	44	44
11/12/26	45	45	45	45	45	45	45	45	45	45	45	45	45	45	45
11/12/27	46	46	46	46	46	46	46	46	46	46	46	46	46	46	46
11/12/28	47	47	47	47	47	47	47	47	47	47	47	47	47	47	47
11/12/29	48	48	48	48	48	48	48	48	48	48	48	48	48	48	48
11/12/30	49	49	49	49	49	49	49	49	49	49	49	49	49	49	49
11/12/31	50	50	50	50	50	50	50	50	50	50	50	50	50	50	50

在日朝鮮人國勢調查資料一九四〇全2卷(綠蔭書房)

正誤表

頁數	產業分類	職業分類	年齡	誤	正
245	土木建築業	一般事務者	二十三歲	14	12
"	"	"	三十五歲	7	9
246	電氣技術者		四十五歲	—	1
"	"	"	五十二歲	1	—
247	土砂採取夫		三十二歲	95	75
"	"	"	四十九歲	26	36
"	"	"	合計	2443	2433
249	鋸打工		二十四歲	9	7
253	鐵職		十六歲	9	7
"	"	"	五十歲	1	9
255	荷役夫, 仲仕, 倉庫夫, 運搬夫, 配達夫		四十八歲	27	37
"	小使, 給仕, 雜役者		六十歲以上	11	17
256	其他ノ作業者		四十七歲	13	12

年 令		一般事務者		販賣土木係務者		機械事務者		通 算		タバコ・葉耕		冶金技術者		機械技術者		電気機械技術者		火薬技術者		木工技術者		土木技術者	
男	女	男	女	男	女	男	女	男	女	男	女	男	女	男	女	男	女	男	女	男	女	男	女
+ 18.1																							
+ 19.2																							
+ 20.3																							
+ 21.4																							
+ 22.5																							
+ 23.6																							
+ 24.7																							
+ 25.8																							
+ 26.9																							
+ 27.10																							
+ 28.11																							
+ 29.12																							
+ 30.1																							
+ 31.2																							
+ 32.3																							
+ 33.4																							
+ 34.5																							
+ 35.6																							
+ 36.7																							
+ 37.8																							
+ 38.9																							
+ 39.10																							
+ 40.11																							
+ 41.12																							
+ 42.1																							
+ 43.2																							
+ 44.3																							
+ 45.4																							
+ 46.5																							
+ 47.6																							
+ 48.7																							
+ 49.8																							
+ 50.9																							
+ 51.10																							
+ 52.11																							
+ 53.12																							
+ 54.1																							
+ 55.2																							
+ 56.3																							
+ 57.4																							
+ 58.5																							
+ 59.6																							
+ 60.7																							
+ 61.8																							
+ 62.9																							
+ 63.10																							
+ 64.11																							
+ 65.12																							
+ 66.1																							
+ 67.2																							
+ 68.3																							
+ 69.4																							
+ 70.5																							
+ 71.6																							
+ 72.7																							
+ 73.8																							
+ 74.9																							
+ 75.10																							
+ 76.11																							
+ 77.12																							
+ 78.1																							
+ 79.2																							
+ 80.3																							
+ 81.4																							
+ 82.5																							
+ 83.6																							
+ 84.7																							
+ 85.8																							
+ 86.9																							
+ 87.10																							
+ 88.11																							
+ 89.12																							
+ 90.1																							
+ 91.2																							
+ 92.3																							
+ 93.4																							
+ 94.5																							
+ 95.6																							
+ 96.7																							
+ 97.8																							
+ 98.9																							
+ 99.10																							
+ 00.11																							
+ 01.12																							
+ 02.1																							
+ 03.2																							
+ 04.3																							
+ 05.4																							
+ 06.5																							
+ 07.6																							
+ 08.7																							
+ 09.8																							
+ 10.9																							
+ 11.10																							
+ 12.1																							
+ 13.2																							
+ 14.3																							
+ 15.4																							
+ 16.5																							
+ 17.6																							
+ 18.7																							
+ 19.8																							
+ 20.9																							
+ 21.10																							
+ 22.1																							
+ 23.2																							
+ 24.3																							
+ 25.4			</td																				

年 齢	性別	被服技術者	電気技術者	其他/工藝技術者	機械操作者	農耕作業者	果樹園芸作業者	油圧機械大體 造林作業者	
年 齢	性別	男	女	男	女	男	女	男	女
二十歳以下	男	/	/	/	/	/	/	/	/
二十一歳	男	/	/	/	/	/	/	/	/
二十二歳	男	/	/	/	/	/	/	/	/
二十三歳	男	/	/	/	/	/	/	/	/
二十四歳	男	/	/	/	/	/	/	/	/
二十五歳	男	/	/	/	/	/	/	/	/
二十六歳	男	/	/	/	/	/	/	/	/
二十七歳	男	/	/	/	/	/	/	/	/
二十八歳	男	/	/	/	/	/	/	/	/
二十九歳	男	/	/	/	/	/	/	/	/
三十歳	男	/	/	/	/	/	/	/	/
三十一歳	男	/	/	/	/	/	/	/	/
三十二歳	男	/	/	/	/	/	/	/	/
三十三歳	男	/	/	/	/	/	/	/	/
三十四歳	男	/	/	/	/	/	/	/	/
三十五歳	男	/	/	/	/	/	/	/	/
三十六歳	男	/	/	/	/	/	/	/	/
三十七歳	男	/	/	/	/	/	/	/	/
三十八歳	男	/	/	/	/	/	/	/	/
三十九歳	男	/	/	/	/	/	/	/	/
四十歳	男	/	/	/	/	/	/	/	/
四十一歳	男	/	/	/	/	/	/	/	/
四十二歳	男	/	/	/	/	/	/	/	/
四十三歳	男	/	/	/	/	/	/	/	/
四十四歳	男	/	/	/	/	/	/	/	/
四十五歳	男	/	/	/	/	/	/	/	/
四十六歳	男	/	/	/	/	/	/	/	/
四十七歳	男	/	/	/	/	/	/	/	/
四十八歳	男	/	/	/	/	/	/	/	/
四十九歳	男	/	/	/	/	/	/	/	/
五十歳	男	/	/	/	/	/	/	/	/
五十一歳	男	/	/	/	/	/	/	/	/
五十二歳	男	/	/	/	/	/	/	/	/
五十三歳	男	/	/	/	/	/	/	/	/
五十四歳	男	/	/	/	/	/	/	/	/
五十五歳	男	/	/	/	/	/	/	/	/
五十六歳	男	/	/	/	/	/	/	/	/
五十七歳	男	/	/	/	/	/	/	/	/
五十八歳	男	/	/	/	/	/	/	/	/
五十九歳	男	/	/	/	/	/	/	/	/
六十歳	男	/	/	/	/	/	/	/	/
六十歳以上	男	/	/	/	/	/	/	/	/
年齢不詳	男	/	/	/	/	/	/	/	/

年 齢	性別	姓 名	扶木夫、森林夫	其他/農業 林業従事者	其の他/水道作業者	児	成 熟		被 保		露天採伐夫		砂礫取扱夫		露天、木工、リサイクル		露天、砂利、骨材等		機械製図工		其他/製図工		写真工、構造設計工		
							男	女	男	女	男	女	男	女	男	女	男	女	男	女	男	女	男	女	
二十歳以下																									
二十歳																									
二十歳以上																									
二十歳未満																									
二十歳以上																									
二十歳未満																									
二十歳以上																									
二十歳未満																									
二十歳以上																									
二十歳未満																									
二十歳以上																									
二十歳未満																									
二十歳以上																									
二十歳未満																									
二十歳以上																									
二十歳未満																									
二十歳以上																									
二十歳未満																									
二十歳以上																									
二十歳未満																									
二十歳以上																									
二十歳未満																									
二十歳以上																									
二十歳未満																									
二十歳以上																									
二十歳未満																									
二十歳以上																									
二十歳未満																									
二十歳以上																									
二十歳未満																									
二十歳以上																									
二十歳未満																									
二十歳以上																									
二十歳未満																									
二十歳以上																									
二十歳未満																									
二十歳以上																									
二十歳未満																									
二十歳以上																									
二十歳未満																									
二十歳以上																									
二十歳未満																									
二十歳以上																									
二十歳未満																									
二十歳以上																									
二十歳未満																									
二十歳以上																									
二十歳未満																									
二十歳以上																									
二十歳未満																									
二十歳以上																									
二十歳未満																									
二十歳以上																									
二十歳未満																									
二十歳以上																									
二十歳未満																									
二十歳以上																									
二十歳未満																									
二十歳以上																									
二十歳未満																									
二十歳以上																									
二十歳未満																									
二十歳以上																									
二十歳未満																									
二十歳以上																									
二十歳未満																									
二十歳以上																									
二十歳未満																									
二十歳以上																									
二十歳未満																									
二十歳以上																									
二十歳未満																									
二十歳以上																									
二十歳未満																									
二十歳以上																									
二十歳未満																									
二十歳以上																									
二十歳未満																									
二十歳以上																									
二十歳未満																									
二十歳以上																									
二十歳未満																									
二十歳以上																									
二十歳未満																									
二十歳以上																									
二十歳未満																									
二十歳以上																									
二十歳未満																									
二十歳以上																									
二十歳未満																									
二十歳以上																									
二十歳未満																									
二十歳以上																									
二十歳未満																									
二十歳以上																									
二十歳未満																									
二十歳以上																									
二十歳未満																									
二十歳以上																									
二十歳未満					</td																				

		配管工		瓦工(瓦屋根瓦等) 壁工(漆工)		電気機器工(給水)		電気機器工(排水)		工具保全工		施釉工		焼成工		陶工		板ガラス製造工	
姓	名	男	女	男	女	男	女	男	女	男	女	男	女	男	女	男	女	男	女
十二	松山	下																	
十三	三	上																	
十四	四	上																	
十五	五	上																	
十六	六	上																	
十七	七	上																	
十八	八	上																	
十九	九	上																	
二十	十	上																	
二十一	十一	上																	
二十二	十二	上																	
二十三	十三	上																	
二十四	十四	上																	
二十五	十五	上																	
二十六	十六	上																	
二十七	十七	上																	
二十八	十八	上																	
二十九	十九	上																	
三十	二十	上																	
三十一	二十一	上																	
三十二	二十二	上																	
三十三	二十三	上																	
三十四	二十四	上																	
三十五	二十五	上																	
三十六	二十六	上																	
三十七	二十七	上																	
三十八	二十八	上																	
三十九	二十九	上																	
四十	三十	上																	
四十一	二十一	上																	
四十二	二十二	上																	
四十三	二十三	上																	
四十四	二十四	上																	
四十五	二十五	上																	
四十六	二十六	上																	
四十七	二十七	上																	
四十八	二十八	上																	
四十九	二十九	上																	
五十	三十	上																	
五十一	二十一	上																	
五十二	二十二	上																	
五十三	二十三	上																	
五十四	二十四	上																	
五十五	二十五	上																	
五十六	二十六	上																	
五十七	二十七	上																	
五十八	二十八	上																	
五十九	二十九	上																	
六十	三十	上																	
六十一	二十一	上																	
六十二	二十二	上																	
六十三	二十三	上																	
六十四	二十四	上																	
六十五	二十五	上																	
六十六	二十六	上																	
六十七	二十七	上																	
六十八	二十八	上																	
六十九	二十九	上																	
七十	三十	上																	
七十一	二十一	上																	
七十二	二十二	上																	
七十三	二十三	上																	
七十四	二十四	上																	
七十五	二十五	上																	
七十六	二十六	上																	
七十七	二十七	上																	
七十八	二十八	上																	
七十九	二十九	上																	
八十	三十	上																	
八十一	二十一	上																	
八十二	二十二	上																	
八十三	二十三	上																	
八十四	二十四	上																	
八十五	二十五	上																	
八十六	二十六	上																	
八十七	二十七	上																	
八十八	二十八	上																	
八十九	二十九	上																	
九十	三十	上																	
九十一	二十一	上																	
九十二	二十二	上																	
九十三	二十三	上																	
九十四	二十四	上																	
九十五	二十五	上																	
九十六	二十六	上																	
九十七	二十七	上																	
九十八	二十八	上																	
九十九	二十九	上																	
一百	三十	上																	
一百零一	二十一	上																	
一百零二	二十二	上																	
一百零三	二十三	上																	
一百零四	二十四	上																	
一百零五	二十五	上																	
一百零六	二十六	上																	
一百零七	二十七	上																	
一百零八	二十八	上																	
一百零九	二十九	上																	
一百一十	三十	上																	
一百一十一	二十一	上																	
一百一十二	二十二	上																	
一百一十三	二十三	上																	
一百一十四	二十四	上																	
一百一十五	二十五	上																	
一百一十六	二十六	上																	
一百一十七	二十七	上																	
一百一十八	二十八	上																	
一百一十九	二十九	上																	
一百二十	三十	上																	
一百二十一	二十一	上																	
一百二十二	二十二	上																	
一百二十三	二十三	上																	
一百二十四	二十四	上																	
一百二十五	二十五	上																	
一百二十六	二十六	上																	
一百二十七	二十七	上																	
一百二十八	二十八	上																	
一百二十九	二十九	上																	
一百三十	三十	上																	
一百三十一	二十一	上																	
一百三十二	二十二	上																	
一百三十三	二十三	上																	
一百三十四	二十四	上																	
一百三十五	二十五	上																	
一百三十六	二十六	上																	
一百三十七	二十七	上																	

年 令	性 別	一般事務者		販売仕事事務者		染色技術者		織物機械整備者		手仕上		仕上機操作者		紙工		加工紙工		セロアーリング工		織物機械操業工		織物機械整備工		染色技術者			
		男	女	男	女	男	女	男	女	男	女	男	女	男	女	男	女	男	女	男	女	男	女	男	女		
十三歳以下																											
十三歳																											
十四歳																											
十五歳																											
十六歳																											
十七歳																											
十八歳																											
十九歳																											
二十歳																											
二十一歳																											
二十二歳																											
二十三歳																											
二十四歳																											
二十五歳																											
二十六歳																											
二十七歳																											
二十八歳																											
二十九歳																											
三十歳																											
三十一歳																											
三十二歳																											
三十三歳																											
三十四歳																											
三十五歳																											
三十六歳																											
三十七歳																											
三十八歳																											
三十九歳																											
四十歳																											
四十一歳																											
四十二歳																											
四十三歳																											
四十四歳																											
四十五歳																											
四十六歳																											
四十七歳																											
四十八歳																											
四十九歳																											
五十歳																											
五十一歳																											
五十二歳																											
五十三歳																											
五十四歳																											
五十五歳																											
五十六歳																											
五十七歳																											
五十八歳																											
五十九歳																											
六十歳以上																											
年齢不詳																											
合 計		7			6												2		1		20	10	102	21		2	

年 齡	性 別	高 齡 人 口		品 物 管 理 服 務 使 用 者		居 家 照 顧 服 務 使 用 者		施 設 照 顧 服 務 使 用 者		總 數	
		男	女	男	女	男	女	男	女	男	女
一 歲 以 下											
二 歲 以 下											
三 歲 以 下											
四 歲 以 下											
五 歲 以 下											
六 歲 以 下											
七 歲 以 下											
八 歲 以 下											
九 歲 以 下											
十 歲 以 下											
十一 歲 以 下											
十二 歲 以 下											
十三 歲 以 下											
十四 歲 以 下											
十五 歲 以 下											
十六 歲 以 下											
十七 歲 以 下											
十八 歲 以 下											
十九 歲 以 下											
二十 歲 以 下											
二十一 歲 以 下											
二十二 歲 以 下											
二十三 歲 以 下											
二十四 歲 以 下											
二十五 歲 以 下											
二十六 歲 以 下											
二十七 歲 以 下											
二十八 歲 以 下											
二十九 歲 以 下											
三十 歲 以 下											
三十一 歲 以 下											
三十二 歲 以 下											
三十三 歲 以 下											
三十四 歲 以 下											
三十五 歲 以 下											
三十六 歲 以 下											
三十七 歲 以 下											
三十八 歲 以 下											
三十九 歲 以 下											
四十 歲 以 下											
四十一 歲 以 下											
四十二 歲 以 下											
四十三 歲 以 下											
四十四 歲 以 下											
四十五 歲 以 下											
四十六 歲 以 下											
四十七 歲 以 下											
四十八 歲 以 下											
四十九 歲 以 下											
五十 歲 以 下											
五十一 歲 以 下											
五十二 歲 以 下											
五十三 歲 以 下											
五十四 歲 以 下											
五十五 歲 以 下											
五十六 歲 以 下											
五十七 歲 以 下											
五十八 歲 以 下											
五十九 歲 以 下											
六十 歲 以 上											
不 詳											
合 計		/38	10	//	3	2	1	305	91	2	2

年 齢	其 他 の 作 業 者	總 數		其 他 用 品 販 賣 者		其 他 製 品 銷 售 者		量 衣 藥 東 酒 銷 量		量		職 業		其 他 土 木 製 品 銷 售 者		鐵 钢 金 屬 製 品 銷 售 者		小 便 給 仕 業 者		運 送 業 者	
		男	女	男	女	男	女	男	女	男	女	男	女	男	女	男	女	男	女		
十二歳以下																					
十三歳																					
十四歳																					
十五歳																					
十六歳																					
十七歳																					
十八歳																					
十九歳																					
二十歳																					
二十一歳																					
二十二歳																					
二十三歳																					
二十四歳																					
二十五歳																					
二十六歳																					
二十七歳																					
二十八歳																					
二十九歳																					
三十歳																					
三十一歳																					
三十二歳																					
三十三歳																					
三十四歳																					
三十五歳																					
三十六歳																					
三十七歳																					
三十八歳																					
三十九歳																					
四十歳																					
四十一歳																					
四十二歳																					
四十三歳																					
四十四歳																					
四十五歳																					
四十六歳																					
四十七歳																					
四十八歳																					
四十九歳																					
五十歳																					
五十一歳																					
五十二歳																					
五十三歳																					
五十四歳																					
五十五歳																					
五十六歳																					
五十七歳																					
五十八歳																					
五十九歳																					
六十歳以上																					
六十一歳以上																					
六十二歳以上																					
六十三歳以上																					
六十四歳以上																					
六十五歳以上																					
六十六歳以上																					
六十七歳以上																					
六十八歳以上																					
六十九歳以上																					
七十歳以上																					
七十一歳以上																					
七十二歳以上																					
七十三歳以上																					
七十四歳以上																					
七十五歳以上																					
七十六歳以上																					
七十七歳以上																					
七十八歳以上																					
七十九歳以上																					
八十歳以上																					
合 計	6	87	12	3	3	71	4	1	1	3	3	4	2								

年 令	性 別	総 数		ミシン工		電気器具機械等 専門業者		コレクション工		服装、織、皮革製造業		317 葉巻、花巻、煙草製造業	
		男	女	男	女	男	女	男	女	男	女	男	女
十二歳以下													
十三歳													
十四歳													
十五歳													
十六歳													
十七歳													
十八歳													
十九歳													
二十歳													
二十一歳													
二十二歳													
二十三歳													
二十四歳													
二十五歳													
二十六歳													
二十七歳													
二十八歳													
二十九歳													
三十歳													
三十一歳													
三十二歳													
三十三歳													
三十四歳													
三十五歳													
三十六歳													
三十七歳													
三十八歳													
三十九歳													
四十歳													
四十一歳													
四十二歳													
四十三歳													
四十四歳													
四十五歳													
四十六歳													
四十七歳													
四十八歳													
四十九歳													
五十歳													
五十一歳													
五十二歳													
五十三歳													
五十四歳													
五十五歳													
五十六歳													
五十七歳													
五十八歳													
五十九歳													
六十歳以上													
半 年													
合 計		57	92	1	1	1	1	1	1	1	1	1	1
		47	68	10	15	4	3	5	5	63	590		

年 令	性 別	社 会 階 級	經 營 者	一般事務者	販賣土八仔的消費者		製糖工廠製品販售		量尺 裁縫		裁縫工廠製品		製糖工廠製品販售		其他製品販售者		漆工後工		自動車運転手		人力車夫馬力駕駛		腳踏車騎士	
					男	女	男	女	男	女	男	女	男	女	男	女	男	女	男	女	男	女		
十一歲以下																								
十二歲																								
十三歲																								
十四歲																								
十五歲																								
十六歲																								
十七歲																								
十八歲																								
十九歲																								
二十歲																								
二十一歲																								
二十二歲																								
二十三歲																								
二十四歲																								
二十五歲																								
二十六歲																								
二十七歲																								
二十八歲																								
二十九歲																								
三十歲																								
三十一歲																								
三十二歲																								
三十三歲																								
三十四歲																								
三十五歲																								
三十六歲																								
三十七歲																								
三十八歲																								
三十九歲																								
四十歲																								
四十一歲																								
四十二歲																								
四十三歲																								
四十四歲																								
四十五歲																								
四十六歲																								
四十七歲																								
四十八歲																								
四十九歲																								
五十歲																								
五十一歲																								
五十二歲																								
五十三歲																								
五十四歲																								
五十五歲																								
五十六歲																								
五十七歲																								
五十八歲																								
五十九歲																								
六十歲以上																								
老齡不詳																								
合計	8	2	3	7	11	2	13	522	531	5	6	1	4	3	3	6								

318 飲料品及涼圓製品營業

319 麻 真 田 製 造 業

物品及業者 別	性別	年齡	店員 勤子 社員 金人														
			男	女	男	女	男	女	男	女	男	女	男	女	男	女	男
十三歲以下																	
+ 三 歲																	
+ 四 歲																	
+ 五 歲																	
+ 六 歲																	
+ 七 歲																	
+ 八 歲																	
+ 九 歲																	
+ 十 歲																	
+ 十一 歲																	
+ 十二 歲																	
+ 十三 歲																	
+ 十四 歲																	
+ 十五 歲																	
+ 十六 歲																	
+ 十七 歲																	
+ 十八 歲																	
+ 十九 歲																	
+ 二十 歲																	
+ 二十一 歲																	
+ 二十二 歲																	
+ 二十三 歲																	
+ 二十四 歲																	
+ 二十五 歲																	
+ 二十六 歲																	
+ 二十七 歲																	
+ 二十八 歲																	
+ 二十九 歲																	
+ 三十 歲																	
+ 三十一 歲																	
+ 三十二 歲																	
+ 三十三 歲																	
+ 三十四 歲																	
+ 三十五 歲																	
+ 三十六 歲																	
+ 三十七 歲																	
+ 三十八 歲																	
+ 三十九 歲																	
+ 四十 歲以上																	
無 數 不 算																	

年 令	性別	人別海夫馬力取扱者	機械操作者	物品運搬者	中間人	店員等	注文取扱人	荷	道	丁	小便・給仕・衛生作業者		整理・清掃作業者		整理・清掃・運搬作業者		人浴施設施工	
											男	女	男	女	男	女	男	女
20以下	男	4	14	4	2	3	22	20	3	1	6	26	8	4	22	3		
21~22	男	4	14	4	2	3	22	20	3	1	6	26	8	4	22	3		
23~24	男	4	14	4	2	3	22	20	3	1	6	26	8	4	22	3		
25~26	男	4	14	4	2	3	22	20	3	1	6	26	8	4	22	3		
27~28	男	4	14	4	2	3	22	20	3	1	6	26	8	4	22	3		
29~30	男	4	14	4	2	3	22	20	3	1	6	26	8	4	22	3		
31~32	男	4	14	4	2	3	22	20	3	1	6	26	8	4	22	3		
33~34	男	4	14	4	2	3	22	20	3	1	6	26	8	4	22	3		
35~36	男	4	14	4	2	3	22	20	3	1	6	26	8	4	22	3		
37~38	男	4	14	4	2	3	22	20	3	1	6	26	8	4	22	3		
39~40	男	4	14	4	2	3	22	20	3	1	6	26	8	4	22	3		
41~42	男	4	14	4	2	3	22	20	3	1	6	26	8	4	22	3		
43~44	男	4	14	4	2	3	22	20	3	1	6	26	8	4	22	3		
45~46	男	4	14	4	2	3	22	20	3	1	6	26	8	4	22	3		
47~48	男	4	14	4	2	3	22	20	3	1	6	26	8	4	22	3		
49~50	男	4	14	4	2	3	22	20	3	1	6	26	8	4	22	3		
51~52	男	4	14	4	2	3	22	20	3	1	6	26	8	4	22	3		
53~54	男	4	14	4	2	3	22	20	3	1	6	26	8	4	22	3		
55~56	男	4	14	4	2	3	22	20	3	1	6	26	8	4	22	3		
57~58	男	4	14	4	2	3	22	20	3	1	6	26	8	4	22	3		
59~60	男	4	14	4	2	3	22	20	3	1	6	26	8	4	22	3		
61~62	男	4	14	4	2	3	22	20	3	1	6	26	8	4	22	3		
63~64	男	4	14	4	2	3	22	20	3	1	6	26	8	4	22	3		
65~66	男	4	14	4	2	3	22	20	3	1	6	26	8	4	22	3		
67~68	男	4	14	4	2	3	22	20	3	1	6	26	8	4	22	3		
69~70	男	4	14	4	2	3	22	20	3	1	6	26	8	4	22	3		
71~72	男	4	14	4	2	3	22	20	3	1	6	26	8	4	22	3		
73~74	男	4	14	4	2	3	22	20	3	1	6	26	8	4	22	3		
75~76	男	4	14	4	2	3	22	20	3	1	6	26	8	4	22	3		
77~78	男	4	14	4	2	3	22	20	3	1	6	26	8	4	22	3		
79~80	男	4	14	4	2	3	22	20	3	1	6	26	8	4	22	3		
81~82	男	4	14	4	2	3	22	20	3	1	6	26	8	4	22	3		
83~84	男	4	14	4	2	3	22	20	3	1	6	26	8	4	22	3		
85~86	男	4	14	4	2	3	22	20	3	1	6	26	8	4	22	3		
87~88	男	4	14	4	2	3	22	20	3	1	6	26	8	4	22	3		
89~90	男	4	14	4	2	3	22	20	3	1	6	26	8	4	22	3		
91~92	男	4	14	4	2	3	22	20	3	1	6	26	8	4	22	3		
93~94	男	4	14	4	2	3	22	20	3	1	6	26	8	4	22	3		
95~96	男	4	14	4	2	3	22	20	3	1	6	26	8	4	22	3		
97~98	男	4	14	4	2	3	22	20	3	1	6	26	8	4	22	3		
99~100	男	4	14	4	2	3	22	20	3	1	6	26	8	4	22	3		
合計	男	4	14	4	2	3	22	20	3	1	6	26	8	4	22	3		

325 俗用(金属製)ノモーラ除少販賣業

326 刷毛及刷子製造業

年 齢 組 合 会 員 数 人	新規開業店舗数											
	男	女	男	女	男	女	男	女	男	女	男	女
+ 二十歳以下												
+ 二十一歳												
+ 二十二歳												
+ 二十三歳												
+ 二十四歳												
+ 二十五歳												
+ 二十六歳												
+ 二十七歳												
+ 二十八歳												
+ 二十九歳												
+ 三十歳												
+ 三十一歳												
+ 三十二歳												
+ 三十三歳												
+ 三十四歳												
+ 三十五歳												
+ 三十六歳												
+ 三十七歳												
+ 三十八歳												
+ 三十九歳												
+ 四十歳												
+ 四十一歳												
+ 四十二歳												
+ 四十三歳												
+ 四十四歳												
+ 四十五歳												
+ 四十六歳												
+ 四十七歳												
+ 四十八歳												
+ 四十九歳												
+ 五十歳以上												
無												

年 薪		356 剝毛/剔骨/製菜									
年 薪	年 薪	其 他 製 造 業 者	其 他 電 工	漆 裝 工	八 刀 磨 工	機 械 器 具 檢 修 工	機 械 檢 驗 員	物 品 銷 賣 業 者 經 理 人	店 員 房 光 社 員 會 人	包 裝 機 械 工 鑄 工 鑄 工 小 使 給 工 辦 事 員	
年 薪	年 薪	其 他 製 造 業 者	其 他 電 工	漆 裝 工	八 刀 磨 工	機 械 器 具 檢 修 工	機 械 檢 驗 員	物 品 銷 賣 業 者 經 理 人	店 員 房 光 社 員 會 人	包 裝 機 械 工 鑄 工 鑄 工 小 使 給 工 辦 事 員	

年 齢 組	曲 物 師	性 別	職業	330元(金屬製)モーラ版ク製造															
				男	女	男	女	男	女	男	女	男	女	男	女	男	女	男	女
+ 二歳以下																			
三 歳																			2
四 歳																			
五 歳																			
六 歳																			
七 歳																			
八 歳																			
九 歳																			
十 歳																			
十一 歳																			
十二 歳																			
十三 歳																			
十四 歳																			
十五 歳																			
十六 歳																			
十七 歳																			
十八 歳																			
十九 歳																			
二十 歳																			
二十一 歳																			
二十二 歳																			
二十三 歳																			
二十四 歳																			
二十五 歳																			
二十六 歳																			
二十七 歳																			
二十八 歳																			
二十九 歳																			
三十 歳																			
三十一 歳																			
三十二 歳																			
三十三 歳																			
三十四 歳																			
三十五 歳																			
三十六 歳																			
三十七 歳																			
三十八 歳																			
三十九 歳																			
四十 歳																			
四十一 歳																			
四十二 歳																			
四十三 歳																			
四十四 歳																			
四十五 歳																			
四十六 歳																			
四十七 歳																			
四十八 歳																			
四十九 歳																			
五十 歳																			
五十一 歳																			
五十二 歳																			
五十三 歲																			
五十四 歳																			
五十五 歲																			
五十六 歲																			
五十七 歳																			
五十八 歳																			
五十九 歲																			
六十 歳以上																			
重 痘 不 2																			
Q																			
R																			
15	5	23	18	1	3	9	3	2	5	5	2	3	6	1					

年 月 日		面工給付工 時	清工給付工 時	染 装 工	アツリの施設合計 時間	船工機械工 時	船工機械工 時	切削、鍛冶工 時	物品充填等の作業人 時間	注油等の作業人 時間	包装用 時間	電工機器工 時	小便、給仕、清掃等 時間	合計 時間
男	女	男	女	男	女	男	女	男	女	男	女	男	女	男
+ 二 月 下 旬														
+ 三 月														
+ 四 月														
+ 五 月														
+ 六 月														
+ 七 月														
+ 八 月														
+ 九 月														
+ 一 〇 月														
+ 一一 月														
+ 一二 月														
+ 一 月 上 旬														
+ 二 月 上 旬														
+ 三 月 上 旬														
+ 四 月 上 旬														
+ 五 月 上 旬														
+ 六 月 上 旬														
+ 七 月 上 旬														
+ 八 月 上 旬														
+ 九 月 上 旬														
+ 一 〇 月 上 旬														
+ 一一 月 上 旬														
+ 一二 月 上 旬														
+ 一 月 中														
+ 二 月 中														
+ 三 月 中														
+ 四 月 中														
+ 五 月 中														
+ 六 月 中														
+ 七 月 中														
+ 八 月 中														
+ 九 月 中														
+ 一 〇 月 中														
+ 一一 月 中														
+ 一二 月 中														
+ 一 月 下 旬														
+ 二 月 下 旬														
+ 三 月 下 旬														
+ 四 月 下 旬														
+ 五 月 下 旬														
+ 六 月 下 旬														
+ 七 月 下 旬														
+ 八 月 下 旬														
+ 九 月 下 旬														
+ 一 〇 月 下 旬														
+ 一一 月 下 旬														
+ 一二 月 下 旬														
合 計	4	4	15	15	1505	39	/	2	1	6	7	6	4	

年 齢 性 別	職業 (業種) 其 他 作業者	333 釜、蒸 蒸		334 釜、角、甲、牙及貝類製品製造業															
		男	女	男	女	男	女	男	女	男	女	男	女	男	女	男	女	男	女
+ 二歳以下	/																		
+ 三 歳	/																		
+ 四 歲	3																		
+ 五 歲	/																		
+ 六 歲	2																		
+ 七 歲	9																		
+ 八 歲	/																		
+ 九 歲	/																		
+ 一〇 歲	/																		
+ 一一 歲	2																		
+ 一二 歲	/																		
+ 一三 歲	/																		
+ 一四 歲	/																		
+ 一五 歲	/																		
+ 一六 歲	/																		
+ 一七 歲	/																		
+ 一八 歲	/																		
+ 一九 歲	/																		
+ 二〇 歲	/																		
+ 二一 歲	/																		
+ 二二 歲	/																		
+ 二三 歲	/																		
+ 二四 歲	/																		
+ 二五 歲	/																		
+ 二六 歲	/																		
+ 二七 歲	/																		
+ 二八 歲	/																		
+ 二九 歲	/																		
+ 三〇 歲	/																		
+ 三一 歲	/																		
+ 三二 歲	/																		
+ 三三 歲	/																		
+ 三四 歲	/																		
+ 三五 歲	/																		
+ 三六 歲	/																		
+ 三七 歲	/																		
+ 三八 歲	/																		
+ 三九 歲	/																		
+ 三四歲以上	/																		
年齢不詳	/																		
合	1,5	2	2	1															
	187	47	162	46	2														
	3	4																	

年 齢	性別	店舗・好む店種・業種	小使・給仕・衛生女勤者 等職業	監視王(監視官セイシキウ)	其の他作業者	其他当業者	總数		一般事務者		販売士・人事労務者		監視(監視・衛生官)		其他商品製造工場・販売・輸出業者	
							男	女	男	女	男	女	男	女	男	女
十二歳以下																
十三歳																
十四歳																
十五歳																
十六歳																
十七歳																
十八歳																
十九歳																
二十歳																
二十一歳																
二十二歳																
二十三歳																
二十四歳																
二十五歳																
二十六歳																
二十七歳																
二十八歳																
二十九歳																
三十歳																
三十一歳																
三十二歳																
三十三歳																
三十四歳																
三十五歳																
三十六歳																
三十七歳																
三十八歳																
三十九歳																
四十歳																
四十一歳																
四十二歳																
四十三歳																
四十四歳																
四十五歳																
四十六歳																
四十七歳																
四十八歳																
四十九歳																
五十歳以上																
半期不詳																
合計	3						25	28	1	5						

組別	品名	規格	數量	火、夫、油、差			包裝、機械、工具			工、小便、給仕、寢食者			其、他、作業者			總數		
				男	女	男	女	男	女	男	女	男	女	男	女	男	女	
1-1	油	1L	1															
1-2	火	1L	1															
1-3	夫	1L	1															
1-4	油	1L	1															
1-5	差	1L	1															
1-6	火	1L	1															
1-7	夫	1L	1															
1-8	油	1L	1															
1-9	差	1L	1															
1-10	火	1L	1															
1-11	夫	1L	1															
1-12	油	1L	1															
1-13	差	1L	1															
1-14	火	1L	1															
1-15	夫	1L	1															
1-16	油	1L	1															
1-17	差	1L	1															
1-18	火	1L	1															
1-19	夫	1L	1															
1-20	油	1L	1															
1-21	差	1L	1															
1-22	火	1L	1															
1-23	夫	1L	1															
1-24	油	1L	1															
1-25	差	1L	1															
1-26	火	1L	1															
1-27	夫	1L	1															
1-28	油	1L	1															
1-29	差	1L	1															
1-30	火	1L	1															
1-31	夫	1L	1															
1-32	油	1L	1															
1-33	差	1L	1															
1-34	火	1L	1															
1-35	夫	1L	1															
1-36	油	1L	1															
1-37	差	1L	1															
1-38	火	1L	1															
1-39	夫	1L	1															
1-40	油	1L	1															
1-41	差	1L	1															
1-42	火	1L	1															
1-43	夫	1L	1															
1-44	油	1L	1															
1-45	差	1L	1															
1-46	火	1L	1															
1-47	夫	1L	1															
1-48	油	1L	1															
1-49	差	1L	1															
1-50	火	1L	1															
1-51	夫	1L	1															
1-52	油	1L	1															
1-53	差	1L	1															
1-54	火	1L	1															
1-55	夫	1L	1															
1-56	油	1L	1															
1-57	差	1L	1															
1-58	火	1L	1															
1-59	夫	1L	1															
1-60	油	1L	1															
1-61	差	1L	1															
1-62	火	1L	1															
1-63	夫	1L	1															
1-64	油	1L	1															
1-65	差	1L	1															
1-66	火	1L	1															
1-67	夫	1L	1															
1-68	油	1L	1															
1-69	差	1L	1															
1-70	火	1L	1															
1-71	夫	1L	1															
1-72	油	1L	1															
1-73	差	1L	1															
1-74	火	1L	1															
1-75	夫	1L	1															
1-76	油	1L	1															
1-77	差	1L	1															
1-78	火	1L	1															
1-79	夫	1L	1															
1-80	油	1L	1															
1-81	差	1L	1															
1-82	火	1L	1															
1-83	夫	1L	1															
1-84	油	1L	1															
1-85	差	1L	1															
1-86	火	1L	1															
1-87	夫	1L	1															
1-88	油	1L	1															
1-89	差	1L	1															
1-90	火	1L	1															
1-91	夫	1L	1															
1-92	油	1L	1															
1-93	差	1L	1															
1-94	火	1L	1															
1-95	夫	1L	1															
1-96	油	1L	1															
1-97	差	1L	1															
1-98	火	1L	1															
1-99	夫	1L	1															
1-100	油	1L	1															
1-101	差	1L	1															
1-102	火	1L	1															
1-103	夫	1L	1															
1-104	油	1L	1															
1-105	差	1L	1															
1-106	火	1L	1															
1-107	夫	1L	1															
1-108	油	1L	1															
1-109	差	1L	1															
1-110	火	1L	1															
1-111	夫	1L	1															
1-112	油	1L	1															
1-113	差	1L	1															
1-114	火	1L	1															
1-115	夫	1L	1															
1-116	油	1L	1															
1-117	差	1L	1															
1-118	火	1L	1															
1-119	夫	1L	1															
1-120	油	1L	1															
1-121	差	1L	1															
1-122	火	1L	1															
1-123	夫	1L	1															
1-124	油	1L	1															
1-125	差	1L	1															
1-126	火	1L	1															

346 其他 製造加工業

346 其他ノ製造加工業

346 公/ha 製造加工業

346 其他製造業

年 齢		職業仕事系事業者		その他水産作業者		料理人、コック		漁船運営者		自動車運転手		機械運転者		船員、漁業実験員		其の他の医療従事者		物品販賣者、仲間人	
性別	年齢	男	女	男	女	男	女	男	女	男	女	男	女	男	女	男	女	男	女
十 歳以下																			
十一 歳																			
十二 歳																			
十三 歳																			
十四 歳																			
十五 歳																			
十六 歳																			
十七 歳																			
十八 歳																			
十九 歳																			
二十 歳																			
二十一 歳																			
二十二 歳																			
二十三 歳																			
二十四 歳																			
二十五 歳																			
二十六 歳																			
二十七 歳																			
二十八 歳																			
二十九 歳																			
三十 歳																			
三十一 歳																			
三十二 歳																			
三十三 歳																			
三十四 歳																			
三十五 歳																			
三十六 歳																			
三十七 歳																			
三十八 歳																			
三十九 歳																			
四十 歳																			
四十一 歳																			
四十二 歳																			
四十三 歳																			
四十四 歳																			
四十五 歳																			
四十六 歳																			
四十七 歳																			
四十八 歳																			
四十九 歳																			
五十 歳																			
五十一 歳																			
五十二 歳																			
五十三 歳																			
五十四 歳																			
五十五 歳																			
五十六 歳																			
五十七 歳																			
五十八 歳																			
五十九 歳																			
六十 歳																			
六十一 歳																			
六十二 歳																			
六十三 歳																			
六十四 歳																			
六十五 歳																			
六十六 歳																			
六十七 歳																			
六十八 歳																			
六十九 歳																			
七十 歳																			
七十一 歳																			
七十二 歳																			
七十三 歳																			
七十四 歳																			
七十五 歳																			
七十六 歳																			
七十七 歳																			
七十八 歳																			
七十九 歳																			
八十 歳																			
八十一 歳																			
八十二 歳																			
八十三 歳																			
八十四 歳																			
八十五 歳																			
八十六 歳																			
八十七 歳																			
八十八 歳																			
八十九 歳																			
九十 歳																			
九十一 歳																			
九十二 歳																			
九十三 歳																			
九十四 歳																			
九十五 歳																			
九十六 歳																			
九十七 歳																			
九十八 歳																			
九十九 歳																			
一百 歳																			
一百一 歳																			
一百二 歳																			
一百三 歳																			
一百四 歳																			
一百五 歳																			
一百六 歳																			
一百七 歳																			
一百八 歳																			
一百九 歳																			
一百十 歳																			
一百一十一 歳																			
一百一十二 歳																			
一百一十三 歳																			
一百一十四 歳																			
一百一十五 歳																			
一百一十六 歳																			
一百一十七 歳																			
一百一十八 歳																			
一百一十九 歳																			
一百二十 歳																			
一百二十一 歳																			
一百二十二 歳																			
一百二十三 歳																			
一百二十四 歳																			
一百二十五 歳																			
一百二十六 歳																			
一百二十七 歳																			
一百二十八 歳																			
一百二十九 歳																			
一百三十 歳																			
一百三十一 歳																			
一百三十二 歳																			
一百三十三 歳																			
一百三十四 歳																			
一百三十五 歳																			
一百三十六 歳																			
一百三十七 歳																			

352 鮭魚介類飯充菜

353 烏鵲肉飯充菜

	店頭子供飲食給人	火夫油蒸	小板粒上盤者	其ノ施ノ作業者	施設	一般事務者	施設社員係事務者	高層作業者	料理人コソク	荷物搬送者	自動車運転手
性別	女	男	女	男	女	男	女	男	女	男	女
十...四	2					20					
十...五	4					2					
十...六	14	2				16					
十...七	14	3				15					
十...八	23	1				23					
十...九	11					10					
十...一	10	2				10					
十...二	10	2				10					
十...三	10	2				10					
十...四	14	2				15					
十...五	4					4					
十...六	14					14					
十...七	14					14					
十...八	14					14					
十...九	14					14					
十...一	10					10					
十...二	10					10					
十...三	10					10					
十...四	10					10					
十...五	10					10					
十...六	10					10					
十...七	10					10					
十...八	10					10					
十...九	10					10					
十...一	10					10					
十...二	10					10					
十...三	10					10					
十...四	10					10					
十...五	10					10					
十...六	10					10					
十...七	10					10					
十...八	10					10					
十...九	10					10					
十...一	10					10					
十...二	10					10					
十...三	10					10					
十...四	10					10					
十...五	10					10					
十...六	10					10					
十...七	10					10					
十...八	10					10					
十...九	10					10					
十...一	10					10					
十...二	10					10					
十...三	10					10					
十...四	10					10					
十...五	10					10					
十...六	10					10					
十...七	10					10					
十...八	10					10					
十...九	10					10					
十...一	10					10					
十...二	10					10					
十...三	10					10					
十...四	10					10					
十...五	10					10					
十...六	10					10					
十...七	10					10					
十...八	10					10					
十...九	10					10					
十...一	10					10					
十...二	10					10					
十...三	10					10					
十...四	10					10					
十...五	10					10					
十...六	10					10					
十...七	10					10					
十...八	10					10					
十...九	10					10					
十...一	10					10					
十...二	10					10					
十...三	10					10					
十...四	10					10					
十...五	10					10					
十...六	10					10					
十...七	10					10					
十...八	10					10					
十...九	10					10					
十...一	10					10					
十...二	10					10					
十...三	10					10					
十...四	10					10					
十...五	10					10					
十...六	10					10					
十...七	10					10					
十...八	10					10					
十...九	10					10					
十...一	10					10					
十...二	10					10					
十...三	10					10					
十...四	10					10					
十...五	10					10					
十...六	10					10					
十...七	10					10					
十...八	10					10					
十...九	10					10					
十...一	10					10					
十...二	10					10					
十...三	10					10					
十...四	10					10					
十...五	10					10					
十...六	10					10					
十...七	10					10					
十...八	10					10					
十...九	10					10					
十...一	10					10					
十...二	10					10					
十...三	10					10					
十...四	10					10					
十...五	10					10					
十...六	10					10					
十...七	10					10					
十...八	10					10					
十...九	10					10					
十...一	10					10					
十...二	10					10					
十...三	10					10					
十...四	10					10					
十...五	10					10					
十...六	10					10					
十...七	10					10					
十...八	10					10					
十...九	10					10					
十...一	10					10					
十...二	10					10					
十...三	10					10					
十...四	10					10					
十...五	10					10					
十...六	10					10					
十...七	10					10					
十...八	10					10					
十...九	10					10					
十...一	10					10					
十...二	10					10					
十...三	10					10					
十...四	10					10					
十...五	10					10					
十...六	10					10					
十...七	10					10					
十...八	10					10					
十...九	10					10					
十...一	10					10					
十...二	10					10					
十...三	10					10					
十...四	10					10					
十...五	10					10					
十...六	10					10					
十...七	10					10					
十...八	10					10					
十...九	10					10					
十...一	10					10					
十...二	10					10					
十...三	10					10					
十...四	10					10					
十...五	10					10					
十...六	10					10					
十...七	10					10					
十...八	10					10					
十...九	10					10					
十...一	10					10					
十...二	10					10					
十...三	10					10					
十...四	10					10					
十...五	10					10					
十...六	10					10					
十...七	10					10					
十...八	10					10					
十...九	10					10					
十...一	10					10					
十...二	10					10					
十...三	10					10					
十...四	10					10					
十...五	10					10					
十...六	10					10					
十...七	10					10					
十...八	10					10					
十...九	10					10					
十...一	10					10					
十...二	10					10					
十...三	10					10					
十...四	10					10					
十...五	10					10					
十...六	10					10					
十...七	10					10					
十...八	10					10					
十...九	10					10					
十...一	10					10					
十...二	10					10					
十...三	10					10					
十...四	10					10					
十...五	10					10					
十...六	10					10					
十...七	10					10					
十...八	10					10					
十...九	10										

354 牛 乳 肉 菜
人乳牛乳粉 奶粉 牛奶
自动取乳器 手动取乳器
人乳牛乳粉 方便粉
鲜奶油 酸奶 酸奶
物品消毒杀菌 烘干机
器具 烹饪用具
汽罐 土 小便 洗手 洗衣机
小便 洗手 洗衣机

	363系 换 热 版 光 菜						364吳服機物版光菜					
年 令 組	機 油 工	小 便 給 仕 業 者	其 他 作業者	機 械 工	經 營 者	一 般 事 務 者	附 註 記 事 務 者	鐵 布 工	制 漆 職	其 他 製 造 業 者	其 他 製 造 業 者	
性 別	男	女	男	女	男	女	男	女	男	女	男	女
+ 二十 九												
+ 三十 歲												
+ 三十一 歲												
+ 三十二 歲												
+ 三十三 歲												
+ 三十四 歲												
+ 三十五 歲												
+ 三十六 歲												
+ 三十七 歲												
+ 三十八 歲												
+ 三十九 歲												
+ 四十 歲												
+ 四十一 歲												
+ 四十二 歲												
+ 四十三 歲												
+ 四十四 歲												
+ 四十五 歲												
+ 四十六 歲												
+ 四十七 歲												
+ 四十八 歲												
+ 四十九 歲												
+ 五十 歲												
+ 五十一 歲												
+ 五十二 歲												
+ 五十三 歲												
+ 五十四 歲												
+ 五十五 歲												
+ 五十六 歲												
+ 五十七 歲												
+ 五十八 歲												
+ 五十九 歲												
+ 六十 歲												
+ 六十一 歲												
+ 六十二 歲												
+ 六十三 歲												
+ 六十四 歲												
+ 六十五 歲												
+ 六十六 歲												
+ 六十七 歲												
+ 六十八 歲												
+ 六十九 歲												
+ 七十 歲												
+ 七十一 歲												
+ 七十二 歲												
+ 七十三 歲												
+ 七十四 歲												
+ 七十五 歲												
+ 七十六 歲												
+ 七十七 歲												
+ 七十八 歲												
+ 七十九 歲												
+ 八十 歲												
+ 八十一 歲												
+ 八十二 歲												
+ 八十三 歲												
+ 八十四 歲												
+ 八十五 歲												
+ 八十六 歲												
+ 八十七 歲												
+ 八十八 歲												
+ 八十九 歲												
+ 九十 歲												
+ 九十一 歲												
+ 九十二 歲												
+ 九十三 歲												
+ 九十四 歲												
+ 九十五 歲												
+ 九十六 歲												
+ 九十七 歲												
+ 九十八 歲												
+ 九十九 歲												
+ 一百 歲												

年 令	性 別	仕立職		裁断工		ミシン工		縫製業者		料理人、コック		自動運転手		船員、機械操縦士		物品販賣者、中人		店員、売子、社員、書類入		小便、給仕、清掃者、其の他の作業者	
		男	女	男	女	男	女	男	女	男	女	男	女	男	女	男	女	男	女	男	女
十 歳 以 下		/		/		/		/		/		/		/		/		/		/	
十一 歳																					
十二 歳																					
十三 歳																					
十四 歳																					
十五 歳																					
十六 歳																					
十七 歳																					
十八 歳																					
十九 歳																					
二十 歳																					
二十一 歳																					
二十二 歳																					
二十三 歳																					
二十四 歳																					
二十五 歳																					
二十六 歳																					
二十七 歳																					
二十八 歳																					
二十九 歳																					
三十 歳																					
三十一 歳																					
三十二 歳																					
三十三 歳																					
三十四 歳																					
三十五 歳																					
三十六 歳																					
三十七 歳																					
三十八 歳																					
三十九 歳																					
四十 歳																					
四十一 歳																					
四十二 歳																					
四十三 歳																					
四十四 歳																					
四十五 歳																					
四十六 歳																					
四十七 歳																					
四十八 歳																					
四十九 歳																					
五十 歳																					
五十一 歳																					
五十二 歳																					
五十三 歳																					
五十四 歳																					
五十五 歳																					
五十六 歳																					
五十七 歳																					
五十八 歳																					
五十九 歳																					
六十 歳																					
六十 歳 以上																					
年 令	性 別	1	2	3	4	5	6	7	8	9	10	11	12	13	14	15	16	17	18	19	20

369. 洋 品 牌 牌 牌 花 菜

370. 小植物、农作物、化肥品、农药、肥料、包装用瓶包装者

371. 化肥品、农药、肥料、包装用瓶包装者

外 國 品 牌	洋 電 器 廠	葛 利 亞 電 器 廠	奇 角 牙 鋼 鐵 廠	葛 利 亞 電 器 廠	奇 角 牙 鋼 鐵 廠	施 特 勞 萊 斯 特 拉 姆 公司 人 員 及 其 子 女 民 族 給 社 會 發 行 者	總 數	一 般 商 務 者	化 肥 品、 农 作物、 小 植 物、 包 装 用 瓶 包 装 者	
外 國 品 牌	男	女	男	女	男	女	男	女	男	女
十 歲 以 下										
十 一 歲										
十 二 歲										
十 三 歲										
十 四 歲										
十 五 歲										
十 六 歲										
十 七 歲										
十 八 歲										
十 九 歲										
二十 歲										
二十一 歲										
二十二 歲										
二十三 歲										
二十四 歲										
二十五 歲										
二十六 歲										
二十七 歲										
二十八 歲										
二十九 歲										
三十 歲										
三十 一 歲										
三十 二 歲										
三十 三 歲										
三十 四 歲										
三十 五 歲										
三十 六 歲										
三十 七 歲										
三十 八 歲										
三十 九 歲										
四十 歲										
四十一 歲										
四十二 歲										
四十三 歲										
四十四 歲										
四十五 歲										
四十六 歲										
四十七 歲										
四十八 歲										
四十九 歲										
五十 歲										
五十一 歲										
五十二 歲										
五十三 歲										
五十四 歲										
五十五 歲										
五十六 歲										
五十七 歲										
五十八 歲										
五十九 歲										
六十 歲										
六十一 歲										
六十二 歲										
六十三 歲										
六十四 歲										
六十五 歲										
六十六 歲										
六十七 歲										
六十八 歲										
六十九 歲										
七十 歲										
七十一 歲										
七十二 歲										
七十三 歲										
七十四 歲										
七十五 歲										
七十六 歲										
七十七 歲										
七十八 歲										
七十九 歲										
八十 歲										
八十一 歲										
八十二 歲										
八十三 歲										
八十四 歲										
八十五 歲										
八十六 歲										
八十七 歲										
八十八 歲										
八十九 歲										
九十 歲										
九十一 歲										
九十二 歲										
九十三 歲										
九十四 歲										
九十五 歲										
九十六 歲										
九十七 歲										
九十八 歲										
九十九 歲										
一百 歲										

年 月 日		物品販賣業者 店員、販賣業者、荷 物、通 工、小艇、船員、船員 男 女		旅 館、旅 館、通 工、小艇、船員、船員 男 女		總 數		經 營 者		一般旅館、飯 店、旅館、通 工、小艇、船員、船員 男 女		觀光社、旅館業者、金 屬、紙、板工、 レンズ研磨工、時 計修理工、修 理工	
平 成 1 年 1 月 1 日	水	1	2	3	4	5	6	7	8	9	10	11	12
1													
2													
3													
4													
5													
6													
7													
8													
9													
10													
11													
12													
13													
14													
15													
16													
17													
18													
19													
20													
21													
22													
23													
24													
25													
26													
27													
28													
29													
30													
31													

374時計、腕錶、貴金属、宝石類の洗浄

375其ノ他ノ身ノ通り品の洗浄

年 令 性別	セガツノ内装工、刷工、ガラス加工、機工	宝石細工職	其他/装飾品類	鍍金、鍍銀、鍍金類	物品保管者/輸入者	店舗名(社員名)	店舗主(セガツノ内装工)	總数	筋、織、裁断工										
男	女	男	女	男	女	男	女	男	女	男	女	男	女	男	女	男	女	男	女
+ 11才																			
+ 12才																			
+ 13才																			
+ 14才																			
+ 15才																			
+ 16才																			
+ 17才																			
+ 18才																			
+ 19才																			
+ 20才																			
+ 21才																			
+ 22才																			
+ 23才																			
+ 24才																			
+ 25才																			
+ 26才																			
+ 27才																			
+ 28才																			
+ 29才																			
+ 30才																			
+ 31才																			
+ 32才																			
+ 33才																			
+ 34才																			
+ 35才																			
+ 36才																			
+ 37才																			
+ 38才																			
+ 39才																			
+ 40才																			
+ 41才																			
+ 42才																			
+ 43才																			
+ 44才																			
+ 45才																			
+ 46才																			
+ 47才																			
+ 48才																			
+ 49才																			
+ 50才																			
+ 51才																			
+ 52才																			
+ 53才																			
+ 54才																			
+ 55才																			
+ 56才																			
+ 57才																			
+ 58才																			
+ 59才																			
+ 60才																			
+ 61才																			
+ 62才																			
+ 63才																			
+ 64才																			
+ 65才																			
+ 66才																			
+ 67才																			
+ 68才																			
+ 69才																			
+ 70才																			
+ 71才																			
+ 72才																			
+ 73才																			
+ 74才																			
+ 75才																			
+ 76才																			
+ 77才																			
+ 78才																			
+ 79才																			
+ 80才																			
+ 81才																			
+ 82才																			
+ 83才																			
+ 84才																			
+ 85才																			
+ 86才																			
+ 87才																			
+ 88才																			
+ 89才																			
+ 90才																			
+ 91才																			
+ 92才																			
+ 93才																			
+ 94才																			
+ 95才																			
+ 96才																			
+ 97才																			
+ 98才																			
+ 99才																			
+ 100才																			
死																			

品目	規格	単位	数量		備考
			在庫	販売	
1	1	kg	100	100	
2	2	kg	100	100	
3	3	kg	100	100	
4	4	kg	100	100	
5	5	kg	100	100	
6	6	kg	100	100	
7	7	kg	100	100	
8	8	kg	100	100	
9	9	kg	100	100	
10	10	kg	100	100	
11	11	kg	100	100	
12	12	kg	100	100	
13	13	kg	100	100	
14	14	kg	100	100	
15	15	kg	100	100	
16	16	kg	100	100	
17	17	kg	100	100	
18	18	kg	100	100	
19	19	kg	100	100	
20	20	kg	100	100	
21	21	kg	100	100	
22	22	kg	100	100	
23	23	kg	100	100	
24	24	kg	100	100	
25	25	kg	100	100	
26	26	kg	100	100	
27	27	kg	100	100	
28	28	kg	100	100	
29	29	kg	100	100	
30	30	kg	100	100	
31	31	kg	100	100	
32	32	kg	100	100	
33	33	kg	100	100	
34	34	kg	100	100	
35	35	kg	100	100	
36	36	kg	100	100	
37	37	kg	100	100	
38	38	kg	100	100	
39	39	kg	100	100	
40	40	kg	100	100	
41	41	kg	100	100	
42	42	kg	100	100	
43	43	kg	100	100	
44	44	kg	100	100	
45	45	kg	100	100	
46	46	kg	100	100	
47	47	kg	100	100	
48	48	kg	100	100	
49	49	kg	100	100	
50	50	kg	100	100	
51	51	kg	100	100	
52	52	kg	100	100	
53	53	kg	100	100	
54	54	kg	100	100	
55	55	kg	100	100	
56	56	kg	100	100	
57	57	kg	100	100	
58	58	kg	100	100	
59	59	kg	100	100	
60	60	kg	100	100	
61	61	kg	100	100	
62	62	kg	100	100	
63	63	kg	100	100	
64	64	kg	100	100	
65	65	kg	100	100	
66	66	kg	100	100	
67	67	kg	100	100	
68	68	kg	100	100	
69	69	kg	100	100	
70	70	kg	100	100	
71	71	kg	100	100	
72	72	kg	100	100	
73	73	kg	100	100	
74	74	kg	100	100	
75	75	kg	100	100	
76	76	kg	100	100	
77	77	kg	100	100	
78	78	kg	100	100	
79	79	kg	100	100	
80	80	kg	100	100	
81	81	kg	100	100	
82	82	kg	100	100	
83	83	kg	100	100	
84	84	kg	100	100	
85	85	kg	100	100	
86	86	kg	100	100	
87	87	kg	100	100	
88	88	kg	100	100	
89	89	kg	100	100	
90	90	kg	100	100	
91	91	kg	100	100	
92	92	kg	100	100	
93	93	kg	100	100	
94	94	kg	100	100	
95	95	kg	100	100	
96	96	kg	100	100	
97	97	kg	100	100	
98	98	kg	100	100	
99	99	kg	100	100	
100	100	kg	100	100	
101	101	kg	100	100	
102	102	kg	100	100	
103	103	kg	100	100	
104	104	kg	100	100	
105	105	kg	100	100	
106	106	kg	100	100	
107	107	kg	100	100	
108	108	kg	100	100	
109	109	kg	100	100	
110	110	kg	100	100	
111	111	kg	100	100	
112	112	kg	100	100	
113	113	kg	100	100	
114	114	kg	100	100	
115	115	kg	100	100	
116	116	kg	100	100	
117	117	kg	100	100	
118	118	kg	100	100	
119	119	kg	100	100	
120	120	kg	100	100	
121	121	kg	100	100	
122	122	kg	100	100	
123	123	kg	100	100	
124	124	kg	100	100	
125	125	kg	100	100	
126	126	kg	100	100	
127	127	kg	100	100	
128	128	kg	100	100	
129	129	kg	100	100	
130	130	kg	100	100	
131	131	kg	100	100	
132	132	kg	100	100	
133	133	kg	100	100	
134	134	kg	100	100	
135	135	kg	100	100	
136	136	kg	100	100	
137	137	kg	100	100	
138	138	kg	100	100	
139	139	kg	100	100	
140	140	kg	100	100	
141	141	kg	100	100	
142	142	kg	100	100	
143	143	kg	100	100	
144	144	kg	100	100	
145	145	kg	100	100	
146	146	kg	100	100	
147	147	kg	100	100	
148	148	kg	100	100	
149	149	kg	100	100	
150	150	kg	100	100	
151	151	kg	100	100	
152	152	kg	100	100	
153	153	kg	100	100	
154	154	kg	100	100	
155	155	kg	100	100	
156	156	kg	100	100	
157	157	kg	100	100	
158	158	kg	100	100	
159	159	kg	100	100	
160	160	kg	100	100	
161	161	kg	100	100	
162	162	kg	100	100	
163	163	kg	100	100	
164	164	kg	100	100	
165	165	kg	100	100	
166	166	kg	100	100	
167	167	kg	100	100	
168	168	kg	100	100	
169	169	kg	100	100	
170	170	kg	100	100	
171	171	kg	100	100	
172	172	kg	100	100	
173	173	kg	100	100	
174	174	kg	100	100	
175	175	kg	100	100	
176	176	kg	100	100	
177	177	kg	100	100	
178	178	kg	100	100	
179	179	kg	100	100	
180	180	kg	100	100	
181	181	kg	100	100	
182	182	kg	100	100	
183	183	kg	100	100	
184	184	kg	100	100	
185	185	kg	100	100	
186	186	kg	100	100	
187	187	kg	100	100	
188	188	kg	100	100	
189	189	kg	100	100	
190	190	kg	100	100	
191	191	kg	100	100	
192	192	kg	100	100	
193	193	kg	100	100	
194	194	kg	100	100	
195	195	kg	100	100	
196	196	kg	100	100	
197	197	kg	100	100	
198	198	kg	100	100	
199	199	kg	100	100	
200	200	kg	100	100	
201	201	kg	100	100	
202	202	kg	100	100	
203	203	kg	100	100	
204	204	kg	100	100	
205	205	kg	100	100	
206	206	kg	100	100	
207	207	kg	100	100	
208	208	kg	100	100	
209	209	kg	100	100	
210	210	kg	100	100	
211	211	kg	100	100	
212	212	kg	100	100	
213	213	kg	100	100	
214	214	kg	100	100	
215	215	kg	100	100	
216	216	kg	100	100	
217	217	kg	100	100	
218	218	kg	100	100	
219	219	kg	100	100	
220	220	kg	100	100	
221	221	kg	100	100	
222	222	kg	100	100	
223	223	kg	100	100	
224	224	kg	100	100	
225	225	kg	100	100	
226	226	kg	100	100	
227	227	kg	100	100	
228	228	kg	100	100	
229	229	kg	100	100	
230	230	kg	100	100	
231	231	kg	100	100	
232	232	kg	100	100	
233	233	kg	100	100	
234	234	kg	100	100	
235	235	kg	100	100	
236	236	kg	100	100	
237	237	kg	100	100	
238	238	kg	100	100	
239	239	kg	100	100	
240	240	kg	100	100	
241	241	kg	100	100	
242	242	kg	100	100	
243	243	kg	100	100	
244	244	kg	100	100	
245	245	kg	100	100	
246	246	kg	100	100	
247	247	kg	100	100	
248	248	kg	100	100	
249	249	kg	100	100	
250	250	kg	100	100	
251	251	kg	100	100	
252	252	kg	100	100	
253	253	kg	100	100	
254	254	kg	100	100	
255	255	kg	100	100	
256	256	kg	100	100	
257	257	kg	100	100	
258	258	kg	100	100	
259	259	kg	100	100	
260	260	kg	100	100	
261	261	kg	100	100	
262	262	kg	100	100	
263	263	kg	100	100	
264	264	kg	100	100	
265	26				

		385 工業製品		386 航 空 便	
		塗料、染料、漆油 乳剤、樹脂等		機械、機器、機械部品 機械器具、機械装置等	
		男	女	男	女
1	火 1	夫	油 1	差 1	荷 1
2	火 2	夫	油 2	差 2	荷 2
3	火 3	夫	油 3	差 3	荷 3
4	火 4	夫	油 4	差 4	荷 4
5	火 5	夫	油 5	差 5	荷 5
6	火 6	夫	油 6	差 6	荷 6
7	火 7	夫	油 7	差 7	荷 7
8	火 8	夫	油 8	差 8	荷 8
9	火 9	夫	油 9	差 9	荷 9
10	火 10	夫	油 10	差 10	荷 10
11	火 11	夫	油 11	差 11	荷 11
12	火 12	夫	油 12	差 12	荷 12
13	火 13	夫	油 13	差 13	荷 13
14	火 14	夫	油 14	差 14	荷 14
15	火 15	夫	油 15	差 15	荷 15
16	火 16	夫	油 16	差 16	荷 16
17	火 17	夫	油 17	差 17	荷 17
18	火 18	夫	油 18	差 18	荷 18
19	火 19	夫	油 19	差 19	荷 19
20	火 20	夫	油 20	差 20	荷 20
21	火 21	夫	油 21	差 21	荷 21
22	火 22	夫	油 22	差 22	荷 22
23	火 23	夫	油 23	差 23	荷 23
24	火 24	夫	油 24	差 24	荷 24
25	火 25	夫	油 25	差 25	荷 25
26	火 26	夫	油 26	差 26	荷 26
27	火 27	夫	油 27	差 27	荷 27
28	火 28	夫	油 28	差 28	荷 28
29	火 29	夫	油 29	差 29	荷 29
30	火 30	夫	油 30	差 30	荷 30
31	火 31	夫	油 31	差 31	荷 31
32	火 32	夫	油 32	差 32	荷 32
33	火 33	夫	油 33	差 33	荷 33
34	火 34	夫	油 34	差 34	荷 34
35	火 35	夫	油 35	差 35	荷 35
36	火 36	夫	油 36	差 36	荷 36
37	火 37	夫	油 37	差 37	荷 37
38	火 38	夫	油 38	差 38	荷 38
39	火 39	夫	油 39	差 39	荷 39
40	火 40	夫	油 40	差 40	荷 40
41	火 41	夫	油 41	差 41	荷 41

年 月 日	午 前 半 午 後 半	職業別就業者数		調水工		羽織職		木 工		職業別就業者数		其 他 製 品 作 者		瓦 工 人		職業別就業者数		自 動 車 駕 手		舵 手 、 水 天 用 天		人 力 車 馬 方 駕 者		輪 胎 、 帆 船 用 天		物 品 運 送 業		機 械 製 造 業		機 械 修 繫 業		機 械 販 賣 業	
		男	女	男	女	男	女	男	女	男	女	男	女	男	女	男	女	男	女	男	女	男	女	男	女	男	女	男	女	男	女		
10/1	1	1	1	1	1	1	1	1	1	1	1	1	1	1	1	1	1	1	1	1	1	1	1	1	1	1	1	1	1	1	1		
10/2	2	2	2	2	2	2	2	2	2	2	2	2	2	2	2	2	2	2	2	2	2	2	2	2	2	2	2	2	2	2	2		
10/3	3	3	3	3	3	3	3	3	3	3	3	3	3	3	3	3	3	3	3	3	3	3	3	3	3	3	3	3	3	3	3		
10/4	4	4	4	4	4	4	4	4	4	4	4	4	4	4	4	4	4	4	4	4	4	4	4	4	4	4	4	4	4	4	4		
10/5	5	5	5	5	5	5	5	5	5	5	5	5	5	5	5	5	5	5	5	5	5	5	5	5	5	5	5	5	5	5	5		
10/6	6	6	6	6	6	6	6	6	6	6	6	6	6	6	6	6	6	6	6	6	6	6	6	6	6	6	6	6	6	6	6		
10/7	7	7	7	7	7	7	7	7	7	7	7	7	7	7	7	7	7	7	7	7	7	7	7	7	7	7	7	7	7	7	7		
10/8	8	8	8	8	8	8	8	8	8	8	8	8	8	8	8	8	8	8	8	8	8	8	8	8	8	8	8	8	8	8	8		
10/9	9	9	9	9	9	9	9	9	9	9	9	9	9	9	9	9	9	9	9	9	9	9	9	9	9	9	9	9	9	9	9		
10/10	10	10	10	10	10	10	10	10	10	10	10	10	10	10	10	10	10	10	10	10	10	10	10	10	10	10	10	10	10	10			
10/11	11	11	11	11	11	11	11	11	11	11	11	11	11	11	11	11	11	11	11	11	11	11	11	11	11	11	11	11	11	11			
10/12	12	12	12	12	12	12	12	12	12	12	12	12	12	12	12	12	12	12	12	12	12	12	12	12	12	12	12	12	12	12			
10/13	13	13	13	13	13	13	13	13	13	13	13	13	13	13	13	13	13	13	13	13	13	13	13	13	13	13	13	13	13	13			
10/14	14	14	14	14	14	14	14	14	14	14	14	14	14	14	14	14	14	14	14	14	14	14	14	14	14	14	14	14	14	14			
10/15	15	15	15	15	15	15	15	15	15	15	15	15	15	15	15	15	15	15	15	15	15	15	15	15	15	15	15	15	15	15			
10/16	16	16	16	16	16	16	16	16	16	16	16	16	16	16	16	16	16	16	16	16	16	16	16	16	16	16	16	16	16	16			
10/17	17	17	17	17	17	17	17	17	17	17	17	17	17	17	17	17	17	17	17	17	17	17	17	17	17	17	17	17	17	17			
10/18	18	18	18	18	18	18	18	18	18	18	18	18	18	18	18	18	18	18	18	18	18	18	18	18	18	18	18	18	18	18			
10/19	19	19	19	19	19	19	19	19	19	19	19	19	19	19	19	19	19	19	19	19	19	19	19	19	19	19	19	19	19	19			
10/20	20	20	20	20	20	20	20	20	20	20	20	20	20	20	20	20	20	20	20	20	20	20	20	20	20	20	20	20	20	20			
10/21	21	21	21	21	21	21	21	21	21	21	21	21	21	21	21	21	21	21	21	21	21	21	21	21	21	21	21	21	21	21			
10/22	22	22	22	22	22	22	22	22	22	22	22	22	22	22	22	22	22	22	22	22	22	22	22	22	22	22	22	22	22	22			
10/23	23	23	23	23	23	23	23	23	23	23	23	23	23	23	23	23	23	23	23	23	23	23	23	23	23	23	23	23	23	23			
10/24	24	24	24	24	24	24	24	24	24	24	24	24	24	24	24	24	24	24	24	24	24	24	24	24	24	24	24	24	24	24			
10/25	25	25	25	25	25	25	25	25	25	25	25	25	25	25	25	25	25	25	25	25	25	25	25	25	25	25	25	25	25	25			
10/26	26	26	26	26	26	26	26	26	26	26	26	26	26	26	26	26	26	26	26	26	26	26	26	26	26	26	26	26	26	26			
10/27	27	27	27	27	27	27	27	27	27	27	27	27	27	27	27	27	27	27	27	27	27	27	27	27	27	27	27	27	27	27			
10/28	28	28	28	28	28	28	28	28	28	28	28	28	28	28	28	28	28	28	28	28	28	28	28	28	28	28	28	28	28	28			
10/29	29	29	29	29	29	29	29	29	29	29	29	29	29	29	29	29	29	29	29	29	29	29	29	29	29	29	29	29	29	29			
10/30	30	30	30	30	30	30	30	30	30	30	30	30	30	30	30	30	30	30	30	30	30	30	30	30	30	30	30	30	30	30			
10/31	31	31	31	31	31	31	31	31	31	31	31	31	31	31	31	31	31	31	31	31	31	31	31	31	31	31	31	31	31	31			

年 月	日 付	396解放版光業						397石炭、コークス鋼鐵、生鐵					
		昭和光業社員登録簿	新規登録者	其ノ前ノ件業者	總數	經營者	一般事務者	新規社員登録者	新規社員登録者	ライピツク、臺鐵	通航大、通航大	石炭乾留工	苦勞公司
4	4	9/1	23	8	5	808	31	2	9	1	2	1	2
4	5	/	/	/	/	/	/	/	/	/	/	/	/
4	6	/	/	/	/	/	/	/	/	/	/	/	/
4	7	/	/	/	/	/	/	/	/	/	/	/	/
4	8	/	/	/	/	/	/	/	/	/	/	/	/
4	9	/	/	/	/	/	/	/	/	/	/	/	/
4	10	/	/	/	/	/	/	/	/	/	/	/	/
4	11	/	/	/	/	/	/	/	/	/	/	/	/
4	12	/	/	/	/	/	/	/	/	/	/	/	/
4	13	/	/	/	/	/	/	/	/	/	/	/	/
4	14	/	/	/	/	/	/	/	/	/	/	/	/
4	15	/	/	/	/	/	/	/	/	/	/	/	/
4	16	/	/	/	/	/	/	/	/	/	/	/	/
4	17	/	/	/	/	/	/	/	/	/	/	/	/
4	18	/	/	/	/	/	/	/	/	/	/	/	/
4	19	/	/	/	/	/	/	/	/	/	/	/	/
4	20	/	/	/	/	/	/	/	/	/	/	/	/
4	21	/	/	/	/	/	/	/	/	/	/	/	/
4	22	/	/	/	/	/	/	/	/	/	/	/	/
4	23	/	/	/	/	/	/	/	/	/	/	/	/
4	24	/	/	/	/	/	/	/	/	/	/	/	/
4	25	/	/	/	/	/	/	/	/	/	/	/	/
4	26	/	/	/	/	/	/	/	/	/	/	/	/
4	27	/	/	/	/	/	/	/	/	/	/	/	/
4	28	/	/	/	/	/	/	/	/	/	/	/	/
4	29	/	/	/	/	/	/	/	/	/	/	/	/
4	30	/	/	/	/	/	/	/	/	/	/	/	/
4	31	/	/	/	/	/	/	/	/	/	/	/	/
5	1	/	/	/	/	/	/	/	/	/	/	/	/
5	2	/	/	/	/	/	/	/	/	/	/	/	/
5	3	/	/	/	/	/	/	/	/	/	/	/	/
5	4	/	/	/	/	/	/	/	/	/	/	/	/
5	5	/	/	/	/	/	/	/	/	/	/	/	/
5	6	/	/	/	/	/	/	/	/	/	/	/	/
5	7	/	/	/	/	/	/	/	/	/	/	/	/
5	8	/	/	/	/	/	/	/	/	/	/	/	/
5	9	/	/	/	/	/	/	/	/	/	/	/	/
5	10	/	/	/	/	/	/	/	/	/	/	/	/
5	11	/	/	/	/	/	/	/	/	/	/	/	/
5	12	/	/	/	/	/	/	/	/	/	/	/	/
5	13	/	/	/	/	/	/	/	/	/	/	/	/
5	14	/	/	/	/	/	/	/	/	/	/	/	/
5	15	/	/	/	/	/	/	/	/	/	/	/	/
5	16	/	/	/	/	/	/	/	/	/	/	/	/
5	17	/	/	/	/	/	/	/	/	/	/	/	/
5	18	/	/	/	/	/	/	/	/	/	/	/	/
5	19	/	/	/	/	/	/	/	/	/	/	/	/
5	20	/	/	/	/	/	/	/	/	/	/	/	/
5	21	/	/	/	/	/	/	/	/	/	/	/	/
5	22	/	/	/	/	/	/	/	/	/	/	/	/
5	23	/	/	/	/	/	/	/	/	/	/	/	/
5	24	/	/	/	/	/	/	/	/	/	/	/	/
5	25	/	/	/	/	/	/	/	/	/	/	/	/
5	26	/	/	/	/	/	/	/	/	/	/	/	/
5	27	/	/	/	/	/	/	/	/	/	/	/	/
5	28	/	/	/	/	/	/	/	/	/	/	/	/
5	29	/	/	/	/	/	/	/	/	/	/	/	/
5	30	/	/	/	/	/	/	/	/	/	/	/	/
5	31	/	/	/	/	/	/	/	/	/	/	/	/
6	1	/	/	/	/	/	/	/	/	/	/	/	/
6	2	/	/	/	/	/	/	/	/	/	/	/	/
6	3	/	/	/	/	/	/	/	/	/	/	/	/
6	4	/	/	/	/	/	/	/	/	/	/	/	/
6	5	/	/	/	/	/	/	/	/	/	/	/	/
6	6	/	/	/	/	/	/	/	/	/	/	/	/
6	7	/	/	/	/	/	/	/	/	/	/	/	/
6	8	/	/	/	/	/	/	/	/	/	/	/	/
6	9	/	/	/	/	/	/	/	/	/	/	/	/
6	10	/	/	/	/	/	/	/	/	/	/	/	/
6	11	/	/	/	/	/	/	/	/	/	/	/	/
6	12	/	/	/	/	/	/	/	/	/	/	/	/
6	13	/	/	/	/	/	/	/	/	/	/	/	/
6	14	/	/	/	/	/	/	/	/	/	/	/	/
6	15	/	/	/	/	/	/	/	/	/	/	/	/
6	16	/	/	/	/	/	/	/	/	/	/	/	/
6	17	/	/	/	/	/	/	/	/	/	/	/	/
6	18	/	/	/	/	/	/	/	/	/	/	/	/
6	19	/	/	/	/	/	/	/	/	/	/	/	/
6	20	/	/	/	/	/	/	/	/	/	/	/	/
6	21	/	/	/	/	/	/	/	/	/	/	/	/
6	22	/	/	/	/	/	/	/	/	/	/	/	/
6	23	/	/	/	/	/	/	/	/	/	/	/	/
6	24	/	/	/	/	/	/	/	/	/	/	/	/
6	25	/	/	/	/	/	/	/	/	/	/	/	/
6	26	/	/	/	/	/	/	/	/	/	/	/	/
6	27	/	/	/	/	/	/	/	/	/	/	/	/
6	28	/	/	/	/	/	/	/	/	/	/	/	/
6	29	/	/	/	/	/	/	/	/	/	/	/	/
6	30	/	/	/	/	/	/	/	/	/	/	/	/
6	31	/	/	/	/	/	/	/	/	/	/	/	/
7	1	/	/	/	/	/	/	/	/	/	/	/	/
7	2	/	/	/	/	/	/	/	/	/	/	/	/
7	3	/	/	/	/	/	/	/	/	/	/	/	/
7	4	/	/	/	/	/	/	/	/	/	/	/	/
7	5	/	/	/	/	/	/	/	/	/	/	/	/
7	6	/	/	/	/	/	/	/	/	/	/	/	/
7	7	/	/	/	/	/	/	/	/	/	/	/	/
7	8	/	/	/	/	/	/	/	/	/	/	/	/
7	9	/	/	/	/	/	/	/	/	/	/	/	/
7	10	/	/	/	/	/	/	/	/	/	/	/	/
7	11	/	/	/	/	/	/	/	/	/	/	/	/
7	12	/	/	/	/	/	/	/	/	/	/	/	/
7	13	/	/	/	/	/	/	/	/	/	/	/	/
7	14	/	/	/	/	/	/	/	/	/	/	/	/
7	15	/	/	/	/	/	/	/	/	/	/	/	/
7	16	/	/	/	/	/	/	/	/	/	/	/	/
7	17	/	/	/	/	/	/	/	/	/	/	/	/
7	18	/	/	/	/	/	/	/	/	/	/	/	/
7	19	/	/	/	/	/	/	/	/	/	/	/	/
7	20	/	/	/	/	/	/	/	/	/	/	/	/
7	21	/	/	/	/	/	/	/	/	/	/	/	/
7	22	/	/	/	/	/	/	/	/	/	/	/	/
7	23	/	/	/	/	/	/	/	/	/	/	/	/
7	24	/	/	/	/	/	/	/	/	/	/	/	/
7	25	/	/	/	/	/	/	/	/	/	/	/	/
7	26	/	/	/	/	/	/	/	/	/	/	/	/
7	27	/	/	/	/	/	/	/	/	/	/	/	/
7	28	/	/	/	/	/	/	/	/	/	/	/	/
7	29	/	/	/	/	/	/	/	/	/	/	/	/
7	30	/	/	/	/	/	/	/	/	/	/	/	/
7	31	/	/	/	/	/	/	/	/	/	/	/	/
8	1	/	/	/	/	/	/	/	/	/	/	/	/
8	2	/	/	/	/	/	/	/	/	/	/	/	/
8	3	/	/	/	/	/	/	/	/	/	/	/	/
8	4	/	/	/	/	/	/	/	/	/	/	/	/
8	5	/	/	/	/	/	/	/	/	/	/	/	/
8	6	/	/	/	/	/	/	/	/	/	/	/	/
8	7	/	/	/	/	/	/	/	/	/	/	/	/
8	8	/	/	/	/	/	/	/	/	/	/	/	/
8	9	/	/	/	/	/	/	/	/	/	/	/	/
8	10	/	/	/	/	/	/	/	/	/	/	/	/
8	11	/	/	/	/	/	/	/	/	/	/	/	/
8	12	/	/	/	/	/	/	/	/	/	/	/	/
8	13	/	/	/	/	/	/	/	/	/	/	/	/
8	14	/	/	/	/	/	/	/	/	/	/	/	/
8	15	/	/	/	/	/	/	/	/	/	/	/	/
8	16	/	/	/	/	/	/	/	/	/	/	/	/
8	17	/	/	/	/	/	/	/	/	/	/	/	/
8	18	/	/	/	/	/	/	/	/	/	/	/	/
8	19	/	/	/	/	/	/	/	/	/	/	/	/
8	20	/	/	/	/	/	/	/	/	/	/	/	/
8	21	/	/	/	/	/	/	/	/	/	/	/	/
8	22	/	/	/	/	/	/	/	/	/	/	/	/
8	23	/	/	/	/	/	/	/	/	/	/	/	/
8	24	/	/	/	/	/	/	/	/	/	/	/	/
8	25	/	/	/	/	/	/	/	/	/	/	/	/
8	26	/	/	/	/	/	/	/	/	/	/	/	/
8	27	/	/	/	/	/	/	/	/	/	/	/	/
8	28	/	/	/	/	/	/	/	/	/	/	/	/
8	29	/	/	/	/	/	/	/	/	/	/	/	/
8	30	/	/	/	/	/	/	/	/	/	/	/	/
8	31	/	/	/	/</td								

年 令 組	洋 裁 師	美 國 鋼 鐵 公 司	大 工 業	汽 船 及 機 器 製 造 者	自 動 车 及 其 他 機 器 製 造 者	飛 行 機 器 製 造 者	飛 行 機 器 維 修 及 保 養 者	飛 行 機 器 販 賣 及 經 銷 者	飛 行 機 器 維 修 及 保 養 者	飛 行 機 器 販 賣 及 經 銷 者	電 話 交 換 手	物 品 貿 易 中 心
男	女	男	女	男	女	男	女	男	女	男	女	男
1 ~ 21	1	1	1	1	1	1	1	1	1	1	1	1
2 ~ 3	1	1	1	1	1	1	1	1	1	1	1	1
3 ~ 4	1	1	1	1	1	1	1	1	1	1	1	1
4 ~ 5	1	1	1	1	1	1	1	1	1	1	1	1
5 ~ 6	1	1	1	1	1	1	1	1	1	1	1	1
6 ~ 7	1	1	1	1	1	1	1	1	1	1	1	1
7 ~ 8	1	1	1	1	1	1	1	1	1	1	1	1
8 ~ 9	1	1	1	1	1	1	1	1	1	1	1	1
9 ~ 10	1	1	1	1	1	1	1	1	1	1	1	1
10 ~ 11	1	1	1	1	1	1	1	1	1	1	1	1
11 ~ 12	1	1	1	1	1	1	1	1	1	1	1	1
12 ~ 13	1	1	1	1	1	1	1	1	1	1	1	1
13 ~ 14	1	1	1	1	1	1	1	1	1	1	1	1
14 ~ 15	1	1	1	1	1	1	1	1	1	1	1	1
15 ~ 16	1	1	1	1	1	1	1	1	1	1	1	1
16 ~ 17	1	1	1	1	1	1	1	1	1	1	1	1
17 ~ 18	1	1	1	1	1	1	1	1	1	1	1	1
18 ~ 19	1	1	1	1	1	1	1	1	1	1	1	1
19 ~ 20	1	1	1	1	1	1	1	1	1	1	1	1
20 ~ 21	1	1	1	1	1	1	1	1	1	1	1	1
21 ~ 22	1	1	1	1	1	1	1	1	1	1	1	1
22 ~ 23	1	1	1	1	1	1	1	1	1	1	1	1
23 ~ 24	1	1	1	1	1	1	1	1	1	1	1	1
24 ~ 25	1	1	1	1	1	1	1	1	1	1	1	1
25 ~ 26	1	1	1	1	1	1	1	1	1	1	1	1
26 ~ 27	1	1	1	1	1	1	1	1	1	1	1	1
27 ~ 28	1	1	1	1	1	1	1	1	1	1	1	1
28 ~ 29	1	1	1	1	1	1	1	1	1	1	1	1
29 ~ 30	1	1	1	1	1	1	1	1	1	1	1	1
30 ~ 31	1	1	1	1	1	1	1	1	1	1	1	1
31 ~ 32	1	1	1	1	1	1	1	1	1	1	1	1
32 ~ 33	1	1	1	1	1	1	1	1	1	1	1	1
33 ~ 34	1	1	1	1	1	1	1	1	1	1	1	1
34 ~ 35	1	1	1	1	1	1	1	1	1	1	1	1
35 ~ 36	1	1	1	1	1	1	1	1	1	1	1	1
36 ~ 37	1	1	1	1	1	1	1	1	1	1	1	1
37 ~ 38	1	1	1	1	1	1	1	1	1	1	1	1
38 ~ 39	1	1	1	1	1	1	1	1	1	1	1	1
39 ~ 40	1	1	1	1	1	1	1	1	1	1	1	1
40 ~ 41	1	1	1	1	1	1	1	1	1	1	1	1
41 ~ 42	1	1	1	1	1	1	1	1	1	1	1	1
42 ~ 43	1	1	1	1	1	1	1	1	1	1	1	1
43 ~ 44	1	1	1	1	1	1	1	1	1	1	1	1
44 ~ 45	1	1	1	1	1	1	1	1	1	1	1	1
45 ~ 46	1	1	1	1	1	1	1	1	1	1	1	1
46 ~ 47	1	1	1	1	1	1	1	1	1	1	1	1
47 ~ 48	1	1	1	1	1	1	1	1	1	1	1	1
48 ~ 49	1	1	1	1	1	1	1	1	1	1	1	1
49 ~ 50	1	1	1	1	1	1	1	1	1	1	1	1
50 ~ 51	1	1	1	1	1	1	1	1	1	1	1	1
51 ~ 52	1	1	1	1	1	1	1	1	1	1	1	1
52 ~ 53	1	1	1	1	1	1	1	1	1	1	1	1
53 ~ 54	1	1	1	1	1	1	1	1	1	1	1	1
54 ~ 55	1	1	1	1	1	1	1	1	1	1	1	1
55 ~ 56	1	1	1	1	1	1	1	1	1	1	1	1
56 ~ 57	1	1	1	1	1	1	1	1	1	1	1	1
57 ~ 58	1	1	1	1	1	1	1	1	1	1	1	1
58 ~ 59	1	1	1	1	1	1	1	1	1	1	1	1
59 ~ 60	1	1	1	1	1	1	1	1	1	1	1	1
60 ~ 61	1	1	1	1	1	1	1	1	1	1	1	1
61 ~ 62	1	1	1	1	1	1	1	1	1	1	1	1
62 ~ 63	1	1	1	1	1	1	1	1	1	1	1	1
63 ~ 64	1	1	1	1	1	1	1	1	1	1	1	1
64 ~ 65	1	1	1	1	1	1	1	1	1	1	1	1
65 ~ 66	1	1	1	1	1	1	1	1	1	1	1	1
66 ~ 67	1	1	1	1	1	1	1	1	1	1	1	1
67 ~ 68	1	1	1	1	1	1	1	1	1	1	1	1
68 ~ 69	1	1	1	1	1	1	1	1	1	1	1	1
69 ~ 70	1	1	1	1	1	1	1	1	1	1	1	1
70 ~ 71	1	1	1	1	1	1	1	1	1	1	1	1
71 ~ 72	1	1	1	1	1	1	1	1	1	1	1	1
72 ~ 73	1	1	1	1	1	1	1	1	1	1	1	1
73 ~ 74	1	1	1	1	1	1	1	1	1	1	1	1
74 ~ 75	1	1	1	1	1	1	1	1	1	1	1	1
75 ~ 76	1	1	1	1	1	1	1	1	1	1	1	1
76 ~ 77	1	1	1	1	1	1	1	1	1	1	1	1
77 ~ 78	1	1	1	1	1	1	1	1	1	1	1	1
78 ~ 79	1	1	1	1	1	1	1	1	1	1	1	1
79 ~ 80	1	1	1	1	1	1	1	1	1	1	1	1
80 ~ 81	1	1	1	1	1	1	1	1	1	1	1	1
81 ~ 82	1	1	1	1	1	1	1	1	1	1	1	1
82 ~ 83	1	1	1	1	1	1	1	1	1	1	1	1
83 ~ 84	1	1	1	1	1	1	1	1	1	1	1	1
84 ~ 85	1	1	1	1	1	1	1	1	1	1	1	1
85 ~ 86	1	1	1	1	1	1	1	1	1	1	1	1
86 ~ 87	1	1	1	1	1	1	1	1	1	1	1	1
87 ~ 88	1	1	1	1	1	1	1	1	1	1	1	1
88 ~ 89	1	1	1	1	1	1	1	1	1	1	1	1
89 ~ 90	1	1	1	1	1	1	1	1	1	1	1	1
90 ~ 91	1	1	1	1	1	1	1	1	1	1	1	1
91 ~ 92	1	1	1	1	1	1	1	1	1	1	1	1
92 ~ 93	1	1	1	1	1	1	1	1	1	1	1	1
93 ~ 94	1	1	1	1	1	1	1	1	1	1	1	1
94 ~ 95	1	1	1	1	1	1	1	1	1	1	1	1
95 ~ 96	1	1	1	1	1	1	1	1	1	1	1	1
96 ~ 97	1	1	1	1	1	1	1	1	1	1	1	1
97 ~ 98	1	1	1	1	1	1	1	1	1	1	1	1
98 ~ 99	1	1	1	1	1	1	1	1	1	1	1	1
99 ~ 100	1	1	1	1	1	1	1	1	1	1	1	1

390元/人、超豪华品、通吃且供免费		料理人ヨツク		面工賃手料		物品費喫茶料、中華人	
料 球		工		料 球		工	
小	大	男	女	男	女	男	女
388元/人、超豪华品、通吃且供免费	料 球	一粒珠者	一粒珠者	料 球	工	料 球	工

393 美品店、骨董品専光美装									
一般事務者		販賣社入係事務者		其ノ他工業技術者		物品販賣者		中間人	
男	女	男	女	男	女	男	女	男	女
393	美品店、骨董品専光美装	393	美品店、骨董品専光美装	393	美品店、骨董品専光美装	393	美品店、骨董品専光美装	393	美品店、骨董品専光美装

304新聞發行版塊

人數

年 齡	活牛耕作工	製版工/紙型工	印刷工	寫真師、寫真工 及其他機器操作員	木工(鋼木結構)	其他土木操作員	自動機械手	船空機械員	人力車夫、馬夫、駕駕者	船員、船員、碼頭工
性 別	男	女	男	女	男	女	男	女	男	女
15-16	1								10	
17	1								29	
18	2								93	
19	8								182	
20	2								266	
21	2								368	
22	2								373	
23	2								303	
24	2								242	
25	2								178	
26	2								123	
27	2								105	
28	2								65	
29	2								49	
30	2								44	
31	2								26	
32	2								15	
33	2								27	
34	2								14	
35	2								16	
36	2								6	
37	2								4	
38	2								6	
39	2								3	
40	2								3	
41	2								2	
42	2								1	
43	2								1	
44	2								1	
45	2								1	
46	2								1	
47	2								1	
48	2								1	
49	2								1	
50	2								1	
51	2								1	
52	2								1	
53	2								1	
54	2								1	
55	2								1	
56	2								1	
57	2								1	
58	2								1	
59	2								1	
60	2								1	
61	2								1	
62	2								1	
63	2								1	
64	2								1	
65	2								1	
66	2								1	
67	2								1	
68	2								1	
69	2								1	
70	2								1	
71	2								1	
72	2								1	
73	2								1	
74	2								1	
75	2								1	
76	2								1	
77	2								1	
78	2								1	
79	2								1	
80	2								1	
81	2								1	
82	2								1	
83	2								1	
84	2								1	
85	2								1	
86	2								1	
87	2								1	
88	2								1	
89	2								1	
90	2								1	
91	2								1	
92	2								1	
93	2								1	
94	2								1	
95	2								1	
96	2								1	
97	2								1	
98	2								1	
99	2								1	
100	2								1	
101	2								1	
102	2								1	
103	2								1	
104	2								1	
105	2								1	
106	2								1	
107	2								1	
108	2								1	
109	2								1	
110	2								1	
111	2								1	
112	2								1	
113	2								1	
114	2								1	
115	2								1	
116	2								1	
117	2								1	
118	2								1	
119	2								1	
120	2								1	
121	2								1	
122	2								1	
123	2								1	
124	2								1	
125	2								1	
126	2								1	
127	2								1	
128	2								1	
129	2								1	
130	2								1	
131	2								1	
132	2								1	
133	2								1	
134	2								1	
135	2								1	
136	2								1	
137	2								1	
138	2								1	
139	2								1	
140	2								1	
141	2								1	
142	2								1	
143	2								1	
144	2								1	
145	2								1	
146	2								1	
147	2								1	
148	2								1	
149	2								1	
150	2								1	
151	2								1	
152	2								1	
153	2								1	
154	2								1	
155	2								1	
156	2								1	
157	2								1	
158	2								1	
159	2								1	
160	2								1	
161	2								1	
162	2								1	
163	2								1	
164	2								1	
165	2								1	
166	2								1	
167	2								1	
168	2								1	
169	2								1	
170	2								1	
171	2								1	
172	2								1	
173	2								1	
174	2								1	
175	2								1	
176	2								1	
177	2								1	
178	2								1	
179	2								1	
180	2								1	
181	2								1	
182	2								1	
183	2								1	
184	2								1	
185	2								1	
186	2								1	
187	2								1	
188	2								1	
189	2								1	
190	2								1	
191	2								1	
192	2								1	
193	2								1	
194	2								1	
195	2								1	
196	2								1	
197	2								1	
198	2								1	
199	2								1	
200	2								1	
201	2								1	
202	2								1	
203	2								1	
204	2								1	
205	2								1	
206	2								1	
207	2								1	
208	2								1	
209	2								1	
210	2								1	
211	2								1	
212	2								1	
213	2								1	
214	2								1	
215	2								1	
216	2								1	
217	2								1	
218	2								1	
219	2								1	
220	2								1	
221	2								1	
222	2								1	
223	2								1	
224	2								1	
225	2									

年 月		三 シ シ 工	印 刷 工	瓦 瓦 瓦 工 業	鐵 鋼 工 業	其 他 工 業	金 屬 工 業	機 械 工 業	其 他 土 建 業	港 工 業	金 屬 冶 煉	金 屬 加 工	機 械 工 業
日	月	年	月	年	月	年	月	年	月	年	月	年	月
1	1	19	1	19	1	19	1	19	1	19	1	19	1
2	2	20	2	20	2	20	2	20	2	20	2	20	2
3	3	21	3	21	3	21	3	21	3	21	3	21	3
4	4	22	4	22	4	22	4	22	4	22	4	22	4
5	5	23	5	23	5	23	5	23	5	23	5	23	5
6	6	24	6	24	6	24	6	24	6	24	6	24	6
7	7	25	7	25	7	25	7	25	7	25	7	25	7
8	8	26	8	26	8	26	8	26	8	26	8	26	8
9	9	27	9	27	9	27	9	27	9	27	9	27	9
10	10	28	10	28	10	28	10	28	10	28	10	28	10
11	11	29	11	29	11	29	11	29	11	29	11	29	11
12	12	30	12	30	12	30	12	30	12	30	12	30	12
13	13	31	13	31	13	31	13	31	13	31	13	31	13
14	14												
15	15												
16	16												
17	17												
18	18												
19	19												
20	20												
21	21												
22	22												
23	23												
24	24												
25	25												
26	26												
27	27												
28	28												
29	29												
30	30												
31	31												

年 月 日	被品別業者、種類、 品名、在庫量、 守備監督	製造工 場	小使船社運送者 其ノ他ノ作業者	總數		被品別業者、種類、 品名、在庫量、 守備監督	自動運送車 人力車、馬力車
				現 在 庫 量 kg	移 入 庫 量 kg		
1994年 1月 1日	1	1	1	1	1	1	1
1月 2日	1	1	1	1	1	1	1
1月 3日	1	1	1	1	1	1	1
1月 4日	1	1	1	1	1	1	1
1月 5日	1	1	1	1	1	1	1
1月 6日	1	1	1	1	1	1	1
1月 7日	1	1	1	1	1	1	1
1月 8日	1	1	1	1	1	1	1
1月 9日	1	1	1	1	1	1	1
1月 10日	1	1	1	1	1	1	1
1月 11日	1	1	1	1	1	1	1
1月 12日	1	1	1	1	1	1	1
1月 13日	1	1	1	1	1	1	1
1月 14日	1	1	1	1	1	1	1
1月 15日	1	1	1	1	1	1	1
1月 16日	1	1	1	1	1	1	1
1月 17日	1	1	1	1	1	1	1
1月 18日	1	1	1	1	1	1	1
1月 19日	1	1	1	1	1	1	1
1月 20日	1	1	1	1	1	1	1
1月 21日	1	1	1	1	1	1	1
1月 22日	1	1	1	1	1	1	1
1月 23日	1	1	1	1	1	1	1
1月 24日	1	1	1	1	1	1	1
1月 25日	1	1	1	1	1	1	1
1月 26日	1	1	1	1	1	1	1
1月 27日	1	1	1	1	1	1	1
1月 28日	1	1	1	1	1	1	1
1月 29日	1	1	1	1	1	1	1
1月 30日	1	1	1	1	1	1	1
1月 31日	1	1	1	1	1	1	1

399. 食 料 版 光 菜

400. フルム製品版光葉

版紙上(供用者) フルム機械工
フルム製品工場(販賣部)

年 令	職業別種別	物品別種別	仲賣人	店員、若手店員	荷造工	小便給仕運送者	其ノ他ノ作業者	總數	一般事務者	版紙上(供用者)	フルム機械工	フルム製品工場(販賣部)
性 別	年 令	性 別	年 令	性 別	年 令	性 別	年 令	性 別	年 令	性 別	年 令	性 別
男	21	女	21	男	21	女	21	男	21	女	21	女
男	22	女	22	男	22	女	22	男	22	女	22	女
男	23	女	23	男	23	女	23	男	23	女	23	女
男	24	女	24	男	24	女	24	男	24	女	24	女
男	25	女	25	男	25	女	25	男	25	女	25	女
男	26	女	26	男	26	女	26	男	26	女	26	女
男	27	女	27	男	27	女	27	男	27	女	27	女
男	28	女	28	男	28	女	28	男	28	女	28	女
男	29	女	29	男	29	女	29	男	29	女	29	女
男	30	女	30	男	30	女	30	男	30	女	30	女
男	31	女	31	男	31	女	31	男	31	女	31	女
男	32	女	32	男	32	女	32	男	32	女	32	女
男	33	女	33	男	33	女	33	男	33	女	33	女
男	34	女	34	男	34	女	34	男	34	女	34	女
男	35	女	35	男	35	女	35	男	35	女	35	女
男	36	女	36	男	36	女	36	男	36	女	36	女
男	37	女	37	男	37	女	37	男	37	女	37	女
男	38	女	38	男	38	女	38	男	38	女	38	女
男	39	女	39	男	39	女	39	男	39	女	39	女
男	40	女	40	男	40	女	40	男	40	女	40	女
男	41	女	41	男	41	女	41	男	41	女	41	女
男	42	女	42	男	42	女	42	男	42	女	42	女
男	43	女	43	男	43	女	43	男	43	女	43	女
男	44	女	44	男	44	女	44	男	44	女	44	女
男	45	女	45	男	45	女	45	男	45	女	45	女
男	46	女	46	男	46	女	46	男	46	女	46	女
男	47	女	47	男	47	女	47	男	47	女	47	女
男	48	女	48	男	48	女	48	男	48	女	48	女
男	49	女	49	男	49	女	49	男	49	女	49	女
男	50	女	50	男	50	女	50	男	50	女	50	女
男	51	女	51	男	51	女	51	男	51	女	51	女
男	52	女	52	男	52	女	52	男	52	女	52	女
男	53	女	53	男	53	女	53	男	53	女	53	女
男	54	女	54	男	54	女	54	男	54	女	54	女
男	55	女	55	男	55	女	55	男	55	女	55	女
男	56	女	56	男	56	女	56	男	56	女	56	女
男	57	女	57	男	57	女	57	男	57	女	57	女
男	58	女	58	男	58	女	58	男	58	女	58	女
男	59	女	59	男	59	女	59	男	59	女	59	女
男	60	女	60	男	60	女	60	男	60	女	60	女
男	61	女	61	男	61	女	61	男	61	女	61	女
男	62	女	62	男	62	女	62	男	62	女	62	女
男	63	女	63	男	63	女	63	男	63	女	63	女
男	64	女	64	男	64	女	64	男	64	女	64	女
男	65	女	65	男	65	女	65	男	65	女	65	女
男	66	女	66	男	66	女	66	男	66	女	66	女
男	67	女	67	男	67	女	67	男	67	女	67	女
男	68	女	68	男	68	女	68	男	68	女	68	女
男	69	女	69	男	69	女	69	男	69	女	69	女
男	70	女	70	男	70	女	70	男	70	女	70	女
男	71	女	71	男	71	女	71	男	71	女	71	女
男	72	女	72	男	72	女	72	男	72	女	72	女
男	73	女	73	男	73	女	73	男	73	女	73	女
男	74	女	74	男	74	女	74	男	74	女	74	女
男	75	女	75	男	75	女	75	男	75	女	75	女
男	76	女	76	男	76	女	76	男	76	女	76	女
男	77	女	77	男	77	女	77	男	77	女	77	女
男	78	女	78	男	78	女	78	男	78	女	78	女
男	79	女	79	男	79	女	79	男	79	女	79	女
男	80	女	80	男	80	女	80	男	80	女	80	女
男	81	女	81	男	81	女	81	男	81	女	81	女
男	82	女	82	男	82	女	82	男	82	女	82	女
男	83	女	83	男	83	女	83	男	83	女	83	女
男	84	女	84	男	84	女	84	男	84	女	84	女
男	85	女	85	男	85	女	85	男	85	女	85	女
男	86	女	86	男	86	女	86	男	86	女	86	女
男	87	女	87	男	87	女	87	男	87	女	87	女
男	88	女	88	男	88	女	88	男	88	女	88	女
男	89	女	89	男	89	女	89	男	89	女	89	女
男	90	女	90	男	90	女	90	男	90	女	90	女
男	91	女	91	男	91	女	91	男	91	女	91	女
男	92	女	92	男	92	女	92	男	92	女	92	女
男	93	女	93	男	93	女	93	男	93	女	93	女
男	94	女	94	男	94	女	94	男	94	女	94	女
男	95	女	95	男	95	女	95	男	95	女	95	女
男	96	女	96	男	96	女	96	男	96	女	96	女
男	97	女	97	男	97	女	97	男	97	女	97	女
男	98	女	98	男	98	女	98	男	98	女	98	女
男	99	女	99	男	99	女	99	男	99	女	99	女
男	100	女	100	男	100	女	100	男	100	女	100	女
男	101	女	101	男	101	女	101	男	101	女	101	女
男	102	女	102	男	102	女	102	男	102	女	102	女
男	103	女	103	男	103	女	103	男	103	女	103	女
男	104	女	104	男	104	女	104	男	104	女	104	女
男	105	女	105	男	105	女	105	男	105	女	105	女
男	106	女	106	男	106	女	106	男	106	女	106	女
男	107	女	107	男	107	女	107	男	107	女	107	女
男	108	女	108	男	108	女	108	男	108	女	108	女
男	109	女	109	男	109	女	109	男	109	女	109	女
男	110	女	110	男	110	女	110	男	110	女	110	女
男	111	女	111	男	111	女	111	男	111	女	111	女
男	112	女	112	男	112	女	112	男	112	女	112	女
男	113	女	113	男	113	女	113	男	113	女	113	女
男	114	女	114	男	114	女	114	男	114	女	114	女
男	115	女	115	男	115	女	115	男	115	女	115	女
男	116	女	116	男	116	女	116	男	116	女	116	女
男	117	女	117	男	117	女	117	男	117	女	117	女
男	118	女	118	男	118	女	118	男	118	女	118	女
男	119	女	119	男	119	女	119	男	119	女	119	女
男	120	女	120	男	120	女	120	男	120	女	120	女
男	121	女	121	男	121	女	121	男	121	女	121	女
男	122	女	122	男	122	女	122	男	122	女	122	女
男	123	女	123	男	123	女	123	男	123	女	123	女
男	124	女	124	男	124	女	124	男	124	女	124	女
男	125	女	125	男	125	女	125	男	125	女	125	女
男	126	女	126	男	126	女	126	男	126	女	126	女
男	127	女	127	男	127	女	127	男	127	女	127	女
男	128	女	128	男	128	女	128	男	128	女	128	女
男	129	女	129	男	129	女	129	男	129	女	129	女
男	130	女	130	男	130	女	130	男	130	女	130	女
男	131	女	131	男	131	女	131	男	131	女	131	女
男	132	女	132	男	132	女	132	男	132	女	132	女
男	133	女	133	男	133	女	133	男	133	女	133	女
男	134	女	134	男	134	女	134	男	134	女	134	女
男	135	女	135	男	135	女	135	男	135	女	135	女
男	136	女	136	男	136	女	136	男	136	女	136	女
男	137	女	137	男	137	女	137	男	137	女	137	女
男	138	女	138	男	138	女	138	男	138	女	138	女
男	139	女	139	男	139	女	139	男	139	女	139	女
男	140	女	140	男	140	女	140	男	140	女	140	女
男	141	女	141	男	141	女	141	男	141	女	141	女
男	142	女	142	男	142	女	142	男	142	女	142	女
男	143	女	143	男	143	女	143	男	143	女	143	女
男	144	女	144	男	144	女	144	男	144	女	144	女
男	145	女	145	男	145	女	145	男	145	女	145	女
男	146	女	146	男	146	女	146	男	146	女	146	女
男	147	女	147	男	147	女	147	男	147	女	147	女
男												

年 月 日	自 制 油 剥 手	附 外 油 剥 手	物 品 购 买 者 中 间 人	店 面 名 称	小 梯、给 水 管、施 工 等	其 他	作 案 者	401 次 用 料、需 物、リリヤン水 等		402 次 用 料、需 物、リリヤン水 等	
								η	kg	η	kg
11/11											
11/12											
11/13											
11/14											
11/15											
11/16											
11/17											
11/18											
11/19											
11/20											
11/21											
11/22											
11/23											
11/24											
11/25											
11/26											
11/27											
11/28											
11/29											
11/30											
12/1											
12/2											
12/3											
12/4											
12/5											
12/6											
12/7											
12/8											
12/9											
12/10											
12/11											
12/12											
12/13											
12/14											
12/15											
12/16											
12/17											
12/18											
12/19											
12/20											
12/21											
12/22											
12/23											
12/24											
12/25											
12/26											
12/27											
12/28											
12/29											
12/30											
12/31											
1/1											
1/2											
1/3											
1/4											
1/5											
1/6											
1/7											
1/8											
1/9											
1/10											
1/11											
1/12											
1/13											
1/14											
1/15											
1/16											
1/17											
1/18											
1/19											
1/20											
1/21											
1/22											
1/23											
1/24											
1/25											
1/26											
1/27											
1/28											
1/29											
1/30											
1/31											
2/1											
2/2											
2/3											
2/4											
2/5											
2/6											
2/7											
2/8											
2/9											
2/10											
2/11											
2/12											
2/13											
2/14											
2/15											
2/16											
2/17											
2/18											
2/19											
2/20											
2/21											
2/22											
2/23											
2/24											
2/25											
2/26											
2/27											
2/28											
2/29											
2/30											
2/31											
3/1											
3/2											
3/3											
3/4											
3/5											
3/6											
3/7											
3/8											
3/9											
3/10											
3/11											
3/12											
3/13											
3/14											
3/15											
3/16											
3/17											
3/18											
3/19											
3/20											
3/21											
3/22											
3/23											
3/24											
3/25											
3/26											
3/27											
3/28											
3/29											
3/30											
3/31											
4/1											

4-1		4-2		4-3		4-4	
品名	規格	品名	規格	品名	規格	品名	規格
絶縁管	一枚巻接着	断熱仕入保証有者	タイプA・B・C	電線	電線用接着剤	金属小物工場	金属切削工
耐熱				金具	金具用接着剤	金物工場	金物切削工
耐熱				金具	金具用接着剤	金物工場	金物切削工

403 其他ノ金属材料販売業

年 齢	火 夫 油 差	包 裝 機 械	機 工 業	荷 造 工 業	小 波 給 仕 業	儲 蓄 業	其 他 業 者	總 數		經 營 者		404 金屬、器械器具類別	
								男	女	男	女	男	女
二十 四 歲													
二十一 歲													
二十二 歲													
二十三 歲													
二十四 歲													
二十五 歲													
二十六 歲													
二十七 歲													
二十八 歲													
二十九 歲													
三十 歲													
三十一 歲													
三十二 歲													
三十三 歲													
三十四 歲													
三十五 歲													
三十六 歲													
三十七 歲													
三十八 歲													
三十九 歲													
四十 歲													
四十一 歲													
四十二 歲													
四十三 歲													
四十四 歲													
四十五 歲													
四十六 歲													
四十七 歲													
四十八 歲													
四十九 歲													
五十 歲													
五十一 歲													
五十二 歲													
五十三 歲													
五十四 歲													
五十五 歲													
五十六 歲													
五十七 歲													
五十八 歲													
五十九 歲													
六十 歲													
半 個 不 滿													
半 個 已 上													
合 計								2	4	207	9	19	5

405 電氣機械器具販売業		406 工作機械器具販売業										
其(他)電工 器具	男 人	精工 器具	機械器具 用品	電気機械器具 用品	電光 器具	小便 器具	給水器具	衛生 器具	其(他)作業者 器具	總 數	電光士入保険者 器具	清潔保証者 器具
女 人	人	男 人	人	男 人	人	男 人	人	男 人	人	人	人	人
2	11.7	2	2	2	2	2	2	2	2	2	2	2
3	4	2	2	2	2	2	2	2	2	2	2	2
4	2	2	2	2	2	2	2	2	2	2	2	2
5	2	2	2	2	2	2	2	2	2	2	2	2
6	2	2	2	2	2	2	2	2	2	2	2	2
7	2	2	2	2	2	2	2	2	2	2	2	2
8	2	2	2	2	2	2	2	2	2	2	2	2
9	2	2	2	2	2	2	2	2	2	2	2	2
10	2	2	2	2	2	2	2	2	2	2	2	2
11	2	2	2	2	2	2	2	2	2	2	2	2
12	2	2	2	2	2	2	2	2	2	2	2	2
13	2	2	2	2	2	2	2	2	2	2	2	2
14	2	2	2	2	2	2	2	2	2	2	2	2
15	2	2	2	2	2	2	2	2	2	2	2	2
16	2	2	2	2	2	2	2	2	2	2	2	2
17	2	2	2	2	2	2	2	2	2	2	2	2
18	2	2	2	2	2	2	2	2	2	2	2	2
19	2	2	2	2	2	2	2	2	2	2	2	2
20	2	2	2	2	2	2	2	2	2	2	2	2
21	2	2	2	2	2	2	2	2	2	2	2	2
22	2	2	2	2	2	2	2	2	2	2	2	2
23	2	2	2	2	2	2	2	2	2	2	2	2
24	2	2	2	2	2	2	2	2	2	2	2	2
25	2	2	2	2	2	2	2	2	2	2	2	2
26	2	2	2	2	2	2	2	2	2	2	2	2
27	2	2	2	2	2	2	2	2	2	2	2	2
28	2	2	2	2	2	2	2	2	2	2	2	2
29	2	2	2	2	2	2	2	2	2	2	2	2
30	2	2	2	2	2	2	2	2	2	2	2	2
31	2	2	2	2	2	2	2	2	2	2	2	2
32	2	2	2	2	2	2	2	2	2	2	2	2
33	2	2	2	2	2	2	2	2	2	2	2	2
34	2	2	2	2	2	2	2	2	2	2	2	2
35	2	2	2	2	2	2	2	2	2	2	2	2
36	2	2	2	2	2	2	2	2	2	2	2	2
37	2	2	2	2	2	2	2	2	2	2	2	2
38	2	2	2	2	2	2	2	2	2	2	2	2
39	2	2	2	2	2	2	2	2	2	2	2	2
40	2	2	2	2	2	2	2	2	2	2	2	2
41	2	2	2	2	2	2	2	2	2	2	2	2
42	2	2	2	2	2	2	2	2	2	2	2	2
43	2	2	2	2	2	2	2	2	2	2	2	2
44	2	2	2	2	2	2	2	2	2	2	2	2
45	2	2	2	2	2	2	2	2	2	2	2	2
46	2	2	2	2	2	2	2	2	2	2	2	2
47	2	2	2	2	2	2	2	2	2	2	2	2
48	2	2	2	2	2	2	2	2	2	2	2	2
49	2	2	2	2	2	2	2	2	2	2	2	2
50	2	2	2	2	2	2	2	2	2	2	2	2
51	2	2	2	2	2	2	2	2	2	2	2	2
52	2	2	2	2	2	2	2	2	2	2	2	2
53	2	2	2	2	2	2	2	2	2	2	2	2
54	2	2	2	2	2	2	2	2	2	2	2	2
55	2	2	2	2	2	2	2	2	2	2	2	2
56	2	2	2	2	2	2	2	2	2	2	2	2
57	2	2	2	2	2	2	2	2	2	2	2	2
58	2	2	2	2	2	2	2	2	2	2	2	2
59	2	2	2	2	2	2	2	2	2	2	2	2
60	2	2	2	2	2	2	2	2	2	2	2	2
61	2	2	2	2	2	2	2	2	2	2	2	2
62	2	2	2	2	2	2	2	2	2	2	2	2
63	2	2	2	2	2	2	2	2	2	2	2	2
64	2	2	2	2	2	2	2	2	2	2	2	2
65	2	2	2	2	2	2	2	2	2	2	2	2
66	2	2	2	2	2	2	2	2	2	2	2	2
67	2	2	2	2	2	2	2	2	2	2	2	2
68	2	2	2	2	2	2	2	2	2	2	2	2
69	2	2	2	2	2	2	2	2	2	2	2	2
70	2	2	2	2	2	2	2	2	2	2	2	2
71	2	2	2	2	2	2	2	2	2	2	2	2
72	2	2	2	2	2	2	2	2	2	2	2	2
73	2	2	2	2	2	2	2	2	2	2	2	2
74	2	2	2	2	2	2	2	2	2	2	2	2
75	2	2	2	2	2	2	2	2	2	2	2	2
76	2	2	2	2	2	2	2	2	2	2	2	2
77	2	2	2	2	2	2	2	2	2	2	2	2
78	2	2	2	2	2	2	2	2	2	2	2	2
79	2	2	2	2	2	2	2	2	2	2	2	2
80	2	2	2	2	2	2	2	2	2	2	2	2
81	2	2	2	2	2	2	2	2	2	2	2	2
82	2	2	2	2	2	2	2	2	2	2	2	2
83	2	2	2	2	2	2	2	2	2	2	2	2
84	2	2	2	2	2	2	2	2	2	2	2	2
85	2	2	2	2	2	2	2	2	2	2	2	2
86	2	2	2	2	2	2	2	2	2	2	2	2
87	2	2	2	2	2	2	2	2	2	2	2	2
88	2	2	2	2	2	2	2	2	2	2	2	2
89	2	2	2	2	2	2	2	2	2	2	2	2
90	2	2	2	2	2	2	2	2	2	2	2	2
91	2	2	2	2	2	2	2	2	2	2	2	2
92	2	2	2	2	2	2	2	2	2	2	2	2
93	2	2	2	2	2	2	2	2	2	2	2	2
94	2	2	2	2	2	2	2	2	2	2	2	2
95	2	2	2	2	2	2	2	2	2	2	2	2
96	2	2	2	2	2	2	2	2	2	2	2	2
97	2	2	2	2	2	2	2	2	2	2	2	2
98	2	2	2	2	2	2	2	2	2	2	2	2
99	2	2	2	2	2	2	2	2	2	2	2	2
100	2	2	2	2	2	2	2	2	2	2	2	2
101	2	2	2	2	2	2	2	2	2	2	2	2
102	2	2	2	2	2	2	2	2	2	2	2	2
103	2	2	2	2	2	2	2	2	2	2	2	2
104	2	2	2	2	2	2	2	2	2	2	2	2
105	2	2	2	2	2	2	2	2	2	2	2	2
106	2	2	2	2	2	2	2	2	2	2	2	2
107	2	2	2	2	2	2	2	2	2	2	2	2
108	2	2	2	2	2	2	2	2	2	2	2	2
109	2	2	2	2	2	2	2	2	2	2	2	2
110	2	2	2	2	2	2	2	2	2	2	2	2
111	2	2	2	2	2	2	2	2	2	2	2	2
112	2	2	2	2	2	2	2	2	2	2	2	2
113	2	2	2	2	2	2	2	2	2	2	2	2
114	2	2	2	2	2	2	2	2	2	2	2	2
115	2	2	2	2	2	2	2	2	2	2	2	2
116	2	2	2	2	2	2	2	2	2	2	2	2
117	2	2	2	2	2	2	2	2	2	2	2	2
118	2	2	2	2	2	2	2	2	2	2	2	2
119	2	2	2	2	2	2	2	2	2	2	2	2
120	2	2	2	2	2	2	2	2	2	2	2	2
121	2	2	2	2	2	2	2	2	2	2	2	2
122	2	2	2	2	2	2	2	2	2	2	2	2
123	2	2	2	2	2	2	2	2	2	2	2	2
124	2	2	2	2	2	2	2	2	2	2	2	2
125	2	2	2	2	2	2	2	2	2	2	2	2
126	2	2	2	2	2	2	2	2	2	2	2	2
127	2	2	2	2	2	2	2	2	2	2	2	2
128	2	2	2	2	2	2	2	2	2	2	2	2
129	2	2	2	2	2	2	2	2	2	2	2	2
130	2	2	2	2	2	2	2	2	2	2	2	2
131	2	2	2	2	2	2	2	2	2	2	2	2
132	2	2	2	2	2	2	2	2	2	2	2	2
133	2	2	2	2	2	2	2	2	2	2	2	2
134	2	2	2	2	2	2	2	2	2	2	2	2
135	2	2	2	2	2	2	2	2	2	2	2	2
136	2	2	2	2	2	2	2	2	2	2	2	2
137	2	2	2	2	2	2	2	2	2	2	2	2
138	2	2	2	2	2	2	2	2	2	2	2	2
139	2	2	2	2	2	2	2	2	2	2	2	2
140	2	2	2	2	2							

408 自転車、自転車部分品販売業

408 自動車、自動車部品販売業							
就業人口(従事者)	タイピスト・兼用	其他機器製造業者	測量器具社・施工工場	機械器具修理工場	機器装置工場(専門)	塗装工場	自転車運送手
年	月	年	月	年	月	年	月
46	4	46	4	46	4	46	4
47	5	47	5	47	5	47	5
48	6	48	6	48	6	48	6
49	7	49	7	49	7	49	7
50	8	50	8	50	8	50	8
51	9	51	9	51	9	51	9
52	10	52	10	52	10	52	10
53	11	53	11	53	11	53	11
54	12	54	12	54	12	54	12
55	1	55	1	55	1	55	1
56	2	56	2	56	2	56	2
57	3	57	3	57	3	57	3
58	4	58	4	58	4	58	4
59	5	59	5	59	5	59	5
60	6	60	6	60	6	60	6
61	7	61	7	61	7	61	7
62	8	62	8	62	8	62	8
63	9	63	9	63	9	63	9
64	10	64	10	64	10	64	10
65	11	65	11	65	11	65	11
66	12	66	12	66	12	66	12
67	1	67	1	67	1	67	1
68	2	68	2	68	2	68	2
69	3	69	3	69	3	69	3
70	4	70	4	70	4	70	4
71	5	71	5	71	5	71	5
72	6	72	6	72	6	72	6
73	7	73	7	73	7	73	7
74	8	74	8	74	8	74	8
75	9	75	9	75	9	75	9
76	10	76	10	76	10	76	10
77	11	77	11	77	11	77	11
78	12	78	12	78	12	78	12
79	1	79	1	79	1	79	1
80	2	80	2	80	2	80	2
81	3	81	3	81	3	81	3
82	4	82	4	82	4	82	4
83	5	83	5	83	5	83	5
84	6	84	6	84	6	84	6
85	7	85	7	85	7	85	7
86	8	86	8	86	8	86	8
87	9	87	9	87	9	87	9
88	10	88	10	88	10	88	10
89	11	89	11	89	11	89	11
90	12	90	12	90	12	90	12
91	1	91	1	91	1	91	1
92	2	92	2	92	2	92	2
93	3	93	3	93	3	93	3
94	4	94	4	94	4	94	4
95	5	95	5	95	5	95	5
96	6	96	6	96	6	96	6
97	7	97	7	97	7	97	7
98	8	98	8	98	8	98	8
99	9	99	9	99	9	99	9
00	10	00	10	00	10	00	10
01	11	01	11	01	11	01	11
02	12	02	12	02	12	02	12
03	1	03	1	03	1	03	1
04	2	04	2	04	2	04	2
05	3	05	3	05	3	05	3
06	4	06	4	06	4	06	4
07	5	07	5	07	5	07	5
08	6	08	6	08	6	08	6
09	7	09	7	09	7	09	7
10	8	10	8	10	8	10	8
11	9	11	9	11	9	11	9
12	10	12	10	12	10	12	10
13	11	13	11	13	11	13	11
14	12	14	12	14	12	14	12
15	1	15	1	15	1	15	1
16	2	16	2	16	2	16	2
17	3	17	3	17	3	17	3
18	4	18	4	18	4	18	4
19	5	19	5	19	5	19	5
20	6	20	6	20	6	20	6
21	7	21	7	21	7	21	7
22	8	22	8	22	8	22	8
23	9	23	9	23	9	23	9
24	10	24	10	24	10	24	10
25	11	25	11	25	11	25	11
26	12	26	12	26	12	26	12
27	1	27	1	27	1	27	1
28	2	28	2	28	2	28	2
29	3	29	3	29	3	29	3
30	4	30	4	30	4	30	4
31	5	31	5	31	5	31	5
32	6	32	6	32	6	32	6
33	7	33	7	33	7	33	7
34	8	34	8	34	8	34	8
35	9	35	9	35	9	35	9
36	10	36	10	36	10	36	10
37	11	37	11	37	11	37	11
38	12	38	12	38	12	38	12
39	1	39	1	39	1	39	1
40	2	40	2	40	2	40	2
41	3	41	3	41	3	41	3
42	4	42	4	42	4	42	4
43	5	43	5	43	5	43	5
44	6	44	6	44	6	44	6
45	7	45	7	45	7	45	7
46	8	46	8	46	8	46	8
47	9	47	9	47	9	47	9
48	10	48	10	48	10	48	10
49	11	49	11	49	11	49	11
50	12	50	12	50	12	50	12
51	1	51	1	51	1	51	1
52	2	52	2	52	2	52	2
53	3	53	3	53	3	53	3
54	4	54	4	54	4	54	4
55	5	55	5	55	5	55	5
56	6	56	6	56	6	56	6
57	7	57	7	57	7	57	7
58	8	58	8	58	8	58	8
59	9	59	9	59	9	59	9
60	10	60	10	60	10	60	10
61	11	61	11	61	11	61	11
62	12	62	12	62	12	62	12
63	1	63	1	63	1	63	1
64	2	64	2	64	2	64	2
65	3	65	3	65	3	65	3
66	4	66	4	66	4	66	4
67	5	67	5	67	5	67	5
68	6	68	6	68	6	68	6
69	7	69	7	69	7	69	7
70	8	70	8	70	8	70	8
71	9	71	9	71	9	71	9
72	10	72	10	72	10	72	10
73	11	73	11	73	11	73	11
74	12	74	12	74	12	74	12
75	1	75	1	75	1	75	1
76	2	76	2	76	2	76	2
77	3	77	3	77	3	77	3
78	4	78	4	78	4	78	4
79	5	79	5	79	5	79	5
80	6	80	6	80	6	80	6
81	7	81	7	81	7	81	7
82	8	82	8	82	8	82	8
83	9	83	9	83	9	83	9
84	10	84	10	84	10	84	10
85	11	85	11	85	11	85	11
86	12	86	12	86	12	86	12
87	1	87	1	87	1	87	1
88	2	88	2	88	2	88	2
89	3	89	3	89	3	89	3
90	4	90	4	90	4	90	4
91	5	91	5	91	5	91	5
92	6	92	6	92	6	92	6
93	7	93	7	93	7	93	7
94	8	94	8	94	8	94	8
95	9	95	9	95	9	95	9
96	10	96	10	96	10	96	10
97	11	97	11	97	11	97	11
98	12	98	12	98	12	98	12
99	1	99	1	99	1	99	1
00	2	00	2	00	2	00	2
01	3	01	3	01	3	01	3
02	4	02	4	02	4	02	4
03	5	03	5	03	5	03	5
04	6	04	6	04	6	04	6
05	7	05	7	05	7	05	7
06	8	06	8	06	8	06	8
07	9	07	9	07	9	07	9
08	10	08	10	08	10	08	10
09	11	09	11	09	11	09	11
10	12	10	12	10	12	10	12
11	1	11	1	11	1	11	1
12	2	12	2	12	2	12	2
13	3	13	3	13	3	13	3
14	4	14	4	14	4	14	4
15	5	15	5	15	5	15	5
16	6	16	6	16	6	16	6
17	7	17	7	17	7	17	7
18	8	18	8	18	8	18	8
19	9	19	9	19	9	19	9
20	10	20	10	20	10	20	10
21	11	21	11	21	11	21	11
22	12	22	12	22	12	22	12
23	1	23	1	23	1	23	1
24	2	24	2	24	2	24	2
25	3	25	3	25	3	25	3
26	4	26	4	26	4	26	4
27	5	27	5	27	5	27	5
28	6	28	6	28	6	28	6
29	7	29	7	29	7	29	7
30	8	30	8	30	8	30	8
31	9	31	9	31	9	31	9
32	10	32	10	32	10	32	10
33	11	33	11	33	11	33	11
34	12	34	12	34	12	34	12
35	1	35	1	35	1	35	1
36	2	36	2	36	2	36	2
37	3	37	3	37	3	37	3
38	4	38	4	38	4	38	4
39	5	39	5	39	5	39	5
40	6	40	6	40	6	40	6
41	7	41	7	41	7	41	7
42	8	42	8	42	8	42	8
43	9	43	9	43	9	43	9
44	10	44	10	44	10	44	10
45	11	45	11	45	11	45	11
46	12	46	12	46	12	46	12
47	1	47	1	47	1	47	1
48	2	48	2	48	2	48	2
49	3	49	3	49	3	49	3
50	4	50	4	50	4	50	4
51	5	51	5	51	5	51	5
52</							

410 度量衡器、計器類及光業

411 理化學器械、醫用器械器具及光業

		410 度量衡器、計器類及光業				411 理化學器械、醫用器械器具及光業	
		物品經營者、仲賣人、販賣者、庄頭、委託人、小便、給付、被發者		總 數		一般經營者、販賣者、庄頭、委託人、小便、給付、被發者	
品 名	規 格	男	女	男	女	男	女
P-1	11.7	/	/	/	/	/	/
P-2	2	/	/	/	/	/	/
P-3	3	/	/	/	/	/	/
P-4	4	/	/	/	/	/	/
P-5	5	/	/	/	/	/	/
P-6	6	/	/	/	/	/	/
P-7	7	/	/	/	/	/	/
P-8	8	/	/	/	/	/	/
P-9	9	/	/	/	/	/	/
P-10	10	/	/	/	/	/	/
P-11	11	/	/	/	/	/	/
P-12	12	/	/	/	/	/	/
P-13	13	/	/	/	/	/	/
P-14	14	/	/	/	/	/	/
P-15	15	/	/	/	/	/	/
P-16	16	/	/	/	/	/	/
P-17	17	/	/	/	/	/	/
P-18	18	/	/	/	/	/	/
P-19	19	/	/	/	/	/	/
P-20	20	/	/	/	/	/	/
P-21	21	/	/	/	/	/	/
P-22	22	/	/	/	/	/	/
P-23	23	/	/	/	/	/	/
P-24	24	/	/	/	/	/	/
P-25	25	/	/	/	/	/	/
P-26	26	/	/	/	/	/	/
P-27	27	/	/	/	/	/	/
P-28	28	/	/	/	/	/	/
P-29	29	/	/	/	/	/	/
P-30	30	/	/	/	/	/	/
P-31	31	/	/	/	/	/	/
P-32	32	/	/	/	/	/	/
P-33	33	/	/	/	/	/	/
P-34	34	/	/	/	/	/	/
P-35	35	/	/	/	/	/	/
P-36	36	/	/	/	/	/	/
P-37	37	/	/	/	/	/	/
P-38	38	/	/	/	/	/	/
P-39	39	/	/	/	/	/	/
P-40	40	/	/	/	/	/	/
P-41	41	/	/	/	/	/	/
P-42	42	/	/	/	/	/	/
P-43	43	/	/	/	/	/	/
P-44	44	/	/	/	/	/	/
P-45	45	/	/	/	/	/	/
P-46	46	/	/	/	/	/	/
P-47	47	/	/	/	/	/	/
P-48	48	/	/	/	/	/	/
P-49	49	/	/	/	/	/	/
P-50	50	/	/	/	/	/	/
P-51	51	/	/	/	/	/	/
P-52	52	/	/	/	/	/	/
P-53	53	/	/	/	/	/	/
P-54	54	/	/	/	/	/	/
P-55	55	/	/	/	/	/	/
P-56	56	/	/	/	/	/	/
P-57	57	/	/	/	/	/	/
P-58	58	/	/	/	/	/	/
P-59	59	/	/	/	/	/	/
P-60	60	/	/	/	/	/	/
P-61	61	/	/	/	/	/	/
P-62	62	/	/	/	/	/	/
P-63	63	/	/	/	/	/	/
P-64	64	/	/	/	/	/	/
P-65	65	/	/	/	/	/	/
P-66	66	/	/	/	/	/	/
P-67	67	/	/	/	/	/	/
P-68	68	/	/	/	/	/	/
P-69	69	/	/	/	/	/	/
P-70	70	/	/	/	/	/	/
P-71	71	/	/	/	/	/	/
P-72	72	/	/	/	/	/	/
P-73	73	/	/	/	/	/	/
P-74	74	/	/	/	/	/	/
P-75	75	/	/	/	/	/	/
P-76	76	/	/	/	/	/	/
P-77	77	/	/	/	/	/	/
P-78	78	/	/	/	/	/	/
P-79	79	/	/	/	/	/	/
P-80	80	/	/	/	/	/	/
P-81	81	/	/	/	/	/	/
P-82	82	/	/	/	/	/	/
P-83	83	/	/	/	/	/	/
P-84	84	/	/	/	/	/	/
P-85	85	/	/	/	/	/	/
P-86	86	/	/	/	/	/	/
P-87	87	/	/	/	/	/	/
P-88	88	/	/	/	/	/	/
P-89	89	/	/	/	/	/	/
P-90	90	/	/	/	/	/	/
P-91	91	/	/	/	/	/	/
P-92	92	/	/	/	/	/	/
P-93	93	/	/	/	/	/	/
P-94	94	/	/	/	/	/	/
P-95	95	/	/	/	/	/	/
P-96	96	/	/	/	/	/	/
P-97	97	/	/	/	/	/	/
P-98	98	/	/	/	/	/	/
P-99	99	/	/	/	/	/	/
P-100	100	/	/	/	/	/	/
P-101	101	/	/	/	/	/	/
P-102	102	/	/	/	/	/	/
P-103	103	/	/	/	/	/	/
P-104	104	/	/	/	/	/	/
P-105	105	/	/	/	/	/	/
P-106	106	/	/	/	/	/	/
P-107	107	/	/	/	/	/	/
P-108	108	/	/	/	/	/	/
P-109	109	/	/	/	/	/	/
P-110	110	/	/	/	/	/	/
P-111	111	/	/	/	/	/	/
P-112	112	/	/	/	/	/	/
P-113	113	/	/	/	/	/	/
P-114	114	/	/	/	/	/	/
P-115	115	/	/	/	/	/	/
P-116	116	/	/	/	/	/	/
P-117	117	/	/	/	/	/	/
P-118	118	/	/	/	/	/	/
P-119	119	/	/	/	/	/	/
P-120	120	/	/	/	/	/	/
P-121	121	/	/	/	/	/	/
P-122	122	/	/	/	/	/	/
P-123	123	/	/	/	/	/	/
P-124	124	/	/	/	/	/	/
P-125	125	/	/	/	/	/	/
P-126	126	/	/	/	/	/	/
P-127	127	/	/	/	/	/	/
P-128	128	/	/	/	/	/	/
P-129	129	/	/	/	/	/	/
P-130	130	/	/	/	/	/	/
P-131	131	/	/	/	/	/	/
P-132	132	/	/	/	/	/	/
P-133	133	/	/	/	/	/	/
P-134	134	/	/	/	/	/	/
P-135	135	/	/	/	/	/	/
P-136	136	/	/	/	/	/	/
P-137	137	/	/	/	/	/	/
P-138	138	/	/	/	/	/	/
P-139	139	/	/	/	/	/	/
P-140	140	/	/	/	/	/	/
P-141	141	/	/	/	/	/	/
P-142	142	/	/	/	/	/	/
P-143	143	/	/	/	/	/	/
P-144	144	/	/	/	/	/	/
P-145	145	/	/	/	/	/	/
P-146	146	/	/	/	/	/	/
P-147	147	/	/	/	/	/	/
P-148	148	/	/	/	/	/	/
P-149	149	/	/	/	/	/	/
P-150	150	/	/	/	/	/	/
P-151	151	/	/	/	/	/	/
P-152	152	/	/	/	/	/	/
P-153	153	/	/	/	/	/	/
P-154	154	/	/	/	/	/	/
P-155	155	/	/	/	/	/	/
P-156	156	/	/	/	/	/	/
P-157	157	/	/	/	/	/	/
P-158	158	/	/	/	/	/	/
P-159	159	/	/	/	/	/	/
P-160	160	/	/	/	/	/	/
P-161	161	/	/	/	/	/	/
P-162	162	/	/	/	/	/	/
P-163	163	/	/	/	/	/	/
P-164	164	/	/	/	/	/	/
P-165	165	/	/	/	/	/	/
P-166	166	/	/	/	/	/	/
P-167	167	/	/	/	/	/	/
P-168	168	/	/	/	/	/	/
P-169	169	/	/	/	/	/	/
P-170	170	/	/	/	/	/	/
P-171	171	/	/	/	/	/	/
P-172	172	/	/	/	/	/	/
P-173	173	/	/	/	/	/	/
P-174	174	/	/	/	/	/	/
P-175	175	/	/	/	/	/	/
P-176	176	/	/	/	/	/	/
P-177	177	/	/	/	/	/	/
P-178	178	/	/	/	/	/	/
P-179	179	/	/	/	/	/	/
P-180	180	/	/	/	/	/	/
P-181	181	/	/	/	/	/	/
P-182	182	/	/	/	/	/	/
P-183	183	/	/	/	/	/	/
P-184	184	/	/	/	/	/	/
P-185	185	/	/	/	/	/	/
P-186	186	/	/	/	/	/	/
P-187	187	/	/	/	/	/	/
P-188	188	/	/	/	/	/	/
P-189	189	/	/	/	/	/	/
P-190	190	/	/	/	/	/	/
P-191	191	/	/	/	/	/	/
P-192	192	/	/	/	/	/	/
P-193	193	/	/	/	/	/	/
P-194	194	/	/	/	/	/	/
P-195	195	/	/	/	/	/	/
P-196	196	/	/	/	/	/	/
P-197	197	/	/	/	/	/	/
P-198	198	/	/	/	/	/	/
P-199	199	/	/	/	/	/	/
P-200	200	/	/	/	/	/	/
P-201	201	/	/	/	/	/	/
P-202	202	/	/	/	/	/	/
P-203	203	/	/	/	/	/	/
P-204	204	/	/	/	/	/	/
P-205	205	/	/	/	/	/	/
P-206	206	/	/	/	/	/	/
P-207	207	/	/	/	/	/	/
P-208	208	/	/	/	/	/	/
P-209	209	/	/	/	/	/	/
P-210	210	/	/	/	/	/	/
P-211	211	/	/	/	/	/	/
P-212	212	/	/	/	/	/	/
P-213	213	/	/	/	/	/	/
P-214	214	/	/	/	/	/	/
P-215	215	/	/	/	/	/	/
P-216	216	/	/	/	/	/	/
P-217	217	/	/	/	/	/	/
P-218	218	/	/	/	/	/	/
P-219	219	/	/	/	/	/	/
P-220	220	/	/	/	/	/	/
P-221	221	/	/	/	/	/	/
P-222	222	/	/	/	/	/	/
P-223	223	/	/	/	/	/	/
P-224	224	/	/	/	/	/	/
P-225	225	/	/	/	/	/	/
P-226	226	/	/	/	/	/	/
P-227	227	/	/	/	/	/	/
P-228	228	/	/	/	/	/	/
P-229	229	/	/	/	/	/	/
P-230	230	/	/	/	/	/	/

412 其他／機械、工具及辦公
機械、機器及辦公用具
物品及耗材／種類

品名	規格	單位	電氣接線工	內力測量員	試驗機器操作員	測試機器組合工	測試機器組合工	三級工	機械器具操作工	自動車駕手	機械、機器及辦公用具、物品及耗材／種類
規格	單位	kg	kg	kg	kg	kg	kg	kg	kg	kg	kg
1	11	/	/	/	/	/	/	/	/	/	/
2	12	/	/	/	/	/	/	/	/	/	/
3	13	/	/	/	/	/	/	/	/	/	/
4	14	/	/	/	/	/	/	/	/	/	/
5	15	/	/	/	/	/	/	/	/	/	/
6	16	/	/	/	/	/	/	/	/	/	/
7	17	/	/	/	/	/	/	/	/	/	/
8	18	/	/	/	/	/	/	/	/	/	/
9	19	/	/	/	/	/	/	/	/	/	/
10	20	/	/	/	/	/	/	/	/	/	/
11	21	/	/	/	/	/	/	/	/	/	/
12	22	/	/	/	/	/	/	/	/	/	/
13	23	/	/	/	/	/	/	/	/	/	/
14	24	/	/	/	/	/	/	/	/	/	/
15	25	/	/	/	/	/	/	/	/	/	/
16	26	/	/	/	/	/	/	/	/	/	/
17	27	/	/	/	/	/	/	/	/	/	/
18	28	/	/	/	/	/	/	/	/	/	/
19	29	/	/	/	/	/	/	/	/	/	/
20	30	/	/	/	/	/	/	/	/	/	/
21	31	/	/	/	/	/	/	/	/	/	/
22	32	/	/	/	/	/	/	/	/	/	/
23	33	/	/	/	/	/	/	/	/	/	/
24	34	/	/	/	/	/	/	/	/	/	/
25	35	/	/	/	/	/	/	/	/	/	/
26	36	/	/	/	/	/	/	/	/	/	/
27	37	/	/	/	/	/	/	/	/	/	/
28	38	/	/	/	/	/	/	/	/	/	/
29	39	/	/	/	/	/	/	/	/	/	/
30	40	/	/	/	/	/	/	/	/	/	/
31	41	/	/	/	/	/	/	/	/	/	/
32	42	/	/	/	/	/	/	/	/	/	/
33	43	/	/	/	/	/	/	/	/	/	/
34	44	/	/	/	/	/	/	/	/	/	/
35	45	/	/	/	/	/	/	/	/	/	/
36	46	/	/	/	/	/	/	/	/	/	/
37	47	/	/	/	/	/	/	/	/	/	/
38	48	/	/	/	/	/	/	/	/	/	/
39	49	/	/	/	/	/	/	/	/	/	/
40	50	/	/	/	/	/	/	/	/	/	/
41	51	/	/	/	/	/	/	/	/	/	/
42	52	/	/	/	/	/	/	/	/	/	/
43	53	/	/	/	/	/	/	/	/	/	/
44	54	/	/	/	/	/	/	/	/	/	/
45	55	/	/	/	/	/	/	/	/	/	/
46	56	/	/	/	/	/	/	/	/	/	/
47	57	/	/	/	/	/	/	/	/	/	/
48	58	/	/	/	/	/	/	/	/	/	/
49	59	/	/	/	/	/	/	/	/	/	/
50	60	/	/	/	/	/	/	/	/	/	/
51	61	/	/	/	/	/	/	/	/	/	/
52	62	/	/	/	/	/	/	/	/	/	/
53	63	/	/	/	/	/	/	/	/	/	/
54	64	/	/	/	/	/	/	/	/	/	/
55	65	/	/	/	/	/	/	/	/	/	/
56	66	/	/	/	/	/	/	/	/	/	/
57	67	/	/	/	/	/	/	/	/	/	/
58	68	/	/	/	/	/	/	/	/	/	/
59	69	/	/	/	/	/	/	/	/	/	/
60	70	/	/	/	/	/	/	/	/	/	/
61	71	/	/	/	/	/	/	/	/	/	/
62	72	/	/	/	/	/	/	/	/	/	/
63	73	/	/	/	/	/	/	/	/	/	/
64	74	/	/	/	/	/	/	/	/	/	/
65	75	/	/	/	/	/	/	/	/	/	/
66	76	/	/	/	/	/	/	/	/	/	/
67	77	/	/	/	/	/	/	/	/	/	/
68	78	/	/	/	/	/	/	/	/	/	/
69	79	/	/	/	/	/	/	/	/	/	/
70	80	/	/	/	/	/	/	/	/	/	/
71	81	/	/	/	/	/	/	/	/	/	/
72	82	/	/	/	/	/	/	/	/	/	/
73	83	/	/	/	/	/	/	/	/	/	/
74	84	/	/	/	/	/	/	/	/	/	/
75	85	/	/	/	/	/	/	/	/	/	/
76	86	/	/	/	/	/	/	/	/	/	/
77	87	/	/	/	/	/	/	/	/	/	/
78	88	/	/	/	/	/	/	/	/	/	/
79	89	/	/	/	/	/	/	/	/	/	/
80	90	/	/	/	/	/	/	/	/	/	/
81	91	/	/	/	/	/	/	/	/	/	/
82	92	/	/	/	/	/	/	/	/	/	/
83	93	/	/	/	/	/	/	/	/	/	/
84	94	/	/	/	/	/	/	/	/	/	/
85	95	/	/	/	/	/	/	/	/	/	/
86	96	/	/	/	/	/	/	/	/	/	/
87	97	/	/	/	/	/	/	/	/	/	/
88	98	/	/	/	/	/	/	/	/	/	/
89	99	/	/	/	/	/	/	/	/	/	/
90	100	/	/	/	/	/	/	/	/	/	/
91	101	/	/	/	/	/	/	/	/	/	/
92	102	/	/	/	/	/	/	/	/	/	/
93	103	/	/	/	/	/	/	/	/	/	/
94	104	/	/	/	/	/	/	/	/	/	/
95	105	/	/	/	/	/	/	/	/	/	/
96	106	/	/	/	/	/	/	/	/	/	/
97	107	/	/	/	/	/	/	/	/	/	/
98	108	/	/	/	/	/	/	/	/	/	/
99	109	/	/	/	/	/	/	/	/	/	/
100	110	/	/	/	/	/	/	/	/	/	/
101	111	/	/	/	/	/	/	/	/	/	/
102	112	/	/	/	/	/	/	/	/	/	/
103	113	/	/	/	/	/	/	/	/	/	/
104	114	/	/	/	/	/	/	/	/	/	/
105	115	/	/	/	/	/	/	/	/	/	/
106	116	/	/	/	/	/	/	/	/	/	/
107	117	/	/	/	/	/	/	/	/	/	/
108	118	/	/	/	/	/	/	/	/	/	/
109	119	/	/	/	/	/	/	/	/	/	/
110	120	/	/	/	/	/	/	/	/	/	/
111	121	/	/	/	/	/	/	/	/	/	/
112	122	/	/	/	/	/	/	/	/	/	/
113	123	/	/	/	/	/	/	/	/	/	/
114	124	/	/	/	/	/	/	/	/	/	/
115	125	/	/	/	/	/	/	/	/	/	/
116	126	/	/	/	/	/	/	/	/	/	/
117	127	/	/	/	/	/	/	/	/	/	/
118	128	/	/	/	/	/	/	/	/	/	/
119	129	/	/	/	/	/	/	/	/	/	/
120	130	/	/	/	/	/	/	/	/	/	/
121	131	/	/	/	/	/	/	/	/	/	/
122	132	/	/	/	/	/	/	/	/	/	/
123	133	/	/	/	/	/	/	/	/	/	/
124	134	/	/	/	/	/	/	/	/	/	/
125	135	/	/	/	/	/	/	/	/	/	/
126	136	/	/	/	/	/	/	/	/	/	/
127	137	/	/	/	/	/	/	/	/	/	/
128	138	/	/	/	/	/	/	/	/	/	/
129	139	/	/	/	/	/	/	/	/	/	/
130	140	/	/	/	/	/	/	/	/	/	/
131	141	/	/	/	/	/	/	/	/	/	/
132	142	/	/	/	/	/	/	/	/	/	/
133	143	/	/	/	/	/	/	/	/	/	/
134	144	/	/	/	/	/	/	/	/	/	/
135	145	/	/	/	/	/	/	/	/	/	/
136	146	/	/	/	/	/	/	/	/	/	/
137	147	/	/	/	/	/	/	/	/	/	/
138	148	/	/	/	/	/	/	/	/	/	/
139	149	/	/	/	/	/	/	/	/	/	/
140	150	/	/	/	/	/	/	/	/	/	/
141	151	/	/	/	/	/	/	/	/	/	/
142	152	/	/	/	/	/	/	/	/	/	/
143	153	/	/	/	/	/	/	/	/	/	/
144	154	/	/	/	/	/	/	/	/	/	/
145	155	/	/	/	/	/	/	/	/	/	/
146	156	/	/	/	/	/	/	/	/	/	/
147	157	/	/	/	/	/	/	/	/	/	/
148	158	/	/	/	/	/	/	/	/	/	/
149	159	/	/	/	/	/	/	/	/	/	/
150	160	/	/	/	/	/	/	/	/	/	/
151	161	/	/	/	/	/	/	/	/	/	/
152	162	/	/	/	/	/	/	/	/	/	/
153	163	/	/	/	/	/	/	/	/	/	/
154	164	/	/	/	/	/	/	/	/	/	/
155	165	/	/	/	/	/	/	/	/	/	/
156	166	/	/	/	/	/	/	/	/	/	/
157	167	/	/	/	/	/	/	/	/	/	/
158	168	/	/	/	/	/	/	/	/	/	/
159	169	/	/	/	/	/	/	/	/	/	/
160	170	/	/	/	/	/	/	/	/	/	/
161	171	/	/	/	/	/	/	/	/	/	/
162	172	/	/	/	/	/	/	/	/	/	/
163	173	/	/	/	/	/	/	/	/	/	/
164	174	/	/	/	/	/	/	/	/	/	/
165	175	/	/	/	/	/	/	/	/	/	/
166	176	/	/	/	/	/	/	/	/	/	/
167	177	/	/	/	/	/	/	/	/	/	/
168	178	/	/	/	/	/	/	/	/	/	/
169	179	/	/	/	/	/	/	/	/	/	/
170	180	/	/	/	/</						

413 其ノ他ノ物品販売業

413 其ノ他ノ物品販賣業

年 令	性 別	413 其他/物品販売業						414 飲食店/宿泊業						415 建築・土木工事業					
		高 齢 者	少 年 童	男 性	女 性	其 他	高 齢 者	少 年 童	男 性	女 性	其 他	高 齢 者	少 年 童	男 性	女 性	其 他			
20 歳未満	男	1	1	1	1	1	1	1	1	1	1	1	1	1	1	1	1	1	
20 歳未満	女	1	1	1	1	1	1	1	1	1	1	1	1	1	1	1	1	1	
21-24	男	1	1	1	1	1	1	1	1	1	1	1	1	1	1	1	1	1	
21-24	女	1	1	1	1	1	1	1	1	1	1	1	1	1	1	1	1	1	
25-29	男	1	1	1	1	1	1	1	1	1	1	1	1	1	1	1	1	1	
25-29	女	1	1	1	1	1	1	1	1	1	1	1	1	1	1	1	1	1	
30-34	男	1	1	1	1	1	1	1	1	1	1	1	1	1	1	1	1	1	
30-34	女	1	1	1	1	1	1	1	1	1	1	1	1	1	1	1	1	1	
35-39	男	1	1	1	1	1	1	1	1	1	1	1	1	1	1	1	1	1	
35-39	女	1	1	1	1	1	1	1	1	1	1	1	1	1	1	1	1	1	
40-44	男	1	1	1	1	1	1	1	1	1	1	1	1	1	1	1	1	1	
40-44	女	1	1	1	1	1	1	1	1	1	1	1	1	1	1	1	1	1	
45-49	男	1	1	1	1	1	1	1	1	1	1	1	1	1	1	1	1	1	
45-49	女	1	1	1	1	1	1	1	1	1	1	1	1	1	1	1	1	1	
50-54	男	1	1	1	1	1	1	1	1	1	1	1	1	1	1	1	1	1	
50-54	女	1	1	1	1	1	1	1	1	1	1	1	1	1	1	1	1	1	
55-59	男	1	1	1	1	1	1	1	1	1	1	1	1	1	1	1	1	1	
55-59	女	1	1	1	1	1	1	1	1	1	1	1	1	1	1	1	1	1	
60-64	男	1	1	1	1	1	1	1	1	1	1	1	1	1	1	1	1	1	
60-64	女	1	1	1	1	1	1	1	1	1	1	1	1	1	1	1	1	1	
65-69	男	1	1	1	1	1	1	1	1	1	1	1	1	1	1	1	1	1	
65-69	女	1	1	1	1	1	1	1	1	1	1	1	1	1	1	1	1	1	
70-74	男	1	1	1	1	1	1	1	1	1	1	1	1	1	1	1	1	1	
70-74	女	1	1	1	1	1	1	1	1	1	1	1	1	1	1	1	1	1	
75-79	男	1	1	1	1	1	1	1	1	1	1	1	1	1	1	1	1	1	
75-79	女	1	1	1	1	1	1	1	1	1	1	1	1	1	1	1	1	1	
80-84	男	1	1	1	1	1	1	1	1	1	1	1	1	1	1	1	1	1	
80-84	女	1	1	1	1	1	1	1	1	1	1	1	1	1	1	1	1	1	
85-89	男	1	1	1	1	1	1	1	1	1	1	1	1	1	1	1	1	1	
85-89	女	1	1	1	1	1	1	1	1	1	1	1	1	1	1	1	1	1	
90-94	男	1	1	1	1	1	1	1	1	1	1	1	1	1	1	1	1	1	
90-94	女	1	1	1	1	1	1	1	1	1	1	1	1	1	1	1	1	1	
95-99	男	1	1	1	1	1	1	1	1	1	1	1	1	1	1	1	1	1	
95-99	女	1	1	1	1	1	1	1	1	1	1	1	1	1	1	1	1	1	
100 歳以上	男	1	1	1	1	1	1	1	1	1	1	1	1	1	1	1	1	1	
100 歳以上	女	1	1	1	1	1	1	1	1	1	1	1	1	1	1	1	1	1	
合 計		5	2	2	6	14		2	2	6	14		2	2	6	14	2	6	

413瓦斯・物品充満		414百貨店	
其ノ他・機器業者	總数	經營者	414百貨店
男	女	男	女
413-1	2		
413-2	2		
413-3	2		
413-4	2		
413-5	2		
413-6	2		
413-7	2		
413-8	2		
413-9	2		
413-10	2		
413-11	2		
413-12	2		
413-13	2		
413-14	2		
413-15	2		
413-16	2		
413-17	2		
413-18	2		
413-19	2		
413-20	2		
413-21	2		
413-22	2		
413-23	2		
413-24	2		
413-25	2		
413-26	2		
413-27	2		
413-28	2		
413-29	2		
413-30	2		
413-31	2		
413-32	2		
413-33	2		
413-34	2		
413-35	2		
413-36	2		
413-37	2		
413-38	2		
413-39	2		
413-40	2		
413-41	2		
413-42	2		
413-43	2		
413-44	2		
413-45	2		
413-46	2		
413-47	2		
413-48	2		
413-49	2		
413-50	2		
413-51	2		
413-52	2		
413-53	2		
413-54	2		
413-55	2		
413-56	2		
413-57	2		
413-58	2		
413-59	2		
413-60	2		
413-61	2		
413-62	2		
413-63	2		
413-64	2		
413-65	2		
413-66	2		
413-67	2		
413-68	2		
413-69	2		
413-70	2		
413-71	2		
413-72	2		
413-73	2		
413-74	2		
413-75	2		
413-76	2		
413-77	2		
413-78	2		
413-79	2		
413-80	2		
413-81	2		
413-82	2		
413-83	2		
413-84	2		
413-85	2		
413-86	2		
413-87	2		
413-88	2		
413-89	2		
413-90	2		
413-91	2		
413-92	2		
413-93	2		
413-94	2		
413-95	2		
413-96	2		
413-97	2		
413-98	2		
413-99	2		
413-100	2		
413-101	2		
413-102	2		
413-103	2		
413-104	2		
413-105	2		
413-106	2		
413-107	2		
413-108	2		
413-109	2		
413-110	2		
413-111	2		
413-112	2		
413-113	2		
413-114	2		
413-115	2		
413-116	2		
413-117	2		
413-118	2		
413-119	2		
413-120	2		
413-121	2		
413-122	2		
413-123	2		
413-124	2		
413-125	2		
413-126	2		
413-127	2		
413-128	2		
413-129	2		
413-130	2		
413-131	2		
413-132	2		
413-133	2		
413-134	2		
413-135	2		
413-136	2		
413-137	2		
413-138	2		
413-139	2		
413-140	2		
413-141	2		
413-142	2		
413-143	2		
413-144	2		
413-145	2		
413-146	2		
413-147	2		
413-148	2		
413-149	2		
413-150	2		
413-151	2		
413-152	2		
413-153	2		
413-154	2		
413-155	2		
413-156	2		
413-157	2		
413-158	2		
413-159	2		
413-160	2		
413-161	2		
413-162	2		
413-163	2		
413-164	2		
413-165	2		
413-166	2		
413-167	2		
413-168	2		
413-169	2		
413-170	2		
413-171	2		
413-172	2		
413-173	2		
413-174	2		
413-175	2		
413-176	2		
413-177	2		
413-178	2		
413-179	2		
413-180	2		
413-181	2		
413-182	2		
413-183	2		
413-184	2		
413-185	2		
413-186	2		
413-187	2		
413-188	2		
413-189	2		
413-190	2		
413-191	2		
413-192	2		
413-193	2		
413-194	2		
413-195	2		
413-196	2		
413-197	2		
413-198	2		
413-199	2		
413-200	2		
413-201	2		
413-202	2		
413-203	2		
413-204	2		
413-205	2		
413-206	2		
413-207	2		
413-208	2		
413-209	2		
413-210	2		
413-211	2		
413-212	2		
413-213	2		
413-214	2		
413-215	2		
413-216	2		
413-217	2		
413-218	2		
413-219	2		
413-220	2		
413-221	2		
413-222	2		
413-223	2		
413-224	2		
413-225	2		
413-226	2		
413-227	2		
413-228	2		
413-229	2		
413-230	2		
413-231	2		
413-232	2		
413-233	2		
413-234	2		
413-235	2		
413-236	2		
413-237	2		
413-238	2		
413-239	2		
413-240	2		
413-241	2		
413-242	2		
413-243	2		
413-244	2		
413-245	2		
413-246	2		
413-247	2		
413-248	2		
413-249	2		
413-250	2		
413-251	2		
413-252	2		
413-253	2		
413-254	2		
413-255	2		
413-256	2		
413-257	2		
413-258	2		
413-259	2		
413-260	2		
413-261	2		
413-262	2		
413-263	2		
413-264	2		
413-265	2		
413-266	2		
413-267	2		
413-268	2		
413-269	2		
413-270	2		
413-271	2		
413-272	2		
413-273	2		
413-274	2		
413-275	2		
413-276	2		
413-277	2		
413-278	2		
413-279	2		
413-280	2		
413-281	2		
413-282	2		
413-283	2		
413-284	2		
413-285	2		
413-286	2		
413-287	2		
413-288	2		
413-289	2		
413-290	2		
413-291	2		
413-292	2		
413-293	2		
413-294	2		
413-295	2		
413-296	2		
413-297	2		
413-298	2		
413-299	2		
413-300	2		
413-301	2		
413-302	2		
413-303	2		
413-304	2		
413-305	2		
413-306	2		
413-307	2		
413-308	2		
413-309	2		
413-310	2		
413-311	2		
413-312	2		
413-313	2		
413-314	2		
413-315	2		
413-316	2		
413-317	2		
413-318	2		
413-319	2		
413-320	2		
413-321	2		
413-322	2		
413-323	2		
413-324	2		
413-325	2		
413-326	2		
413-327	2		
413-328	2		
413-329	2		
413-330	2		
413-331	2		
413-332	2		
413-333	2		
413-334	2		
413-335	2		
413-336	2		
413-337	2		
413-338	2		
413-339	2		
413-340	2		
413-341	2		
413-342	2		
413-343	2		
413-344	2		
413-345	2		
413-346	2		
413-347	2		
413-348	2		
413-349	2		
413-350	2		
413-351	2		
413-352	2		
413-353	2		
413-354	2		
413-355	2		
413-356	2		
413-357	2		
413-358	2		
413-359	2		
413-360	2		
413-361	2		
413-362	2		
413-363	2		
413-364	2		
413-365	2		
413-366	2		
413-367	2		
413-368	2		
413-369	2		
413-370	2		
413-371	2		
413-372	2		
413-373	2		
413-374	2		
413-375	2		
413-376	2		
413-377	2		
413-378	2		
413-379	2		
413-380	2		
413-381	2		
413-382	2		
413-383	2		
413-384	2		
413-385	2		
413-386	2		
413-387	2		
413-388	2		
413-389	2		
413-390	2		
413-391	2		
413-392	2		
413-393	2		
413-394	2		
413-395	2		
413-396	2		
413-397	2		
413-398	2		
413-399	2		
413-400	2		
413-401	2		

年 令	下 駆	職 業	製版工		紙型工		料理人コツク		自動販賣機手		人力夫、馬力運送者		搬入・搬出・搬送員		卸業者		販売業者		小便・給仕・卸役者		其ノ他ノ作業者	
			男 性	女 性	男 性	女 性	男 性	女 性	男 性	女 性	男 性	女 性	男 性	女 性	男 性	女 性	男 性	女 性	男 性	女 性		
15	1	1	—	—	—	—	—	—	—	—	—	—	—	—	—	—	—	—	—	—	—	
16	1	1	—	—	—	—	—	—	—	—	—	—	—	—	—	—	—	—	—	—	—	
17	1	1	—	—	—	—	—	—	—	—	—	—	—	—	—	—	—	—	—	—	—	
18	1	1	—	—	—	—	—	—	—	—	—	—	—	—	—	—	—	—	—	—	—	
19	1	1	—	—	—	—	—	—	—	—	—	—	—	—	—	—	—	—	—	—	—	
20	1	1	—	—	—	—	—	—	—	—	—	—	—	—	—	—	—	—	—	—	—	
21	1	1	—	—	—	—	—	—	—	—	—	—	—	—	—	—	—	—	—	—	—	
22	1	1	—	—	—	—	—	—	—	—	—	—	—	—	—	—	—	—	—	—	—	
23	1	1	—	—	—	—	—	—	—	—	—	—	—	—	—	—	—	—	—	—	—	
24	1	1	—	—	—	—	—	—	—	—	—	—	—	—	—	—	—	—	—	—	—	
25	1	1	—	—	—	—	—	—	—	—	—	—	—	—	—	—	—	—	—	—	—	
26	1	1	—	—	—	—	—	—	—	—	—	—	—	—	—	—	—	—	—	—	—	
27	1	1	—	—	—	—	—	—	—	—	—	—	—	—	—	—	—	—	—	—	—	
28	1	1	—	—	—	—	—	—	—	—	—	—	—	—	—	—	—	—	—	—	—	
29	1	1	—	—	—	—	—	—	—	—	—	—	—	—	—	—	—	—	—	—	—	
30	1	1	—	—	—	—	—	—	—	—	—	—	—	—	—	—	—	—	—	—	—	
31	1	1	—	—	—	—	—	—	—	—	—	—	—	—	—	—	—	—	—	—	—	
32	1	1	—	—	—	—	—	—	—	—	—	—	—	—	—	—	—	—	—	—	—	
33	1	1	—	—	—	—	—	—	—	—	—	—	—	—	—	—	—	—	—	—	—	
34	1	1	—	—	—	—	—	—	—	—	—	—	—	—	—	—	—	—	—	—	—	
35	1	1	—	—	—	—	—	—	—	—	—	—	—	—	—	—	—	—	—	—	—	
36	1	1	—	—	—	—	—	—	—	—	—	—	—	—	—	—	—	—	—	—	—	
37	1	1	—	—	—	—	—	—	—	—	—	—	—	—	—	—	—	—	—	—	—	
38	1	1	—	—	—	—	—	—	—	—	—	—	—	—	—	—	—	—	—	—	—	
39	1	1	—	—	—	—	—	—	—	—	—	—	—	—	—	—	—	—	—	—	—	
40	1	1	—	—	—	—	—	—	—	—	—	—	—	—	—	—	—	—	—	—	—	
41	1	1	—	—	—	—	—	—	—	—	—	—	—	—	—	—	—	—	—	—	—	
合 計			2	2	5	5	2	2	2	2	2	2	2	2	2	2	2	2	2	2	2	

419 有価証券売買仲立業

420 不動産売買仲立業

421 土木技術者

426

419 有価証券売買仲立業		420 不動産売買仲立業		421 土木技術者	
年齢	性別	年齢	性別	年齢	性別
15~19	男	15~19	男	15~19	男
20~24	男	20~24	男	20~24	男
25~29	男	25~29	男	25~29	男
30~34	男	30~34	男	30~34	男
35~39	男	35~39	男	35~39	男
40~44	男	40~44	男	40~44	男
45~49	男	45~49	男	45~49	男
50~54	男	50~54	男	50~54	男
55~59	男	55~59	男	55~59	男
60~64	男	60~64	男	60~64	男
65~69	男	65~69	男	65~69	男
70~74	男	70~74	男	70~74	男
75~79	男	75~79	男	75~79	男
80~84	男	80~84	男	80~84	男
85~89	男	85~89	男	85~89	男
90~94	男	90~94	男	90~94	男
10~14	女	10~14	女	10~14	女
15~19	女	15~19	女	15~19	女
20~24	女	20~24	女	20~24	女
25~29	女	25~29	女	25~29	女
30~34	女	30~34	女	30~34	女
35~39	女	35~39	女	35~39	女
40~44	女	40~44	女	40~44	女
45~49	女	45~49	女	45~49	女
50~54	女	50~54	女	50~54	女
55~59	女	55~59	女	55~59	女
60~64	女	60~64	女	60~64	女
65~69	女	65~69	女	65~69	女
70~74	女	70~74	女	70~74	女
75~79	女	75~79	女	75~79	女
80~84	女	80~84	女	80~84	女
85~89	女	85~89	女	85~89	女
90~94	女	90~94	女	90~94	女

合計 4 3 26 2 4 3

	経営者	一般事務者	土砂採掘業	料理人コック	自動車運転手	人力車夫、馬力運送者	船員、帆船操縦士	守衛監督	火夫、油屋
年齢	性別	年齢	性別	年齢	性別	年齢	性別	年齢	性別
20	男	21	女	22	男	23	女	24	男
25	男	26	女	27	男	28	女	29	男
30	男	31	女	32	男	33	女	34	男
35	男	36	女	37	男	38	女	39	男
40	男	41	女	42	男	43	女	44	男
45	男	46	女	47	男	48	女	49	男
50	男	51	女	52	男	53	女	54	男
55	男	56	女	57	男	58	女	59	男
60	男	61	女	62	男	63	女	64	男
65	男	66	女	67	男	68	女	69	男
70	男	71	女	72	男	73	女	74	男
75	男	76	女	77	男	78	女	79	男
80	男	81	女	82	男	83	女	84	男
85	男	86	女	87	男	88	女	89	男
90	男	91	女	92	男	93	女	94	男
95	男	96	女	97	男	98	女	99	男
100	男	101	女	102	男	103	女	104	男
105	男	106	女	107	男	108	女	109	男
110	男	111	女	112	男	113	女	114	男
115	男	116	女	117	男	118	女	119	男
120	男	121	女	122	男	123	女	124	男
125	男	126	女	127	男	128	女	129	男
130	男	131	女	132	男	133	女	134	男
135	男	136	女	137	男	138	女	139	男
140	男	141	女	142	男	143	女	144	男
145	男	146	女	147	男	148	女	149	男
150	男	151	女	152	男	153	女	154	男
155	男	156	女	157	男	158	女	159	男
160	男	161	女	162	男	163	女	164	男
165	男	166	女	167	男	168	女	169	男
170	男	171	女	172	男	173	女	174	男
175	男	176	女	177	男	178	女	179	男
180	男	181	女	182	男	183	女	184	男
185	男	186	女	187	男	188	女	189	男
190	男	191	女	192	男	193	女	194	男
195	男	196	女	197	男	198	女	199	男
200	男	201	女	202	男	203	女	204	男
205	男	206	女	207	男	208	女	209	男
210	男	211	女	212	男	213	女	214	男
215	男	216	女	217	男	218	女	219	男
220	男	221	女	222	男	223	女	224	男
225	男	226	女	227	男	228	女	229	男
230	男	231	女	232	男	233	女	234	男
235	男	236	女	237	男	238	女	239	男
240	男	241	女	242	男	243	女	244	男
245	男	246	女	247	男	248	女	249	男
250	男	251	女	252	男	253	女	254	男
255	男	256	女	257	男	258	女	259	男
260	男	261	女	262	男	263	女	264	男
265	男	266	女	267	男	268	女	269	男
270	男	271	女	272	男	273	女	274	男
275	男	276	女	277	男	278	女	279	男
280	男	281	女	282	男	283	女	284	男
285	男	286	女	287	男	288	女	289	男
290	男	291	女	292	男	293	女	294	男
295	男	296	女	297	男	298	女	299	男
300	男	301	女	302	男	303	女	304	男
305	男	306	女	307	男	308	女	309	男
310	男	311	女	312	男	313	女	314	男
315	男	316	女	317	男	318	女	319	男
320	男	321	女	322	男	323	女	324	男
325	男	326	女	327	男	328	女	329	男
330	男	331	女	332	男	333	女	334	男
335	男	336	女	337	男	338	女	339	男
340	男	341	女	342	男	343	女	344	男
345	男	346	女	347	男	348	女	349	男
350	男	351	女	352	男	353	女	354	男
355	男	356	女	357	男	358	女	359	男
360	男	361	女	362	男	363	女	364	男
365	男	366	女	367	男	368	女	369	男
370	男	371	女	372	男	373	女	374	男
375	男	376	女	377	男	378	女	379	男
380	男	381	女	382	男	383	女	384	男
385	男	386	女	387	男	388	女	389	男
390	男	391	女	392	男	393	女	394	男
395	男	396	女	397	男	398	女	399	男
400	男	401	女	402	男	403	女	404	男
405	男	406	女	407	男	408	女	409	男
410	男	411	女	412	男	413	女	414	男
415	男	416	女	417	男	418	女	419	男
420	男	421	女	422	男	423	女	424	男
425	男	426	女	427	男	428	女	429	男
430	男	431	女	432	男	433	女	434	男
435	男	436	女	437	男	438	女	439	男
440	男	441	女	442	男	443	女	444	男
445	男	446	女	447	男	448	女	449	男
450	男	451	女	452	男	453	女	454	男
455	男	456	女	457	男	458	女	459	男
460	男	461	女	462	男	463	女	464	男
465	男	466	女	467	男	468	女	469	男
470	男	471	女	472	男	473	女	474	男
475	男	476	女	477	男	478	女	479	男
480	男	481	女	482	男	483	女	484	男
485	男	486	女	487	男	488	女	489	男
490	男	491	女	492	男	493	女	494	男
495	男	496	女	497	男	498	女	499	男
500	男	501	女	502	男	503	女	504	男
505	男	506	女	507	男	508	女	509	男
510	男	511	女	512	男	513	女	514	男
515	男	516	女	517	男	518	女	519	男
520	男	521	女	522	男	523	女	524	男
525	男	526	女	527	男	528	女	529	男
530	男	531	女	532	男	533	女	534	男
535	男	536	女	537	男	538	女	539	男
540	男	541	女	542	男	543	女	544	男
545	男	546	女	547	男	548	女	549	男
550	男	551	女	552	男	553	女	554	男
555	男	556	女	557	男	558	女	559	男
560	男	561	女	562	男	563	女	564	男
565	男	566	女	567	男	568	女	569	男
570	男	571	女	572	男	573	女	574	男
575	男	576	女	577	男	578	女	579	男
580	男	581	女	582	男	583	女	584	男
585	男	586	女	587	男	588	女	589	男
590	男	591	女	592	男	593	女	594	男
595	男	596	女	597	男	598	女	599	男
600	男	601	女	602	男	603	女	604	男
605	男	606	女	607	男	608	女	609	男
610	男	611	女	612	男	613	女	614	男
615	男	616	女	617	男	618	女	619	男
620	男	621	女	622	男	623	女	624	男
625	男	626	女	627	男	628	女	629	男
630	男	631	女	632	男	633	女	634	男
635	男	636	女	637	男	638	女	639	男
640	男	641	女	642	男	643	女	644	男
645	男	646	女	647	男	648	女	649	男
650	男	651	女	652	男	653	女	654	男
655	男	656	女	657	男	658	女	659	男
660	男	661	女	662	男	663	女	664	男
665	男	666	女	667	男	668	女	669	男
670	男	671	女	672	男	673	女	674	男
675	男	676	女	677	男	678	女	679	男
680	男	681	女	682	男	683	女	684	男
685	男	686	女	687	男	688	女	689	男
690	男	691	女	692	男	693	女	694	男
695	男	696	女	697	男	698	女	699	男
700	男	701	女	702	男	703	女	704	男
705	男	706	女	707	男	708	女	709	男
710	男	711	女	712	男	713	女	714	男
715	男	716	女	717	男	718	女	719	男
720	男	721	女	722	男	723	女	724	男
725	男	726	女	727	男	728	女	729	男
730	男	731	女	732	男	733	女	734	男
735	男	736	女	737	男	738	女	739	男
740	男	741	女	742	男	743	女	744	男
745	男	746	女	747	男	748	女	749	男
750	男	751	女	752	男	753	女	754	男
755	男	756	女	757	男	758	女	759	男
760	男	761	女	762	男	763	女	764	男
765	男	766	女	767	男	768	女	769	男
770	男	771	女	772	男	773	女	774	男
775	男	776	女	777	男	778	女	779	男
780	男	781	女	782	男	783	女	784	男
785	男	786	女	787	男	788	女	789	男
790	男	791	女	792	男	793	女	794	男
795	男	796	女	797	男	798	女	799	男
800	男	801	女	802	男	803	女	804	男
805	男	806	女	807	男	808	女	809	男
810	男	811	女	812	男	813	女	814	男
815	男	8							

423 労務供給業		424 農業紹介業		425 その他周旋紹介業	
小売・給仕・輸送業 その他	作業者	耕種業者	自動運転手	小売・給仕・輸送業 その他	耕種業者
単位	人	人	人	単位	人
1	1	1	1	1	1
2	2	2	2	2	2
3	3	3	3	3	3
4	4	4	4	4	4
5	5	5	5	5	5
6	6	6	6	6	6
7	7	7	7	7	7
8	8	8	8	8	8
9	9	9	9	9	9
10	10	10	10	10	10
11	11	11	11	11	11
12	12	12	12	12	12
13	13	13	13	13	13
14	14	14	14	14	14
15	15	15	15	15	15
16	16	16	16	16	16
17	17	17	17	17	17
18	18	18	18	18	18
19	19	19	19	19	19
20	20	20	20	20	20
21	21	21	21	21	21
22	22	22	22	22	22
23	23	23	23	23	23
24	24	24	24	24	24
25	25	25	25	25	25
26	26	26	26	26	26
27	27	27	27	27	27
28	28	28	28	28	28
29	29	29	29	29	29
30	30	30	30	30	30
31	31	31	31	31	31
32	32	32	32	32	32
33	33	33	33	33	33
34	34	34	34	34	34
35	35	35	35	35	35
36	36	36	36	36	36
37	37	37	37	37	37
38	38	38	38	38	38
39	39	39	39	39	39
40	40	40	40	40	40
41	41	41	41	41	41

428 貨 金 索			428 貨 屋 菜			429 無 尽 索		
總 數	經 営 者	一般事務者	總 數	店員、老子、社員、僕人	一般事務者	總 數	店員、老子、社員、僕人	一般事務者
男	女	男	女	男	女	男	女	男
1	1	1	1	1	1	1	1	1
2	2	2	2	2	2	2	2	2
3	3	3	3	3	3	3	3	3
4	4	4	4	4	4	4	4	4
5	5	5	5	5	5	5	5	5
6	6	6	6	6	6	6	6	6
7	7	7	7	7	7	7	7	7
8	8	8	8	8	8	8	8	8
9	9	9	9	9	9	9	9	9
10	10	10	10	10	10	10	10	10
11	11	11	11	11	11	11	11	11
12	12	12	12	12	12	12	12	12
13	13	13	13	13	13	13	13	13
14	14	14	14	14	14	14	14	14
15	15	15	15	15	15	15	15	15
16	16	16	16	16	16	16	16	16
17	17	17	17	17	17	17	17	17
18	18	18	18	18	18	18	18	18
19	19	19	19	19	19	19	19	19
20	20	20	20	20	20	20	20	20
21	21	21	21	21	21	21	21	21
22	22	22	22	22	22	22	22	22
23	23	23	23	23	23	23	23	23
24	24	24	24	24	24	24	24	24
25	25	25	25	25	25	25	25	25
26	26	26	26	26	26	26	26	26
27	27	27	27	27	27	27	27	27
28	28	28	28	28	28	28	28	28
29	29	29	29	29	29	29	29	29
30	30	30	30	30	30	30	30	30
31	31	31	31	31	31	31	31	31
32	32	32	32	32	32	32	32	32
33	33	33	33	33	33	33	33	33
34	34	34	34	34	34	34	34	34
35	35	35	35	35	35	35	35	35
36	36	36	36	36	36	36	36	36
37	37	37	37	37	37	37	37	37
38	38	38	38	38	38	38	38	38
39	39	39	39	39	39	39	39	39
40	40	40	40	40	40	40	40	40
41	41	41	41	41	41	41	41	41

431店 勘 菜										432店 勘 菜																
年 月 日	タ イ ピ ス ト 筆 耕	歯医師	歯 医 師	歯 医 師	歯本職	店員(烹調・販賣人)	小使	給仕	膳役者	其 ノ 他	作業者	社 員	一般従事者	自動運転工	組織工	駆動装置工	組織工	駆動装置工	組織工							
431	1	1	1	1	1	1	1	1	1	1	1	1	1	1	1	1	1	1	1	1	1	1	1	1	1	
432	2	2	2	2	2	2	2	2	2	2	2	2	2	2	2	2	2	2	2	2	2	2	2	2	2	
431	3	3	3	3	3	3	3	3	3	3	3	3	3	3	3	3	3	3	3	3	3	3	3	3	3	
432	4	4	4	4	4	4	4	4	4	4	4	4	4	4	4	4	4	4	4	4	4	4	4	4	4	
431	5	5	5	5	5	5	5	5	5	5	5	5	5	5	5	5	5	5	5	5	5	5	5	5	5	
432	6	6	6	6	6	6	6	6	6	6	6	6	6	6	6	6	6	6	6	6	6	6	6	6	6	
431	7	7	7	7	7	7	7	7	7	7	7	7	7	7	7	7	7	7	7	7	7	7	7	7	7	
432	8	8	8	8	8	8	8	8	8	8	8	8	8	8	8	8	8	8	8	8	8	8	8	8	8	
431	9	9	9	9	9	9	9	9	9	9	9	9	9	9	9	9	9	9	9	9	9	9	9	9	9	
432	10	10	10	10	10	10	10	10	10	10	10	10	10	10	10	10	10	10	10	10	10	10	10	10	10	
431	11	11	11	11	11	11	11	11	11	11	11	11	11	11	11	11	11	11	11	11	11	11	11	11	11	
432	12	12	12	12	12	12	12	12	12	12	12	12	12	12	12	12	12	12	12	12	12	12	12	12	12	
431	13	13	13	13	13	13	13	13	13	13	13	13	13	13	13	13	13	13	13	13	13	13	13	13	13	
432	14	14	14	14	14	14	14	14	14	14	14	14	14	14	14	14	14	14	14	14	14	14	14	14	14	
431	15	15	15	15	15	15	15	15	15	15	15	15	15	15	15	15	15	15	15	15	15	15	15	15	15	
432	16	16	16	16	16	16	16	16	16	16	16	16	16	16	16	16	16	16	16	16	16	16	16	16	16	
431	17	17	17	17	17	17	17	17	17	17	17	17	17	17	17	17	17	17	17	17	17	17	17	17	17	
432	18	18	18	18	18	18	18	18	18	18	18	18	18	18	18	18	18	18	18	18	18	18	18	18	18	
431	19	19	19	19	19	19	19	19	19	19	19	19	19	19	19	19	19	19	19	19	19	19	19	19	19	
432	20	20	20	20	20	20	20	20	20	20	20	20	20	20	20	20	20	20	20	20	20	20	20	20	20	
431	21	21	21	21	21	21	21	21	21	21	21	21	21	21	21	21	21	21	21	21	21	21	21	21	21	
432	22	22	22	22	22	22	22	22	22	22	22	22	22	22	22	22	22	22	22	22	22	22	22	22	22	
431	23	23	23	23	23	23	23	23	23	23	23	23	23	23	23	23	23	23	23	23	23	23	23	23	23	
432	24	24	24	24	24	24	24	24	24	24	24	24	24	24	24	24	24	24	24	24	24	24	24	24	24	
431	25	25	25	25	25	25	25	25	25	25	25	25	25	25	25	25	25	25	25	25	25	25	25	25	25	
432	26	26	26	26	26	26	26	26	26	26	26	26	26	26	26	26	26	26	26	26	26	26	26	26	26	
431	27	27	27	27	27	27	27	27	27	27	27	27	27	27	27	27	27	27	27	27	27	27	27	27	27	
432	28	28	28	28	28	28	28	28	28	28	28	28	28	28	28	28	28	28	28	28	28	28	28	28	28	
431	29	29	29	29	29	29	29	29	29	29	29	29	29	29	29	29	29	29	29	29	29	29	29	29	29	
432	30	30	30	30	30	30	30	30	30	30	30	30	30	30	30	30	30	30	30	30	30	30	30	30	30	
431	31	31	31	31	31	31	31	31	31	31	31	31	31	31	31	31	31	31	31	31	31	31	31	31	31	
432	32	32	32	32	32	32	32	32	32	32	32	32	32	32	32	32	32	32	32	32	32	32	32	32	32	
431	33	33	33	33	33	33	33	33	33	33	33	33	33	33	33	33	33	33	33	33	33	33	33	33	33	
432	34	34	34	34	34	34	34	34	34	34	34	34	34	34	34	34	34	34	34	34	34	34	34	34	34	
431	35	35	35	35	35	35	35	35	35	35	35	35	35	35	35	35	35	35	35	35	35	35	35	35	35	
432	36	36	36	36	36	36	36	36	36	36	36	36	36	36	36	36	36	36	36	36	36	36	36	36	36	
431	37	37	37	37	37	37	37	37	37	37	37	37	37	37	37	37	37	37	37	37	37	37	37	37	37	
432	38	38	38	38	38	38	38	38	38	38	38	38	38	38	38	38	38	38	38	38	38	38	38	38	38	
431	39	39	39	39	39	39	39	39	39	39	39	39	39	39	39	39	39	39	39	39	39	39	39	39	39	
432	40	40	40	40	40	40	40	40	40	40	40	40	40	40	40	40	40	40	40	40	40	40	40	40	40	
431	41	41	41	41	41	41	41	41	41	41	41	41	41	41	41	41	41	41	41	41	41	41	41	41	41	
432	42	42	42	42	42	42	42	42	42	42	42	42	42	42	42	42	42	42	42	42	42	42	42	42	42	

年 令	性 別	435. 物質貿易業				436. 其他 / 貨物貿易業			
		火 力 機 器 業	汽 油 業	小便給仕機械者(其ノ他)作業者	總數	經營者	一般製造者	料理人ロツク	瓦工
15-19	男	-	-	-	-	-	-	-	-
15-19	女	-	-	-	-	-	-	-	-
20-24	男	-	-	-	-	-	-	-	-
20-24	女	-	-	-	-	-	-	-	-
25-29	男	-	-	-	-	-	-	-	-
25-29	女	-	-	-	-	-	-	-	-
30-34	男	-	-	-	-	-	-	-	-
30-34	女	-	-	-	-	-	-	-	-
35-39	男	-	-	-	-	-	-	-	-
35-39	女	-	-	-	-	-	-	-	-
40-44	男	-	-	-	-	-	-	-	-
40-44	女	-	-	-	-	-	-	-	-
45-49	男	-	-	-	-	-	-	-	-
45-49	女	-	-	-	-	-	-	-	-
50-54	男	-	-	-	-	-	-	-	-
50-54	女	-	-	-	-	-	-	-	-
55-59	男	-	-	-	-	-	-	-	-
55-59	女	-	-	-	-	-	-	-	-
60-64	男	-	-	-	-	-	-	-	-
60-64	女	-	-	-	-	-	-	-	-
65-69	男	-	-	-	-	-	-	-	-
65-69	女	-	-	-	-	-	-	-	-
70-74	男	-	-	-	-	-	-	-	-
70-74	女	-	-	-	-	-	-	-	-
75-79	男	-	-	-	-	-	-	-	-
75-79	女	-	-	-	-	-	-	-	-
80-84	男	-	-	-	-	-	-	-	-
80-84	女	-	-	-	-	-	-	-	-
85-89	男	-	-	-	-	-	-	-	-
85-89	女	-	-	-	-	-	-	-	-
90-94	男	-	-	-	-	-	-	-	-
90-94	女	-	-	-	-	-	-	-	-
95-99	男	-	-	-	-	-	-	-	-
95-99	女	-	-	-	-	-	-	-	-
100	男	-	-	-	-	-	-	-	-
100	女	-	-	-	-	-	-	-	-

437. 晴						438. 雨					
農業者			其ノ他ノ農業者			農業者			其ノ他ノ農業者		
男	女	合計	男	女	合計	男	女	合計	男	女	合計
46	1	47	1	1	2	1	1	2	1	1	2
47	2	48	2	2	4	2	2	4	2	2	4
48	3	49	3	2	5	3	3	6	3	3	6
49	4	50	4	3	7	4	3	7	4	3	7
50	5	51	5	4	9	5	4	9	5	4	9
51	6	52	6	5	11	6	5	11	6	5	11
52	7	53	7	6	13	7	6	13	7	6	13
53	8	54	8	7	15	8	7	15	8	7	15
54	9	55	9	8	17	9	8	17	9	8	17
55	10	56	10	9	19	10	9	19	10	9	19
56	11	57	11	10	21	11	10	21	11	10	21
57	12	58	12	11	23	12	11	23	12	11	23
58	13	59	13	12	25	13	12	25	13	12	25
59	14	60	14	13	27	14	13	27	14	13	27
60	15	61	15	14	29	15	14	29	15	14	29
61	16	62	16	15	31	16	15	31	16	15	31
62	17	63	17	16	33	17	16	33	17	16	33
63	18	64	18	17	35	18	17	35	18	17	35
64	19	65	19	18	37	19	18	37	19	18	37
65	20	66	20	19	39	20	19	39	20	19	39
66	21	67	21	20	41	21	20	41	21	20	41
67	22	68	22	21	43	22	21	43	22	21	43
68	23	69	23	22	45	23	22	45	23	22	45
69	24	70	24	23	47	24	23	47	24	23	47
70	25	71	25	24	49	25	24	49	25	24	49
71	26	72	26	25	51	26	25	51	26	25	51
72	27	73	27	26	53	27	26	53	27	26	53
73	28	74	28	27	55	28	27	55	28	27	55
74	29	75	29	28	57	29	28	57	29	28	57
75	30	76	30	29	59	30	29	59	30	29	59
76	31	77	31	30	61	31	30	61	31	30	61
77	32	78	32	31	63	32	31	63	32	31	63
78	33	79	33	32	65	33	32	65	33	32	65
79	34	80	34	33	67	34	33	67	34	33	67
80	35	81	35	34	69	35	34	69	35	34	69
81	36	82	36	35	71	36	35	71	36	35	71
82	37	83	37	36	73	37	36	73	37	36	73
83	38	84	38	37	75	38	37	75	38	37	75
84	39	85	39	38	77	39	38	77	39	38	77
85	40	86	40	39	79	40	39	79	40	39	79
86	41	87	41	40	81	41	40	81	41	40	81
87	42	88	42	41	83	42	41	83	42	41	83
88	43	89	43	42	85	43	42	85	43	42	85
89	44	90	44	43	87	44	43	87	44	43	87
90	45	91	45	44	89	45	44	89	45	44	89
91	46	92	46	45	91	46	45	91	46	45	91
92	47	93	47	46	93	47	46	93	47	46	93
93	48	94	48	47	95	48	47	95	48	47	95
94	49	95	49	48	96	49	48	96	49	48	96
95	50	96	50	49	97	50	49	97	50	49	97
96	51	97	51	50	98	51	50	98	51	50	98
97	52	98	52	51	99	52	51	99	52	51	99
98	53	99	53	52	100	53	52	100	53	52	100
99	54	100	54	53	101	54	53	101	54	53	101
100	55	101	55	54	102	55	54	102	55	54	102
101	56	102	56	55	103	56	55	103	56	55	103
102	57	103	57	56	104	57	56	104	57	56	104
103	58	104	58	57	105	58	57	105	58	57	105
104	59	105	59	58	106	59	58	106	59	58	106
105	60	106	60	59	107	60	59	107	60	59	107
106	61	107	61	60	108	61	60	108	61	60	108
107	62	108	62	61	109	62	61	109	62	61	109
108	63	109	63	62	110	63	62	110	63	62	110
109	64	110	64	63	111	64	63	111	64	63	111
110	65	111	65	64	112	65	64	112	65	64	112
111	66	112	66	65	113	66	65	113	66	65	113
112	67	113	67	66	114	67	66	114	67	66	114
113	68	114	68	67	115	68	67	115	68	67	115
114	69	115	69	68	116	69	68	116	69	68	116
115	70	116	70	69	117	70	69	117	70	69	117
116	71	117	71	70	118	71	70	118	71	70	118
117	72	118	72	71	119	72	71	119	72	71	119
118	73	119	73	72	120	73	72	120	73	72	120
119	74	120	74	73	121	74	73	121	74	73	121
120	75	121	75	74	122	75	74	122	75	74	122
121	76	122	76	75	123	76	75	123	76	75	123
122	77	123	77	76	124	77	76	124	77	76	124
123	78	124	78	77	125	78	77	125	78	77	125
124	79	125	79	78	126	79	78	126	79	78	126
125	80	126	80	79	127	80	79	127	80	79	127
126	81	127	81	80	128	81	80	128	81	80	128
127	82	128	82	81	129	82	81	129	82	81	129
128	83	129	83	82	130	83	82	130	83	82	130
129	84	130	84	83	131	84	83	131	84	83	131
130	85	131	85	84	132	85	84	132	85	84	132
131	86	132	86	85	133	86	85	133	86	85	133
132	87	133	87	86	134	87	86	134	87	86	134
133	88	134	88	87	135	88	87	135	88	87	135
134	89	135	89	88	136	89	88	136	89	88	136
135	90	136	90	89	137	90	89	137	90	89	137
136	91	137	91	90	138	91	90	138	91	90	138
137	92	138	92	91	139	92	91	139	92	91	139
138	93	139	93	92	140	93	92	140	93	92	140
139	94	140	94	93	141	94	93	141	94	93	141
140	95	141	95	94	142	95	94	142	95	94	142
141	96	142	96	95	143	96	95	143	96	95	143
142	97	143	97	96	144	97	96	144	97	96	144
143	98	144	98	97	145	98	97	145	98	97	145
144	99	145	99	98	146	99	98	146	99	98	146
145	100	146	100	99	147	100	99	147	100	99	147
146	101	147	101	100	148	101	100	148	101	100	148
147	102	148	102	101	149	102	101	149	102	101	149
148	103	149	103	102	150	103	102	150	103	102	150
149	104	150	104	103	151	104	103	151	104	103	151
150	105	151	105	104	152	105	104	152	105	104	152
151	106	152	106	105	153	106	105	153	106	105	153
152	107	153	107	106	154	107	106	154	107	106	154
153	108	154	108	107	155	108	107	155	108	107	155
154	109	155	109	108	156	109	108	156	109	108	156
155	110	156	110	109	157	110	109	157	110	109	157
156	111	157	111	110	158	111	110	158	111	110	158
157	112	158	112	111	159	112	111	159	112	111	159
158	113	159	113	112	160	113	112	160	113	112	160
159	114	160	114	113	161	114	113	161	114	113	161
160	115	161	115	114	162	115	114	162	115	114	162
161	116	162	116	115	163	116	115	163	116	115	163
162	117	163	117	116	164	117	116	164	117	116	164
163	118	164	118	117	165	118	117	165	118	117	165
164	119	165	119	118	166	119	118	166	119	118	166
165	120	166	120	119	167	120	119	167	120	119	167
166	121	167	121	120	168	121	120	168	121	120	168
167	122	168	122	121	169	122	121	169	122	121	169
168	123	169	123	122	170	123	122	170	123	122	170
169	124	170	124	123	171	124	123	171	124	123	171
170	125	171	125	124	172	125	124	172	125	124	172
171	126	172	126	125	173	126	125	173	126	125	173
172	127	173	127	126	174	127	126	1			

年 令	其 他 作 業 者	438. 飲食、宿泊、其 他、運輸業			439. 通運業、倉庫業、其 他土木建築業		
		男 性	女 性	男 性	女 性	男 性	女 性
15 歳以下	1						
16	2						
17	3						
18	2						
19	3						
20	2						
21	2						
22	2						
23	2						
24	2						
25	2						
26	2						
27	2						
28	2						
29	2						
30	2						
31	2						
32	2						
33	2						
34	2						
35	2						
36	2						
37	2						
38	2						
39	2						
40	2						
41	2						
42	2						
43	2						
44	2						
45	2						
46	2						
47	2						
48	2						
49	2						
50	2						
51	2						
52	2						
53	2						
54	2						
55	2						
56	2						
57	2						
58	2						
59	2						
60	2						
61	2						
62	2						
63	2						
64	2						
65	2						
66	2						
67	2						
68	2						
69	2						
70	2						
71	2						
72	2						
73	2						
74	2						
75	2						
76	2						
77	2						
78	2						
79	2						
80	2						
81	2						
82	2						
83	2						
84	2						
85	2						
86	2						
87	2						
88	2						
89	2						
90	2						
91	2						
92	2						
93	2						
94	2						
95	2						
96	2						
97	2						
98	2						
99	2						
100	2						
101	2						
102	2						
103	2						
104	2						
105	2						
106	2						
107	2						
108	2						
109	2						
110	2						
111	2						
112	2						
113	2						
114	2						
115	2						
116	2						
117	2						
118	2						
119	2						
120	2						
121	2						
122	2						
123	2						
124	2						
125	2						
126	2						
127	2						
128	2						
129	2						
130	2						
131	2						
132	2						
133	2						
134	2						
135	2						
136	2						
137	2						
138	2						
139	2						
140	2						
141	2						
142	2						
143	2						
144	2						
145	2						
146	2						
147	2						
148	2						
149	2						
150	2						
151	2						
152	2						
153	2						
154	2						
155	2						
156	2						
157	2						
158	2						
159	2						
160	2						
161	2						
162	2						
163	2						
164	2						
165	2						
166	2						
167	2						
168	2						
169	2						
170	2						
171	2						
172	2						
173	2						
174	2						
175	2						
176	2						
177	2						
178	2						
179	2						
180	2						
181	2						
182	2						
183	2						
184	2						
185	2						
186	2						
187	2						
188	2						
189	2						
190	2						
191	2						
192	2						
193	2						
194	2						
195	2						
196	2						
197	2						
198	2						
199	2						
200	2						
201	2						
202	2						
203	2						
204	2						
205	2						
206	2						
207	2						
208	2						
209	2						
210	2						
211	2						
212	2						
213	2						
214	2						
215	2						
216	2						
217	2						
218	2						
219	2						
220	2						
221	2						
222	2						
223	2						
224	2						
225	2						
226	2						
227	2						
228	2						
229	2						
230	2						
231	2						
232	2						
233	2						
234	2						
235	2						
236	2						
237	2						
238	2						
239	2						
240	2						
241	2						
242	2						
243	2						
244	2						
245	2						
246	2						
247	2						
248	2						
249	2						
250	2						
251	2						
252	2						
253	2						
254	2						
255	2						
256	2						
257	2						
258	2						
259	2						
260	2						
261	2						
262	2						
263	2						
264	2						
265	2						
266	2						
267	2						
268	2						
269	2						
270	2						
271	2						
272	2						
273	2						
274	2						
275	2						
276	2						
277	2						
278	2						
279	2						
280	2						
281	2						
282	2						
283	2						
284	2						
285	2						
286	2						
287	2						
288	2						
289	2						
290	2						
291	2						
292	2						
293	2						
294	2						
295	2						
296	2						
297	2	</					

年 齢		性別		業種		経営者		一般事務者		人材育成・育成者		店員・販賣・集金人		営業・販賣・店舗運営者		芸妓・相撲・演劇・音楽		小売・給仕・備品販賣		其の他の作業者		其他職業者	
年 齢	性別	男	女	男	女	男	女	男	女	男	女	男	女	男	女	男	女	男	女	男	女		
十 一 歳	男																						
十 一 歳	女																						
十 二 歳	男																						
十 二 歳	女																						
十 三 歳	男																						
十 三 歳	女																						
十 四 歳	男																						
十 四 歳	女																						
十 五 歳	男																						
十 五 歳	女																						
十 六 歳	男																						
十 六 歳	女																						
十 七 歳	男																						
十 七 歳	女																						
十 八 歳	男																						
十 八 歳	女																						
十 九 歳	男																						
十 九 歳	女																						
二十 歳	男																						
二十 歳	女																						
二十 一 歳	男																						
二十 一 歳	女																						
二十 二 歳	男																						
二十 二 歳	女																						
二十 三 歳	男																						
二十 三 歳	女																						
二十 四 歳	男																						
二十 四 歳	女																						
二十 五 歳	男																						
二十 五 歳	女																						
二十 六 歳	男																						
二十 六 歳	女																						
二十 七 歳	男																						
二十 七 歳	女																						
二十 八 歳	男																						
二十 八 歳	女																						
二十 九 歳	男																						
二十 九 歳	女																						
三十 歳	男																						
三十 歳	女																						
三十 一 歳	男																						
三十 一 歳	女																						
三十 二 歳	男																						
三十 二 歳	女																						
三十 三 歳	男																						
三十 三 歳	女																						
三十 四 歳	男																						
三十 四 歳	女																						
三十 五 歳	男																						
三十 五 歳	女																						
三十 六 歳	男																						
三十 六 歳	女																						
三十 七 歳	男																						
三十 七 歳	女																						
三十 八 歳	男																						
三十 八 歳	女																						
三十 九 歳	男																						
三十 九 歳	女																						
四十 歳	男																						
四十 歳	女																						
四十 一 歳	男																						
四十 一 歳	女																						
四十 二 歳	男																						
四十 二 歳	女																						
四十 三 歳	男																						
四十 三 歳	女																						
四十 四 歳	男																						
四十 四 歳	女																						
四十 五 歳	男																						
四十 五 歳	女																						
四十 六 歳	男																						
四十 六 歳	女																						
四十 七 歳	男																						
四十 七 歳	女																						
四十 八 歳	男																						
四十 八 歳	女																						
四十 九 歳	男																						
四十 九 歳	女																						
五十 歳	男																						
五十 歳	女																						
五十 一 歳	男																						
五十 一 歳	女																						
五十 二 歳	男																						
五十 二 歳	女																						
五十 三 歳	男																						
五十 三 歳	女																						
五十 四 歳	男																						
五十 四 歳	女																						
五十 五 歳	男																						
五十 五 歳	女																						
五十 六 歳	男																						
五十 六 歳	女																						
五十 七 歳	男																						
五十 七 歳	女																						
五十 八 歳	男																						
五十 八 歳	女																						
五十 九 歳	男																						
五十 九 歳	女																						
六十 歳	男																						
六十 歳	女																						
六十 一 歳	男																						
六十 一 歳	女																						
六十 二 歳	男																						
六十 二 歳	女																						
六十 三 歳	男																						
六十 三 歳	女																						
六十 四 歳	男																						
六十 四 歳	女																						
六十 五 歳	男																						
六十 五 歳	女																						
六十 六 歳	男																						
六十 六 歳	女			</td																			

年 令	444 集 團		農業		445 其 他 / 商 業						
	小地 主	地主 兼營者	其 他 / 作 業者	總 數	一 般事 務者	廣 光社上 係事務者	辦 記係事務者	泰 比士、蘇 聯、高 產作 業者	料理 人コソク	自動 運送手	人力 萬夫、萬 力司者
男	女	男	女	男	女	男	女	男	女	男	女
十 代 以 下											
十 四 四 五											
十 五 四 五											
十 六 四 五											
十 七 四 五											
十 八 四 五											
十 九 四 五											
二十 四 五											
二十一 四 五											
二十二 四 五											
二十三 四 五											
二十四 四 五											
二十五 四 五											
二十六 四 五											
二十七 四 五											
二十八 四 五											
二十九 四 五											
三十 四 五											
三十一 四 五											
三十二 四 五											
三十三 四 五											
三十四 四 五											
三十五 四 五											
三十六 四 五											
三十七 四 五											
三十八 四 五											
三十九 四 五											
四十 四 五											
四十一 四 五											
四十二 四 五											
四十三 四 五											
四十四 四 五											
四十五 四 五											
四十六 四 五											
四十七 四 五											
四十八 四 五											
四十九 四 五											
五十 四 五											
五十一 四 五											
五十二 四 五											
五十三 四 五											
五十四 四 五											
五十五 四 五											
五十六 四 五											
五十七 四 五											
五十八 四 五											
五十九 四 五											
六十 四 五											
六十一 四 五											
六十二 四 五											
六十三 四 五											
六十四 四 五											
六十五 四 五											
六十六 四 五											
六十七 四 五											
六十八 四 五											
六十九 四 五											
七十 四 五											
七十一 四 五											
七十二 四 五											
七十三 四 五											
七十四 四 五											
七十五 四 五											
七十六 四 五											
七十七 四 五											
七十八 四 五											
七十九 四 五											
八十 四 五											
八十一 四 五											
八十二 四 五											
八十三 四 五											
八十四 四 五											
八十五 四 五											
八十六 四 五											
八十七 四 五											
八十八 四 五											
八十九 四 五											
九十 四 五											
九十一 四 五											
九十二 四 五											
九十三 四 五											
九十四 四 五											
九十五 四 五											
九十六 四 五											
九十七 四 五											
九十八 四 五											
九十九 四 五											
一百 四 五											
一百一 四 五											
一百二 四 五											
一百三 四 五											
一百四 四 五											
一百五 四 五											
一百六 四 五											
一百七 四 五											
一百八 四 五											
一百九 四 五											
一百十 四 五											
一百一 四 五											
一百二 四 五											
一百三 四 五											
一百四 四 五											
一百五 四 五											
一百六 四 五											
一百七 四 五											
一百八 四 五											
一百九 四 五											
一百十 四 五											
一百一 四 五											
一百二 四 五											
一百三 四 五											
一百四 四 五											
一百五 四 五											
一百六 四 五											
一百七 四 五											
一百八 四 五											
一百九 四 五											
一百十 四 五											
一百一 四 五											
一百二 四 五											
一百三 四 五											
一百四 四 五											
一百五 四 五											
一百六 四 五											
一百七 四 五											
一百八 四 五											
一百九 四 五											
一百十 四 五											
一百一 四 五											
一百二 四 五											
一百三 四 五											
一百四 四 五											
一百五 四 五											
一百六 四 五											
一百七 四 五											
一百八 四 五											
一百九 四 五											
一百十 四 五											
一百一 四 五											
一百二 四 五											
一百三 四 五											
一百四 四 五											
一百五 四 五											
一百六 四 五											
一百七 四 五											
一百八 四 五											
一百九 四 五											
一百十 四 五											
一百一 四 五											
一百二 四 五											
一百三 四 五											
一百四 四 五											
一百五 四 五											
一百六 四 五											
一百七 四 五											
一百八 四 五											
一百九 四 五											
一百十 四 五											
一百一 四 五											
一百二 四 五											
一百三 四 五											
一百四 四 五											
一百五 四 五											
一百六 四 五											
一百七 四 五											
一百八 四 五											
一百九 四 五											
一百十 四 五											
一百一 四 五											
一百二 四 五											
一百三 四 五											
一百四 四 五											
一百五 四 五											
一百六 四 五											
一百七 四 五											
一百八 四 五											
一百九 四 五											
一百十 四 五											
一百一 四 五											
一百二 四 五											
一百三 四 五											
一百四 四 五											
一百五 四 五											
一百六 四 五											
一百七 四 五											
一百八 四 五											
一百九 四 五											
一百十 四 五											
一百一 四 五											

年 齢 組	電気工 業		通信機器工 業		其の他電工 業		塗装工 業		機械器具修理工 業		自動車駕手 業		運送業		自動車運転手 業		乗 車		客 車		駆逐兵駕手 業		駆逐兵水夫用 船	
	男	女	男	女	男	女	男	女	男	女	男	女	男	女	男	女	男	女	男	女	男	女		
下 限 以下																								
下 限 以上																								
十 四 歳																								
十 五 歳																								
十 六 歳																								
十 七 歳																								
十 八 歳																								
十 九 歳																								
二十 歳																								
二十 一 歳																								
二十 二 歳																								
二十 三 歳																								
二十 四 歳																								
二十 五 歳																								
二十 六 歳																								
二十 七 歳																								
二十 八 歳																								
二十 九 歳																								
三十 歳																								
三十 一 歳																								
三十 二 歳																								
三十 三 歳																								
三十 四 歳																								
三十 五 歳																								
三十 六 歳																								
三十 七 歳																								
三十 八 歳																								
三十 九 歳																								
四十 歳																								
四十 一 歳																								
四十 二 歳																								
四十 三 歳																								
四十 四 歳																								
四十 五 歳																								
四十 六 歳																								
四十 七 歳																								
四十 八 歳																								
四十 九 歳																								
五十 歳																								
五十 一 歳																								
五十 二 歳																								
五十 三 歳																								
五十 四 歳																								
五十 五 歳																								
五十 六 歳																								
五十 七 歳																								
五十 八 歳																								
五十 九 歳																								
六十 歳																								
六十 一 歳																								
六十 二 歳																								
六十 三 歳																								
六十 四 歳																								
六十 五 歳																								
六十 六 歳																								
六十 七 歳																								
六十 八 歳																								
六十 九 歳																								
七十 歳																								
七十 一 歳																								
七十 二 歳																								
七十 三 歳																								
七十 四 歳																								
七十 五 歳																								
七十 六 歳																								
七十 七 歳																								
七十 八 歳																								
七十 九 歳																								
八十 歳																								
八十 一 歳																								
八十 二 歳																								
八十 三 歳																								
八十 四 歳																								
八十 五 歳																								
八十 六 歳																								
八十 七 歳																								
八十 八 歳																								
八十 九 歳																								
九十 歳																								
九十一 歳																								
九十二 歳																								
九十三 歳																								
九十四 歳																								
九十五 歳																								
九十六 歳																								
九十七 歳																								
九十八 歳																								
九十九 歳																								
一百 歳																								
合 計	3	2	5	2	2	3	5	25	20	27	20	2	4											

年 令	性 別	農林水産研究所員		電気機械器具工		料理人コソク		コンクリート鉄工		其ノ他土木施設業者		其ノ他／電工		表裏工場工		機械機器製造		自動車販手		其ノ他ノ医療業者		店舗子、社員、借入人	
		男	女	男	女	男	女	男	女	男	女	男	女	男	女	男	女	男	女	男	女		
二十 歳以下																							
十三 歳																							
十四 歳																							
十五 歳																							
十六 歳																							
十七 歳																							
十八 歳																							
十九 歳																							
二十 歳																							
二十一 歳																							
二十二 歳																							
二十三 歳																							
二十四 歳																							
二十五 歳																							
二十六 歳																							
二十七 歳																							
二十八 歳																							
二十九 歳																							
三十 歳																							
三十一 歳																							
三十二 歳																							
三十三 歳																							
三十四 歳																							
三十五 歳																							
三十六 歳																							
三十七 歳																							
三十八 歳																							
三十九 歳																							
四十 歳																							
四十一 歳																							
四十二 歳																							
四十三 歳																							
四十四 歳																							
四十五 歳																							
四十六 歳																							
四十七 歳																							
四十八 歳																							
四十九 歳																							
五十 歳																							
五十一 歳																							
五十二 歳																							
五十三 歳																							
五十四 歳																							
五十五 歳																							
五十六 歳																							
五十七 歳																							
五十八 歳																							
五十九 歳																							
六十 歳																							
六十一 歳																							
六十二 歳																							
六十三 歳																							
六十四 歳																							
六十五 歳																							
六十六 歳																							
六十七 歳																							
六十八 歳																							
六十九 歳																							
七十 歳																							
七十一 歳																							
七十二 歳																							
七十三 歳																							
七十四 歳																							
七十五 歳																							
七十六 歳																							
七十七 歳																							
七十八 歳																							
七十九 歳																							
八十 歳																							
八十一 歳																							
八十二 歳																							
八十三 歳																							
八十四 歳																							
八十五 歳																							
八十六 歳																							
八十七 歳																							
八十八 歳																							
八十九 歳																							
九十 歳																							
九十一 歳																							
九十二 歳																							
九十三 歳																							
九十四 歳																							
九十五 歳																							
九十六 歳																							
九十七 歳																							
九十八 歳																							
九十九 歳																							
一百 歳																							
一百一 歳																							
一百二 歳																							
一百三 歳																							
一百四 歳																							
一百五 歳																							
一百六 歳																							
一百七 歳																							
一百八 歳																							
一百九 歳																							
一百十 歳																							
一百十一 歳																							
一百十二 歳																							
一百十三 歳																							
一百十四 歳																							
一百十五 歳																							
一百十六 歳																							
一百十七 歳																							
一百十八 歳																							
一百十九 歳																							
一百二十 歳																							
一百二十一 歳																							
一百二十二 歳																							
一百二十三 歳																							

463 汽水事務(他二分類サレザルノ)																									
被服		一般事務者		簿記係事務者		通		駕		タイピスト・筆耕		農業技術者		蚕糸技術者		蓄産技術者		獸医師、獸医手		土木技術者		鍛冶技術者		航空機操縦士	
年齢	性別	男	女	男	女	男	女	男	女	男	女	男	女	男	女	男	女	男	女	男	女	男	女	男	女
十二歳以下																									
十三歳	男	2	1																						
十四歳	男	2	2																						
十五歳	男	2	2																						
十六歳	男	2	2																						
十七歳	男	2	2																						
十八歳	男	3	1																						
十九歳	男	10	1																						
二十歳	男	9	1																						
二十一歳	男	1																							
二十二歳	男	23	2																						
二十三歳	男	2	2																						
二十四歳	男	12	1																						
二十五歳	男	12	1																						
二十六歳	男	8	1																						
二十七歳	男	2	1																						
二十八歳	男	2	1																						
二十九歳	男	6	1																						
三十歳	男	2	1																						
三十一歳	男	6	1																						
三十二歳	男	2	1																						
三十三歳	男	2	1																						
三十四歳	男	2	1																						
三十五歳	男	4	1																						
三十六歳	男	1																							
三十七歳	男	2	1																						
三十八歳	男	2	1																						
三十九歳	男	2	1																						
四十歳	男	2	1																						
四十一歳	男	1																							
四十二歳	男	1																							
四十三歳	男	4	1																						
四十四歳	男	2	1																						
四十五歳	男	1																							
四十六歳	男	1																							
四十七歳	男	2	1																						
四十八歳	男	2	1																						
四十九歳	男	1																							
五十歳	男	3	1																						
五十一歳	男	2	1																						
五十二歳	男	1																							
五十三歳	男	1																							
五十四歳	男	1																							
五十五歳	男	1																							
五十六歳	男	1																							
五十七歳	男	1																							
五十八歳	男	1																							
五十九歳	男	1																							
六十歳	男	1																							
六十一歳	男	1																							
六十二歳	男	1																							
六十三歳	男	1																							
合計	男	229	6	1	2	3	4	1	2	3	2	1	2	3	2	1	2	3	2	1	2	3	2	1	

464 隆重(地二分類セラーレサルベ)

機

業

年 齢 組	年 齢 組	総 数		一般事務者		衛生係事務者		通 報 員		駕 手		タイピスト兼拂		化 学 技 術 者		建築技術者		航空機操縦士		航空機操縦士		農耕作業者	
		男	女	男	女	男	女	男	女	男	女	男	女	男	女	男	女	男	女	男	女	男	女
二十歳以下	二十歳以下	/	/	/	/	/	/	/	/	/	/	/	/	/	/	/	/	/	/	/	/	/	/
二十一歳	二十一歳	/	/	/	/	/	/	/	/	/	/	/	/	/	/	/	/	/	/	/	/	/	/
二十二歳	二十二歳	/	/	/	/	/	/	/	/	/	/	/	/	/	/	/	/	/	/	/	/	/	/
二十三歳	二十三歳	/	/	/	/	/	/	/	/	/	/	/	/	/	/	/	/	/	/	/	/	/	/
二十四歳	二十四歳	/	/	/	/	/	/	/	/	/	/	/	/	/	/	/	/	/	/	/	/	/	/
二十五歳	二十五歳	/	/	/	/	/	/	/	/	/	/	/	/	/	/	/	/	/	/	/	/	/	/
二十六歳	二十六歳	/	/	/	/	/	/	/	/	/	/	/	/	/	/	/	/	/	/	/	/	/	/
二十七歳	二十七歳	/	/	/	/	/	/	/	/	/	/	/	/	/	/	/	/	/	/	/	/	/	/
二十八歳	二十八歳	/	/	/	/	/	/	/	/	/	/	/	/	/	/	/	/	/	/	/	/	/	/
二十九歳	二十九歳	/	/	/	/	/	/	/	/	/	/	/	/	/	/	/	/	/	/	/	/	/	/
三十歳	三十歳	/	/	/	/	/	/	/	/	/	/	/	/	/	/	/	/	/	/	/	/	/	/
三十一歳	三十一歳	/	/	/	/	/	/	/	/	/	/	/	/	/	/	/	/	/	/	/	/	/	/
三十二歳	三十二歳	/	/	/	/	/	/	/	/	/	/	/	/	/	/	/	/	/	/	/	/	/	/
三十三歳	三十三歳	/	/	/	/	/	/	/	/	/	/	/	/	/	/	/	/	/	/	/	/	/	/
三十四歳	三十四歳	/	/	/	/	/	/	/	/	/	/	/	/	/	/	/	/	/	/	/	/	/	/
三十五歳	三十五歳	/	/	/	/	/	/	/	/	/	/	/	/	/	/	/	/	/	/	/	/	/	/
三十六歳	三十六歳	/	/	/	/	/	/	/	/	/	/	/	/	/	/	/	/	/	/	/	/	/	/
三十七歳	三十七歳	/	/	/	/	/	/	/	/	/	/	/	/	/	/	/	/	/	/	/	/	/	/
三十八歳	三十八歳	/	/	/	/	/	/	/	/	/	/	/	/	/	/	/	/	/	/	/	/	/	/
三十九歳	三十九歳	/	/	/	/	/	/	/	/	/	/	/	/	/	/	/	/	/	/	/	/	/	/
四十歳	四十歳	/	/	/	/	/	/	/	/	/	/	/	/	/	/	/	/	/	/	/	/	/	/
四十一歳	四十一歳	/	/	/	/	/	/	/	/	/	/	/	/	/	/	/	/	/	/	/	/	/	/
四十二歳	四十二歳	/	/	/	/	/	/	/	/	/	/	/	/	/	/	/	/	/	/	/	/	/	/
四十三歳	四十三歳	/	/	/	/	/	/	/	/	/	/	/	/	/	/	/	/	/	/	/	/	/	/
四十四歳	四十四歳	/	/	/	/	/	/	/	/	/	/	/	/	/	/	/	/	/	/	/	/	/	/
四十五歳	四十五歳	/	/	/	/	/	/	/	/	/	/	/	/	/	/	/	/	/	/	/	/	/	/
四十六歳	四十六歳	/	/	/	/	/	/	/	/	/	/	/	/	/	/	/	/	/	/	/	/	/	/
四十七歳	四十七歳	/	/	/	/	/	/	/	/	/	/	/	/	/	/	/	/	/	/	/	/	/	/
四十八歳	四十八歳	/	/	/	/	/	/	/	/	/	/	/	/	/	/	/	/	/	/	/	/	/	/
四十九歳	四十九歳	/	/	/	/	/	/	/	/	/	/	/	/	/	/	/	/	/	/	/	/	/	/
五十歳	五十歳	/	/	/	/	/	/	/	/	/	/	/	/	/	/	/	/	/	/	/	/	/	/
五十一歳	五十一歳	/	/	/	/	/	/	/	/	/	/	/	/	/	/	/	/	/	/	/	/	/	/
五十二歳	五十二歳	/	/	/	/	/	/	/	/	/	/	/	/	/	/	/	/	/	/	/	/	/	/
五十三歳	五十三歳	/	/	/	/	/	/	/	/	/	/	/	/	/	/	/	/	/	/	/	/	/	/
五十四歳	五十四歳	/	/	/	/	/	/	/	/	/	/	/	/	/	/	/	/	/	/	/	/	/	/
五十五歳	五十五歳	/	/	/	/	/	/	/	/	/	/	/	/	/	/	/	/	/	/	/	/	/	/
五十六歳	五十六歳	/	/	/	/	/	/	/	/	/	/	/	/	/	/	/	/	/	/	/	/	/	/
五十七歳	五十七歳	/	/	/	/	/	/	/	/	/	/	/	/	/	/	/	/	/	/	/	/	/	/
五十八歳	五十八歳	/	/	/	/	/	/	/	/	/	/	/	/	/	/	/	/	/	/	/	/	/	/
五十九歳	五十九歳	/	/	/	/	/	/	/	/	/	/	/	/	/	/	/	/	/	/	/	/	/	/
六十歳以上	六十歳以上	/	/	/	/	/	/	/	/	/	/	/	/	/	/	/	/	/	/	/	/	/	/
年齢不詳	年齢不詳	/	/	/	/	/	/	/	/	/	/	/	/	/	/	/	/	/	/	/	/	/	/
合	合	/	/	/	/	/	/	/	/	/	/	/	/	/	/	/	/	/	/	/	/	/	/
	H	105	4	10	1	1	1	6	2	1	1	1	1	1	1	1	1	1	1	1	1	1	1

465 海軍(他) 分類セラレザレー()		466 井澤土、井澤士事務所		467 駐連使役公職人交場、司法士事務所				
年 代	性 別	火・水・油差 小便・浴槽 小便・浴槽・排水者	海軍軍人 海軍軍人	総 数	一般事務者 タバコ・スト、兼辨 男 女	井澤土、井澤士 タバコ・スト、兼辨 男 女	総 数	一般事務者 タバコ・スト、兼辨 男 女
二十 歳以下	男	/	/	1	/	/	1	/
二十一 歳	男	/	/	1	/	/	1	/
二十二 歳	男	/	/	1	/	/	1	/
二十三 歳	男	/	/	1	/	/	1	/
二十四 歳	男	/	/	1	/	/	1	/
二十五 歳	男	/	/	1	/	/	1	/
二十六 歳	男	/	/	1	/	/	1	/
二十七 歳	男	/	/	1	/	/	1	/
二十八 歳	男	/	/	1	/	/	1	/
二十九 歳	男	/	/	1	/	/	1	/
三十 歳	男	/	/	1	/	/	1	/
三十一 歳	男	/	/	1	/	/	1	/
三十二 歳	男	/	/	1	/	/	1	/
三十三 歳	男	/	/	1	/	/	1	/
三十四 歳	男	/	/	1	/	/	1	/
三十五 歳	男	/	/	1	/	/	1	/
三十六 歳	男	/	/	1	/	/	1	/
三十七 歳	男	/	/	1	/	/	1	/
三十八 歳	男	/	/	1	/	/	1	/
三十九 歳	男	/	/	1	/	/	1	/
四十 歳	男	/	/	1	/	/	1	/
四十一 歳	男	/	/	1	/	/	1	/
四十二 歳	男	/	/	1	/	/	1	/
四十三 歳	男	/	/	1	/	/	1	/
四十四 歳	男	/	/	1	/	/	1	/
四十五 歳	男	/	/	1	/	/	1	/
四十六 歳	男	/	/	1	/	/	1	/
四十七 歳	男	/	/	1	/	/	1	/
四十八 歳	男	/	/	1	/	/	1	/
四十九 歳	男	/	/	1	/	/	1	/
五十 歳	男	/	/	1	/	/	1	/
五十一 歳	男	/	/	1	/	/	1	/
五十二 歳	男	/	/	1	/	/	1	/
五十三 歳	男	/	/	1	/	/	1	/
五十四 歳	男	/	/	1	/	/	1	/
五十五 歳	男	/	/	1	/	/	1	/
五十六 歳	男	/	/	1	/	/	1	/
五十七 歳	男	/	/	1	/	/	1	/
五十八 歳	男	/	/	1	/	/	1	/
五十九 歳	男	/	/	1	/	/	1	/
六十 歳以上	男	/	/	1	/	/	1	/
半 島	男	/	/	1	/	/	1	/
合 計	男	/	/	6	/	/	8	/
		6	/	11	/	/	12	/
		/	1	/	45	2	30	/
		/	/	1	/	/	1	1

468 学 校

年 齢	性別	洋服師	裁断工	製材工	料理人コック	其ノ施士達新業者	航空機整備員	其ノ他ノ医療従事者	汽 船 士	小使 洁社 酒役者	露酒王(モードルウ)	其ノ他ノ作業者	408学 校			
													男	女	男	女
十 歳 以 下													2			
十 三 歳													2			
十 四 歳													2			
十 五 歳													2			
十 六 歳													2			
十 七 歳													2			
十 八 歳													2			
十 九 歳													2			
二十 歳													2			
二十一 歳													2			
二十二 歳													2			
二十三 歳													2			
二十四 歳													2			
二十五 歳													2			
二十六 歳													2			
二十七 歳													2			
二十八 歳													2			
二十九 歳													2			
三十 歳													2			
三十一 歳													2			
三十二 歳													2			
三十三 歳													2			
三十四 歳													2			
三十五 歳													2			
三十六 歳													2			
三十七 歳													2			
三十八 歳													2			
三十九 歳													2			
四十 歳													2			
四十一 歳													2			
四十二 歳													2			
四十三 歳													2			
四十四 歳													2			
四十五 歳													2			
四十六 歳													2			
四十七 歳													2			
四十八 歳													2			
四十九 歳													2			
五十 歳													2			
五十一 歳													2			
五十二 歳													2			
五十三 歳													2			
五十四 歳													2			
五十五 歳													2			
五十六 歳													2			
五十七 歳													2			
五十八 歳													2			
五十九 歳													2			
六十 歳													2			
六十 歳 不 記													2			
合													3	3	2	2

年 齢	性別	ミシシ工	料理人コツク	鍛造工	鍛削工	コンクリート工	其他土木機械手	其他土木電工	自動車運転手	人力車夫、馬方観者	駆逐艦乗組員	電話交換手	面接技工	★
	男	女	男	女	男	女	男	女	男	女	男	女	男	女
二十歳以下														
十三歳														
十四歳														
十五歳														
十六歳														
十七歳														
十八歳														
十九歳														
二十歳														
二十一歳														
二十二歳														
二十三歳														
二十四歳														
二十五歳														
二十六歳														
二十七歳														
二十八歳														
二十九歳														
三十歳														
三十一歳														
三十二歳														
三十三歳														
三十四歳														
三十五歳														
三十六歳														
三十七歳														
三十八歳														
三十九歳														
四十歳														
四十一歳														
四十二歳														
四十三歳														
四十四歳														
四十五歳														
四十六歳														
四十七歳														
四十八歳														
四十九歳														
五十歳														
合計		15	2	2	9	43	25	20	2	13	163	7		

年 齢	看 護 婦		產 婆		技 術 師		其 他 医 療 者		藥 品 批 准 者		醫 院 事 業 者		小 便 給 仕 業 者		其 他 作 業 者		更 公 業 事 業 者	
	男	女	男	女	男	女	男	女	男	女	男	女	男	女	男	女	男	女
十 歲 以 下																		
十 一 歲																		
十 二 歲																		
十 三 歲																		
十 四 歲																		
十 五 歲																		
十 六 歲																		
十 七 歲																		
十 八 歲																		
十 九 歲																		
二十 歲																		
二十一 歲																		
二十二 歲																		
二十三 歲																		
二十四 歲																		
二十五 歲																		
二十六 歲																		
二十七 歲																		
二十八 歲																		
二十九 歲																		
三十 歲																		
三十一 歲																		
三十二 歲																		
三十三 歲																		
三十四 歲																		
三十五 歲																		
三十六 歲																		
三十七 歲																		
三十八 歲																		
三十九 歲																		
四十 歲																		
四十一 歲																		
四十二 歲																		
四十三 歲																		
四十四 歲																		
四十五 歲																		
四十六 歲																		
四十七 歲																		
四十八 歲																		
四十九 歲																		
五十 歲																		
五十一 歲																		
五十二 歲																		
五十三 歲																		
五十四 歲																		
五十五 歲																		
五十六 歲																		
五十七 歲																		
五十八 歲																		
五十九 歲																		
六十 歲																		
六十一 歲																		
六十二 歲																		
六十三 歲																		
六十四 歲																		
六十五 歲																		
六十六 歲																		
六十七 歲																		
六十八 歲																		
六十九 歲																		
七十 歲																		
七十一 歲																		
七十二 歲																		
七十三 歲																		
七十四 歲																		
七十五 歲																		
七十六 歲																		
七十七 歲																		
七十八 歲																		
七十九 歲																		
八十 歲																		
八十一 歲																		
八十二 歲																		
八十三 歲																		
八十四 歲																		
八十五 歲																		
八十六 歲																		
八十七 歲																		
八十八 歲																		
八十九 歲																		
九十 歲																		
九十一 歲																		
九十二 歲																		
九十三 歲																		
九十四 歲																		
九十五 歲																		
九十六 歲																		
九十七 歲																		
九十八 歲																		
九十九 歲																		
一百 歲																		

		475 例 婴 儿 营 养		477 例 婴 儿 营 养	
年 龄 组	性 别	总 数	男 女	产 妇	其/他 医 疗 事 务
			男 女	男 女	男 女
十岁以下	男	4	2 2	/ 5	5
十一至一岁	男	25	13 12	3 2	20 23
十二至二岁	男	11	6 5	—	—
十三至三岁	男	10	5 5	—	—
十四至四岁	男	10	5 5	—	—
十五至五岁	男	10	5 5	—	—
十六至六岁	男	10	5 5	—	—
十七至七岁	男	10	5 5	—	—
十八至八岁	男	10	5 5	—	—
十九至九岁	男	10	5 5	—	—
二十至十岁	男	10	5 5	—	—
十一至一岁	女	2	—	—	2
十二至二岁	女	2	—	—	2
十三至三岁	女	2	—	—	2
十四至四岁	女	2	—	—	2
十五至五岁	女	2	—	—	2
十六至六岁	女	2	—	—	2
十七至七岁	女	2	—	—	2
十八至八岁	女	2	—	—	2
十九至九岁	女	2	—	—	2
二十至十岁	女	2	—	—	2
十一至一岁	男	3	—	—	3
十二至二岁	男	2	—	—	2
十三至三岁	男	2	—	—	2
十四至四岁	男	2	—	—	2
十五至五岁	男	2	—	—	2
十六至六岁	男	2	—	—	2
十七至七岁	男	2	—	—	2
十八至八岁	男	2	—	—	2
十九至九岁	男	2	—	—	2
二十至十岁	男	2	—	—	2
十一至一岁	女	2	—	—	2
十二至二岁	女	2	—	—	2
十三至三岁	女	2	—	—	2
十四至四岁	女	2	—	—	2
十五至五岁	女	2	—	—	2
十六至六岁	女	2	—	—	2
十七至七岁	女	2	—	—	2
十八至八岁	女	2	—	—	2
十九至九岁	女	2	—	—	2
二十至十岁	女	2	—	—	2

年 齢 組	總 數		花燐/減介断		其他/医療從事者		其他/作業者		總 數		一般事務者		接骨 師		其他/医療從事者		其他/作業者		總 數		理、療、容 理、營 業者	
	男	女	男	女	男	女	男	女	男	女	男	女	男	女	男	女	男	女	男	女	男	女
+ 二十歳以下																				2	-	
+ 二十 一歳																				11	1	
+ 二十一 二歳																				92	2	
+ 二十二 三歳																				32	32	
+ 二十三 四歳																				32	32	
+ 二十三 五歳																				32	32	
+ 二十三 六歳																				32	32	
+ 二十三 七歳																				32	32	
+ 二十三 八歳																				32	32	
+ 二十三 九歳																				32	32	
+ 二十三 十歳																				32	32	
+ 二十三 十一歳																				32	32	
+ 二十三 十二歳																				32	32	
+ 二十三 十三歳																				32	32	
+ 二十三 十四歳																				32	32	
+ 二十三 十五歳																				32	32	
+ 二十三 十六歳																				32	32	
+ 二十三 十七歳																				32	32	
+ 二十三 十八歳																				32	32	
+ 二十三 十九歳																				32	32	
+ 二十三 二十歳																				32	32	
+ 二十三 二十一歳																				32	32	
+ 二十三 二十二歳																				32	32	
+ 二十三 二十三歳																				32	32	
+ 二十三 二十四歳																				32	32	
+ 二十三 二十五歳																				32	32	
+ 二十三 二十六歳																				32	32	
+ 二十三 二十七歳																				32	32	
+ 二十三 二十八歳																				32	32	
+ 二十三 二十九歳																				32	32	
+ 二十三 三十歳																				32	32	
+ 二十三 三十一歳																				32	32	
+ 二十三 三十二歳																				32	32	
+ 二十三 三十三歳																				32	32	
+ 二十三 三十四歳																				32	32	
+ 二十三 三十五歳																				32	32	
+ 二十三 三十六歳																				32	32	
+ 二十三 三十七歳																				32	32	
+ 二十三 三十八歳																				32	32	
+ 二十三 三十九歳																				32	32	
+ 二十三 四十歳																				32	32	
+ 二十三 四十一歳																				32	32	
+ 二十三 四十二歳																				32	32	
+ 二十三 四十三歳																				32	32	
+ 二十三 四十四歳																				32	32	
+ 二十三 四十五歳																				32	32	
+ 二十三 四十六歳																				32	32	
+ 二十三 四十七歳																				32	32	
+ 二十三 四十八歳																				32	32	
+ 二十三 四十九歳																				32	32	
+ 二十三 五十歳																				32	32	
+ 二十三 五十一歳																				32	32	
+ 二十三 五十二歳																				32	32	
+ 二十三 五十三歳																				32	32	
+ 二十三 五十四歳																				32	32	
+ 二十三 五十五歳																				32	32	
+ 二十三 五十六歳																				32	32	
+ 二十三 五十七歳																				32	32	
+ 二十三 五十八歳																				32	32	
+ 二十三 五十九歳																				32	32	
+ 二十三 六十歳																				32	32	
+ 二十三 六十一歳																				32	32	
+ 二十三 六十二歳																				32	32	
+ 二十三 六十三歳																				32	32	
+ 二十三 六十四歳																				32	32	
+ 二十三 六十五歳																				32	32	
+ 二十三 六十六歳																				32	32	
+ 二十三 六十七歳																				32	32	
+ 二十三 六十八歳																				32	32	
+ 二十三 六十九歳																				32	32	
+ 二十三 七十歳																				32	32	
+ 二十三 七十一歳																				32	32	
+ 二十三 七十二歳																				32	32	
+ 二十三 七十三歳																				32	32	
+ 二十三 七十四歳																				32	32	
+ 二十三 七十五歳																				32	32	
+ 二十三 七十六歳																				32	32	
+ 二十三 七十七歳																				32	32	
+ 二十三 七十八歳																				32	32	
+ 二十三 七十九歳																				32	32	
+ 二十三 八十歳																				32	32	
+ 二十三 八十一歳																				32	32	
+ 二十三 八十二歳																				32	32	
+ 二十三 八十三歳																				32	32	
+ 二十三 八十四歳																				32	32	
+ 二十三 八十五歳																				32	32	
+ 二十三 八十六歳																				32	32	
+ 二十三 八十七歳																				32	32	
+ 二十三 八十八歳																				32	32	
+ 二十三 八十九歳																				32	32	
+ 二十三 九十歳																				32	32	
+ 二十三 九十一歳																				32	32	
+ 二十三 九十二歳																				32	32	
+ 二十三 九十三歳																				32	32	
+ 二十三 九十四歳																				32	32	
+ 二十三 九十五歳																				32	32	
+ 二十三 九十六歳																				32	32	
+ 二十三 九十七歳																				32	32	
+ 二十三 九十八歳																				32	32	
+ 二十三 九十九歳																				32	32	
+ 二十三 一百歳																				32	32	
合 計	67		61		3		3		30		2		2		0		0		0	872	56	

年 令 組	接種、輸血歴		其の他の医療従事者		理髪師、整容師、美容師		店員等、注釈なし		汽、織、土、火、夫、油、差		其の他の作業者		総 数	一般労働者		農、漁、林業者		其他士官・軍隊員		人力車夫、馬力、駕者	
	男	女	男	女	男	女	男	女	男	女	男	女		男	女	男	女	男	女	男	女
十歳以下			2		10		1		1		1		1	14		4		4			
一二歳			10		14		3		3		3		3	21		4		4			
三四歳			14		21		3		3		3		3	38		4		4			
五六歳			21		30		3		3		3		3	34		4		4			
七八歳			27		37		3		3		3		3	52		3		3			
八歳			32		32		3		3		3		3	47		3		3			
九歳			32		32		3		3		3		3	58		5		5			
一〇歳			32		32		3		3		3		3	60		4		4			
一一歳			23		23		3		3		3		3	62		2		2			
一二歳			25		25		3		3		3		3	73		2		2			
一三歳			49		45		4		4		4		4	63		4		4			
一四歳			49		45		4		4		4		4	77		4		4			
一五歳			45		45		4		4		4		4	73		4		4			
一六歳			47		42		4		4		4		4	73		4		4			
一七歳			43		42		4		4		4		4	62		2		2			
一八歳			45		39		3		3		3		3	44		16		16			
一九歳			36		36		3		3		3		3	37		10		10			
二〇歳			46		32		3		3		3		3	50		14		14			
二一歳			32		26		3		3		3		3	30		12		12			
二二歳			26		26		3		3		3		3	24		5		5			
二三歳			36		36		3		3		3		3	41		8		8			
二四歳			35		35		3		3		3		3	22		7		7			
二五歳			19		10		3		3		3		3	22		3		3			
二六歳			10		5		3		3		3		3	16		3		3			
二七歳			11		11		3		3		3		3	20		7		7			
二八歳			10		10		3		3		3		3	16		3		3			
二九歳			9		9		3		3		3		3	15		5		5			
三〇歳			8		8		3		3		3		3	15		5		5			
三一歳			10		7		3		3		3		3	15		5		5			
三二歳			5		5		3		3		3		3	15		5		5			
三三歳			5		5		3		3		3		3	15		5		5			
三四歳			5		5		3		3		3		3	15		5		5			
三五歳			5		5		3		3		3		3	15		5		5			
三六歳			10		10		3		3		3		3	24		3		3			
三七歳			10		5		3		3		3		3	20		2		2			
三八歳			11		11		3		3		3		3	30		4		4			
三九歳			10		10		3		3		3		3	20		4		4			
四〇歳			9		9		3		3		3		3	17		3		3			
四一歳			9		9		3		3		3		3	17		3		3			
四二歳			8		8		3		3		3		3	15		5		5			
四三歳			8		8		3		3		3		3	15		5		5			
四四歳			8		8		3		3		3		3	15		5		5			
四五歳			8		8		3		3		3		3	15		5		5			
四六歳			8		8		3		3		3		3	15		5		5			
四七歳			8		8		3		3		3		3	15		5		5			
四八歳			8		8		3		3		3		3	15		5		5			
四九歳			8		8		3		3		3		3	15		5		5			
五〇歳			8		8		3		3		3		3	15		5		5			
五一年			8		8		3		3		3		3	15		5		5			
五二歳			8		8		3		3		3		3	15		5		5			
五三歳			8		8		3		3		3		3	15		5		5			
五四歳			8		8		3		3		3		3	15		5		5			
五五歳			8		8		3		3		3		3	15		5		5			
五六歳			8		8		3		3		3		3	15		5		5			
五七歳			8		8		3		3		3		3	15		5		5			
五八歳			8		8		3		3		3		3	15		5		5			
五九歳			8		8		3		3		3		3	15		5		5			
六〇歳			8		8		3		3		3		3	15		5		5			
六一歳			8		8		3		3		3		3	15		5		5			
六二歳			8		8		3		3		3		3	15		5		5			
六三歳			8		8		3		3		3		3	15		5		5			
六四歳			8		8		3		3		3		3	15		5		5			
六五歳			8		8		3		3		3		3	15		5		5			
六六歳			8		8		3		3		3		3	15		5		5			
六七歳			8		8		3		3		3		3	15		5		5			
六八歳			8		8		3		3		3		3	15		5		5			
六九歳			8		8		3		3		3		3	15		5		5			
七〇歳			8		8		3		3		3		3	15		5		5			
七一歳			8		8		3		3		3		3	15		5		5			
七二歳			8		8		3		3		3		3	15		5		5			
七三歳			8		8		3		3		3		3	15		5		5			
七四歳			8		8		3		3		3		3	15		5		5			
七五歳			8		8		3		3		3		3	15		5		5			
七六歳			8		8		3		3		3		3	15		5		5			
七七歳			8		8		3		3		3		3	15		5		5			
七八歳			8		8		3		3		3		3	15		5		5			
七九歳			8		8		3		3		3		3	15		5		5			
八〇歳			8		8		3		3		3		3	15		5		5			
八一歳			8		8		3		3		3		3	15		5		5			
八二歳			8		8		3		3		3		3	15		5		5			
八三歳			8		8		3		3		3		3	15		5		5			
八四歳			8		8		3		3		3		3	15		5		5			
八五歳			8		8		3		3		3		3	15		5		5			
八六歳			8		8		3		3		3		3	15		5		5			
八七歳			8		8		3		3		3		3	15		5		5			
八八歳			8		8		3		3		3		3	15		5		5			
八九歳			8		8		3		3		3		3	15		5		5			
九〇歳			8		8		3		3		3		3	15		5		5			
九一歳			8		8		3		3		3		3	15		5		5			
九二歳			8		8		3		3		3		3	15		5		5			
九三歳			8		8		3		3		3		3	15		5		5			
九四歳			8		8		3		3		3		3	15		5		5			
九五歳			8		8		3		3		3		3	15		5		5			
九六歳			8		8		3		3		3		3	15		5		5			
九七歳			8		8		3		3		3		3	15		5		5			
九八歳			8		8		3		3		3		3	15		5		5			
九九歳			8		8		3		3		3		3	15		5		5			
一〇〇歳			8		8		3		3		3		3	15		5		5			
一																					

年 齡	性 別	小使給士、船役者	著述家、文芸家	圖案、圖書、雕刻家	總 數	小使給士、船役者	其/他/教職員	音樂家、舞者、俳優	其/他/芸術家、俳優	其他/職業者	男	統 數	大	女	男	統 數	大	女
二十歲以下	男	/			3	/					/				/			
十三歲	男	/				/									/			
十四歲	男	/				/									/			
十五歲	男	/				/									/			
十六歲	男	/				/									/			
十七歲	男	/				/									/			
十八歲	男	/				/									/			
十九歲	男	/				/									/			
二十歲	男	/				/									/			
二十一歲	男	/				/									/			
二十二歲	男	/				/									/			
二十三歲	男	/				/									/			
二十四歲	男	/				/									/			
二十五歲	男	/				/									/			
二十六歲	男	/				/									/			
二十七歲	男	/				/									/			
二十八歲	男	/				/									/			
二十九歲	男	/				/									/			
三十歲	男	/				/									/			
三十一歲	男	/				/									/			
三十二歲	男	/				/									/			
三十三歲	男	/				/									/			
三十四歲	男	/				/									/			
三十五歲	男	/				/									/			
三十六歲	男	/				/									/			
三十七歲	男	/				/									/			
三十八歲	男	/				/									/			
三十九歲	男	/				/									/			
四十歲	男	/				/									/			
四十一歲	男	/				/									/			
四十二歲	男	/				/									/			
四十三歲	男	/				/									/			
四十四歲	男	/				/									/			
四十五歲	男	/				/									/			
四十六歲	男	/				/									/			
四十七歲	男	/				/									/			
四十八歲	男	/				/									/			
四十九歲	男	/				/									/			
五十歲	男	/				/									/			
五十一歲	男	/				/									/			
五十二歲	男	/				/									/			
五十三歲	男	/				/									/			
五十四歲	男	/				/									/			
五十五歲	男	/				/									/			
五十六歲	男	/				/									/			
五十七歲	男	/				/									/			
五十八歲	男	/				/									/			
五十九歲	男	/				/									/			
六十歲	男	/				/									/			
六十一歲	男	/				/									/			
六十二歲	男	/				/									/			
六十三歲	男	/				/									/			
六十四歲	男	/				/									/			
六十五歲	男	/				/									/			
六十六歲	男	/				/									/			
六十七歲	男	/				/									/			
六十八歲	男	/				/									/			
六十九歲	男	/				/									/			
七十歲	男	/				/									/			
七十一歲	男	/				/									/			
七十二歲	男	/				/									/			
七十三歲	男	/				/									/			
七十四歲	男	/				/									/			
七十五歲	男	/				/									/			
七十六歲	男	/				/									/			
七十七歲	男	/				/									/			
七十八歲	男	/				/									/			
七十九歲	男	/				/									/			
八十歲	男	/				/									/			
八十一歲	男	/				/									/			
八十二歲	男	/				/									/			
八十三歲	男	/				/									/			
八十四歲	男	/				/									/			
八十五歲	男	/				/									/			
八十六歲	男	/				/									/			
八十七歲	男	/				/									/			
八十八歲	男	/				/									/			
八十九歲	男	/				/									/			
九十歲	男	/				/									/			
九十一歲	男	/				/									/			
九十二歲	男	/				/									/			
九十三歲	男	/				/									/			
九十四歲	男	/				/									/			
九十五歲	男	/				/									/			
九十六歲	男	/				/									/			
九十七歲	男	/				/									/			
九十八歲	男	/				/									/			
九十九歲	男	/				/									/			
一百歲	男	/				/									/			
一百零一歲	男	/				/									/			
一百零二歲	男	/				/									/			
一百零三歲	男	/				/									/			
一百零四歲	男	/				/									/			
一百零五歲	男	/				/									/			
一百零六歲	男	/				/									/			
一百零七歲	男	/				/									/			
一百零八歲	男	/				/									/			
一百零九歲	男	/				/									/			
一百十歲	男	/				/									/			
一百零一歲	男	/				/									/			
一百零二歲	男	/				/									/			
一百零三歲	男	/				/									/			
一百零四歲	男	/				/									/			
一百零五歲	男	/				/									/			
一百零六歲	男	/				/									/			
一百零七歲	男	/				/									/			
一百零八歲	男	/				/									/			
一百零九歲	男	/				/									/			
一百一十歲	男	/				/									/			
一百一十一歲	男	/				/									/			
一百一十二歲	男	/				/									/			
一百一十三歲	男	/				/									/			
一百一十四歲	男	/				/									/			
一百一十五歲	男	/				/									/			
一百一十六歲	男	/				/									/			
一百一十七歲	男	/				/									/			
一百一十八歲	男	/				/									/			
一百一十九歲	男	/				/									/			
一百二十歲	男	/				/									/			
一百二十一歲	男	/				/									/			
一百二十二歲	男	/				/									/			
一百二十三歲	男	/				/									/			
一百二十四歲	男	/				/									/			
一百二十五歲	男	/				/									/			
一百二十六歲	男	/				/									/			
一百二十七歲	男	/				/									/			
一百二十八歲	男	/				/									/			
一百二十九歲	男	/				/									/			
一百三十歲	男	/				/									/			
一百三十一歲	男	/				/									/			
一百三十二歲	男	/				/												

499 齋 委 团 (5)

年 齋 期 別 大 小	其 他 工 種 操 作	其 他 工 種 操 作	電 工	バ フ	磨 工	動 能 操 作	滑 工	機 械 操 作	園 芸 施 設 操 作	自動 車 運 送	手 推 車 運 送	機 器 操 作	舵 手	水 舟 夫	船 夫	人 力 車 夫	駕 方 客	駕 方 客	搬 運 作
+ 二十歳以下																			
+ 三歳																			
+ 四歳																			
+ 五歳																			
+ 六歳																			
+ 七歳																			
+ 八歳																			
+ 九歳																			
+ 一歳																			
+ 二歳																			
+ 三歳																			
+ 四歳																			
+ 五歳																			
+ 六歳																			
+ 七歳																			
+ 八歳																			
+ 九歳																			
+ 一歳																			
+ 二歳																			
+ 三歳																			
+ 四歳																			
+ 五歳																			
+ 六歳																			
+ 七歳																			
+ 八歳																			
+ 九歳																			
+ 一歳																			
+ 二歳																			
+ 三歳																			
+ 四歳																			
+ 五歳																			
+ 六歳																			
+ 七歳																			
+ 八歳																			
+ 九歳																			
+ 一歳																			
+ 二歳																			
+ 三歳																			
+ 四歳																			
+ 五歳																			
+ 六歳																			
+ 七歳																			
+ 八歳																			
+ 九歳																			
+ 一歳																			
+ 二歳																			
+ 三歳																			
+ 四歳																			
+ 五歳																			
+ 六歳																			
+ 七歳																			
+ 八歳																			
+ 九歳																			
+ 一歳																			
+ 二歳																			
+ 三歳																			
+ 四歳																			
+ 五歳																			
+ 六歳																			
+ 七歳																			
+ 八歳																			
+ 九歳																			
+ 一歳																			
+ 二歳																			
+ 三歳																			
+ 四歳																			
+ 五歳																			
+ 六歳																			
+ 七歳																			
+ 八歳																			
+ 九歳																			
+ 一歳																			
+ 二歳																			
+ 三歳																			
+ 四歳																			
+ 五歳																			
+ 六歳																			
+ 七歳																			
+ 八歳																			
+ 九歳																			
+ 一歳																			
+ 二歳																			
+ 三歳																			
+ 四歳																			
+ 五歳																			
+ 六歳																			
+ 七歳																			
+ 八歳																			
+ 九歳																			
+ 一歳																			
+ 二歳																			
+ 三歳																			
+ 四歳																			
+ 五歳																			
+ 六歳																			
+ 七歳																			
+ 八歳																			
+ 九歳																			
+ 一歳																			
+ 二歳																			
+ 三歳																			
+ 四歳																			
+ 五歳																			
+ 六歳																			
+ 七歳																			
+ 八歳																			
+ 九歳																			
+ 一歳																			
+ 二歳																			
+ 三歳																			
+ 四歳																			
+ 五歳																			
+ 六歳																			
+ 七歳																			
+ 八歳																			
+ 九歳																			
+ 一歳																			
+ 二歳																			
+ 三歳																			
+ 四歳																			
+ 五歳																			
+ 六歳																			
+ 七歳																			
+ 八歳																			
+ 九歳																			
+ 一歳																			
+ 二歳																			
+ 三歳																			
+ 四歳																			
+ 五歳																			
+ 六歳																			
+ 七歳																			
+ 八歳																			
+ 九歳																			
+ 一歳																			
+ 二歳																			
+ 三歳																			
+ 四歳																			

年 齢 組	491社企事業團体										491其ノ他團體										
	文化学 社会科類		藝術家、文芸家		其他／職業者		總數		一般事務者		タバコ・筆耕 者		音楽技術者		機械技術者		化學技術者		電氣化技術者		
男	女	男	女	男	女	男	女	男	女	男	女	男	女	男	女	男	女	男	女	男	女
十 三 歳 以下																					
十 四 歳																					
十 五 歳																					
十 六 歳																					
十 七 歳																					
十 八 歳																					
十 九 歳																					
二十 歳																					
二十一 歳																					
二十二 歳																					
二十三 歳																					
二十四 歳																					
二十五 歳																					
二十六 歳																					
二十七 歳																					
二十八 歳																					
二十九 歳																					
三十 歳																					
三十一 歳																					
三十二 歳																					
三十三 歳																					
三十四 歳																					
三十五 歳																					
三十六 歳																					
三十七 歳																					
三十八 歳																					
三十九 歳																					
四十 歳																					
四十一 歳																					
四十二 歳																					
四十三 歳																					
四十四 歳																					
四十五 歳																					
四十六 歳																					
四十七 歳																					
四十八 歳																					
四十九 歳																					
五十 歳																					
五十一 歳																					
五十二 歳																					
五十三 歳																					
五十四 歳																					
五十五 歳																					
五十六 歳																					
五十七 歳																					
五十八 歳																					
五十九 歳																					
六十 歳																					
六十一 歳																					
六十二 歳																					
六十三 歳																					
六十四 歳																					
六十五 歳																					
六十六 歳																					
六十七 歳																					
六十八 歳																					
六十九 歳																					
七十 歳																					
七十一 歳																					
七十二 歳																					
七十三 歳																					
七十四 歳																					
七十五 歳																					
七十六 歳																					
七十七 歳																					
七十八 歳																					
七十九 歳																					
八十 歳																					
八十一 歳																					
八十二 歳																					
八十三 歳																					
八十四 歳																					
八十五 歳																					
八十六 歳																					
八十七 歳																					
八十八 歳																					
八十九 歳																					
九十 歳																					
九十一 歳																					
九十二 歳																					
九十三 歳																					
九十四 歳																					
九十五 歳																					
九十六 歳																					
九十七 歳																					
九十八 歳																					
九十九 歳																					
一百 歳																					

年 令	性別	店頭券子持預算額	491) 其 他 / 団 体		492) 七 番、代 頼業 務者		493) 七 番、代 頼業 務者	
			男	女	男	女	男	女
二十歳以下								
+三歳								
+四歳								
+五歳								
+六歳								
+七歳								
+八歳								
+九歳								
+十歳								
+十一歳								
+十二歳								
+十三歳								
+十四歳								
+十五歳								
+十六歳								
+十七歳								
+十八歳								
+十九歳								
+二十歳								
+二十一歳								
+二十二歳								
+二十三歳								
+二十四歳								
+二十五歳								
+二十六歳								
+二十七歳								
+二十八歳								
+二十九歳								
+三十歳								
+三十一歳								
+三十二歳								
+三十三歳								
+三十四歳								
+三十五歳								
+三十六歳								
+三十七歳								
+三十八歳								
+三十九歳								
+四十歳								
+四十一歳								
+四十二歳								
+四十三歳								
+四十四歳								
+四十五歳								
+四十六歳								
+四十七歳								
+四十八歳								
+四十九歳								
+五十歳以上								
その他不詳								
合計			2	1	15	2	5	5
			G2		59	26		2

年 齢 組	總 数		農耕作業者		造園新植木園		畜產作業者		料理人コツク		自動販賣機		人力搬夫、馬力荷物		卸販賣機販賣		其他係員兼業者		家事使用人		小糸紡織株式	
	男	女	男	女	男	女	男	女	男	女	男	女	男	女	男	女	男	女	男	女	男	女
十二以下	63	38	37	23	—	—	—	—	—	—	—	—	—	—	—	—	—	—	—	36	302	—
十三四歳	59	35	33	23	—	—	—	—	—	—	—	—	—	—	—	—	—	—	—	59	262	—
十五六歳	59	35	33	23	—	—	—	—	—	—	—	—	—	—	—	—	—	—	—	62	302	—
十七八歳	62	38	36	24	—	—	—	—	—	—	—	—	—	—	—	—	—	—	—	75	176	2
十九九歳	62	38	36	24	—	—	—	—	—	—	—	—	—	—	—	—	—	—	—	60	182	—
二十十歳	60	35	33	23	—	—	—	—	—	—	—	—	—	—	—	—	—	—	—	57	180	—
二十一歳	60	35	33	23	—	—	—	—	—	—	—	—	—	—	—	—	—	—	—	47	177	—
二十二歳	57	33	31	21	—	—	—	—	—	—	—	—	—	—	—	—	—	—	—	41	172	—
二十三歳	57	33	31	21	—	—	—	—	—	—	—	—	—	—	—	—	—	—	—	38	170	—
二十四歳	55	32	30	20	—	—	—	—	—	—	—	—	—	—	—	—	—	—	—	36	167	—
二十五歳	56	32	30	20	—	—	—	—	—	—	—	—	—	—	—	—	—	—	—	37	165	—
二十六歳	56	32	30	20	—	—	—	—	—	—	—	—	—	—	—	—	—	—	—	36	163	—
二十七歳	56	32	30	20	—	—	—	—	—	—	—	—	—	—	—	—	—	—	—	37	161	—
二十八歳	56	32	30	20	—	—	—	—	—	—	—	—	—	—	—	—	—	—	—	38	159	—
二十九歳	56	32	30	20	—	—	—	—	—	—	—	—	—	—	—	—	—	—	—	37	157	—
三十歳	56	32	30	20	—	—	—	—	—	—	—	—	—	—	—	—	—	—	—	36	155	—
三十一歳	56	32	30	20	—	—	—	—	—	—	—	—	—	—	—	—	—	—	—	35	153	—
三十二歳	56	32	30	20	—	—	—	—	—	—	—	—	—	—	—	—	—	—	—	34	151	—
三十三歳	56	32	30	20	—	—	—	—	—	—	—	—	—	—	—	—	—	—	—	33	149	—
三十四歳	56	32	30	20	—	—	—	—	—	—	—	—	—	—	—	—	—	—	—	32	147	—
三十五歳	56	32	30	20	—	—	—	—	—	—	—	—	—	—	—	—	—	—	—	31	145	—
三十六歳	56	32	30	20	—	—	—	—	—	—	—	—	—	—	—	—	—	—	—	30	143	—
三十七歳	56	32	30	20	—	—	—	—	—	—	—	—	—	—	—	—	—	—	—	29	141	—
三十八歳	56	32	30	20	—	—	—	—	—	—	—	—	—	—	—	—	—	—	—	28	139	—
三十九歳	56	32	30	20	—	—	—	—	—	—	—	—	—	—	—	—	—	—	—	27	137	—
四十歳	56	32	30	20	—	—	—	—	—	—	—	—	—	—	—	—	—	—	—	26	135	—
四十一歳	56	32	30	20	—	—	—	—	—	—	—	—	—	—	—	—	—	—	—	25	133	—
四十二歳	56	32	30	20	—	—	—	—	—	—	—	—	—	—	—	—	—	—	—	24	131	—
四十三歳	56	32	30	20	—	—	—	—	—	—	—	—	—	—	—	—	—	—	—	23	129	—
四十四歳	56	32	30	20	—	—	—	—	—	—	—	—	—	—	—	—	—	—	—	22	127	—
四十五歳	56	32	30	20	—	—	—	—	—	—	—	—	—	—	—	—	—	—	—	21	125	—
四十六歳	56	32	30	20	—	—	—	—	—	—	—	—	—	—	—	—	—	—	—	20	123	—
四十七歳	56	32	30	20	—	—	—	—	—	—	—	—	—	—	—	—	—	—	—	19	121	—
四十八歳	56	32	30	20	—	—	—	—	—	—	—	—	—	—	—	—	—	—	—	18	119	—
四十九歳	56	32	30	20	—	—	—	—	—	—	—	—	—	—	—	—	—	—	—	17	117	—
五十歳以上	56	32	30	20	—	—	—	—	—	—	—	—	—	—	—	—	—	—	—	16	115	—
半島不詳	56	32	30	20	—	—	—	—	—	—	—	—	—	—	—	—	—	—	—	15	113	—
合	H	994	2366	/	/	/	/	/	/	/	/	/	/	/	/	/	/	/	/	908	2353	9 2

		495 其 他 / 產業		496 未 明ナルモ / 不明ナルモ /		497 未 明ナルモ / 不明ナルモ /	
		火 夫 油 差 小 便 給 仕 業 設 者		其 他 作 業 者		其 他 業 者	
年 齢 組 合 ★	男 性	女 性	男 性	女 性	男 性	女 性	男 性
+ 二歳以下					2		
+ 三歳						11	7
+ 四歳						15	4
+ 五歳						62	4
+ 六歳						93	20
+ 七歳						17	17
+ 八歳						137	23
+ 九歳						292	26
+ 十歳						293	20
+ 十一歳						313	18
+ 十二歳						287	18
+ 十三歳						12	12
+ 十四歳						416	22
+ 十五歳						410	18
+ 十六歳						302	20
+ 十七歳						413	22
+ 十八歳						413	25
+ 十九歳						414	21
+ 二十歳						459	22
+ 二十一歳						463	22
+ 二十二歳						477	23
+ 二十三歳						386	28
+ 二十四歳						485	23
+ 二十五歳						436	19
+ 二十六歳						396	15
+ 二十七歳						346	15
+ 二十八歳						346	20
+ 二十九歳						371	17
+ 三十歳						359	19
+ 三十一歳						319	10
+ 三十二歳						319	10
+ 三十三歳						319	15
+ 三十四歳						298	14
+ 三十五歳						210	15
+ 三十六歳						210	5
+ 三十七歳						213	5
+ 三十八歳						288	15
+ 三十九歳						214	11
+ 四十歳						169	12
+ 四十一歳						196	8
+ 四十二歳						144	10
+ 四十三歳						107	4
+ 四十四歳						86	10
+ 四十五歳						66	6
+ 四十六歳						40	2
+ 四十七歳						44	4
+ 四十八歳						42	3
+ 四十九歳						47	4
+ 五十歳						2	1
+ 五十一歳						88	11
+ 五十二歳							
4	4					11	3
5	5					5	3
6	6					3	3

年 齢 組 合		土砂採取業		静岡職刀物職		ボーナル整工		貴池職器製造業		手仕上工		若狭職器製造業		織布工		精練漂白工		型材工		木工		左 官	
男	女	男	女	男	女	男	女	男	女	男	女	男	女	男	女	男	女	男	女	男	女	男	女
+ 二十 歳																							
+ 二十一 歳																							
+ 二十二 歳																							
+ 二十三 歳																							
+ 二十四 歳																							
+ 二十五 歳																							
+ 二十六 歳																							
+ 二十七 歳																							
+ 二十八 歳																							
+ 二十九 歳																							
+ 三十 歳																							
+ 三十一 歳																							
+ 三十二 歳																							
+ 三十三 歳																							
+ 三十四 歳																							
+ 三十五 歳																							
+ 三十六 歳																							
+ 三十七 歳																							
+ 三十八 歳																							
+ 三十九 歳																							
+ 四十 歳																							
+ 四十一 歳																							
+ 四十二 歳																							
+ 四十三 歳																							
+ 四十四 歳																							
+ 四十五 歳																							
+ 四十六 歳																							
+ 四十七 歳																							
+ 四十八 歳																							
+ 四十九 歳																							
+ 五十 歳																							
+ 五十一 歳																							
+ 五十二 歳																							
+ 五十三 歳																							
+ 五十四 歳																							
+ 五十五 歳																							
+ 五十六 歳																							
+ 五十七 歳																							
+ 五十八 歳																							
+ 五十九 歳																							
+ 六十 歳																							
+ 六十一 歳																							
+ 六十二 歳																							
+ 六十三 歳																							
+ 六十四 歳																							
+ 六十五 歳																							
+ 六十六 歳																							
+ 六十七 歳																							
+ 六十八 歳																							
+ 六十九 歳																							
+ 七十 歳																							
+ 七十一 歳																							
+ 七十二 歳																							
+ 七十三 歳																							
+ 七十四 歳																							
+ 七十五 歳																							
+ 七十六 歳																							
+ 七十七 歳																							
+ 七十八 歳																							
+ 七十九 歳																							
+ 八十 歳																							
+ 八十一 歳																							
+ 八十二 歳																							
+ 八十三 歳																							
+ 八十四 歳																							
+ 八十五 歳																							
+ 八十六 歳																							
+ 八十七 歳																							
+ 八十八 歳																							
+ 八十九 歳																							
+ 九十 歳																							
+ 九十一 歳																							
+ 九十二 歳																							
+ 九十三 歳																							
+ 九十四 歳																							
+ 九十五 歳																							
+ 九十六 歳																							
+ 九十七 歳																							
+ 九十八 歳																							
+ 九十九 歳																							
+ 一百 歳																							
+ 一百一 歳																							
+ 一百二 歳																							
+ 一百三 歳																							
+ 一百四 歳																							
+ 一百五 歳																							
+ 一百六 歳																							
+ 一百七 歳																							
+ 一百八 歳																							
+ 一百九 歳																							
+ 一百十 歳																							
+ 一百十一 歳																							
+ 一百十二 歳																							
+ 一百十三 歳																							
+ 一百十四 歳																							
+ 一百十五 歳																							
+ 一百十六 歳																							
+ 一百十七 歳																							
+ 一百十八 歳																							
+ 一百十九 歳																							
+ 一百二十 歳																							
+ 一百三十一 歳																							
+ 一百三十二 歳																							
+ 一百三十三 歳																							
+ 一百三十四 歳																							
+ 一百三十五 歳																							
+ 一百三十六 歳			</																				

年 齢	職業	45歳未満										46歳以上										小半給上(被扶養者)					其の他の作業者							
		小半給上(被扶養者)					其の他の作業者					理科的目担当教育					其他の職業者					小半役職者					学生・生徒・職業訓練生					照拂者・家庭		
男	女	男	女	男	女	男	女	男	女	男	女	男	女	男	女	男	女	男	女	男	女	男	女	男	女	男	女	男	女	男	女			
十五歳以下		5		4		5		6		4		5		6		7		7		7		7		7		7		7		7		7		
十三歳		13		6		7		10		13		10		11		11		12		12		12		12		12		12		12		12		
十五歳		20		4		20		46		13		20		3		1		1		1		1		1		1		1		1		1		
十六歳		17		5		17		104		11		174		18		174		18		174		18		174		18		174		18		174		
十七歳		10		3		10		104		11		174		20		174		20		174		20		174		20		174		20		174		
十八歳		5		2		5		15		15		20		3		20		15		20		15		20		15		20		15		20		
十九歳		13		2		13		23		13		23		2		23		13		23		13		23		13		23		13		23		
二十歳		14		4		14		24		13		24		2		24		13		24		13		24		13		24		13		24		
二十一歳		12		7		12		24		13		24		2		24		13		24		13		24		13		24		13		24		
二十二歳		11		7		11		24		11		24		2		24		11		24		11		24		11		24		11		24		
二十三歳		12		7		12		24		12		24		2		24		12		24		12		24		12		24		12		24		
二十四歳		12		6		12		32		11		32		1		32		11		32		11		32		11		32		11		32		
二十五歳		12		6		12		32		11		32		1		32		11		32		11		32		11		32		11		32		
二十六歳		12		4		12		40		16		40		2		40		16		40		16		40		16		40		16		40		
二十七歳		12		4		12		40		16		40		2		40		16		40		16		40		16		40		16		40		
二十八歳		12		5		12		40		15		40		2		40		15		40		15		40		15		40		15		40		
二十九歳		12		5		12		40		15		40		2		40		15		40		15		40		15		40		15		40		
三十歳		12		5		12		40		15		40		2		40		15		40		15		40		15		40		15		40		
三十一歳		12		5		12		40		15		40		2		40		15		40		15		40		15		40		15		40		
三十二歳		12		5		12		40		15		40		2		40		15		40		15		40		15		40		15		40		
三十三歳		12		5		12		40		15		40		2		40		15		40		15		40		15		40		15		40		
三十四歳		12		5		12		40		15		40		2		40		15		40		15		40		15		40		15		40		
三十五歳		12		5		12		40		15		40		2		40		15		40		15		40		15		40		15		40		
三十六歳		12		5		12		40		15		40		2		40		15		40		15		40		15		40		15		40		
三十七歳		12		5		12		40		15		40		2		40		15		40		15		40		15		40		15		40		
三十八歳		12		5		12		40		15		40		2		40		15		40		15		40		15		40		15		40		
三十九歳		12		5		12		40		15		40		2		40		15		40		15		40		15		40		15		40		
四十歳		12		5		12		40		15		40		2		40		15		40		15		40		15		40		15		40		
四十一歳		12		5		12		40		15		40		2		40		15		40		15		40		15		40		15		40		
四十二歳		12		5		12		40		15		40		2		40		15		40		15		40		15		40		15		40		
四十三歳		12		5		12		40		15		40		2		40		15		40		15		40		15		40		15		40		
四十四歳		12		5		12		40		15		40		2		40		15		40		15		40		15		40		15		40		
四十五歳		12		5		12		40		15		40		2		40		15		40		15		40		15		40		15		40		
四十六歳		12		5		12		40		15		40		2		40		15		40		15		40		15		40		15		40		
四十七歳		12		5		12		40		15		40		2		40		15		40		15		40		15		40		15		40		
四十八歳		12		5		12		40		15		40		2		40		15		40		15		40		15		40		15		40		
四十九歳		12		5		12		40		15		40		2		40		15		40		15		40		15		40		15		40		
五十歳		12		5		12		40		15		40		2		40		15		40		15		40		15		40		15		40		
五十一歳		12		5		12		40		15		40		2		40		15		40		15		40		15		40		15		40		
五十二歳		12		5		12		40		15		40		2		40		15		40		15		40		15		40		15		40		
五十三歳		12		5		12		40		15		40		2		40		15		40		15		40		15		40		15		40		
五十四歳		12		5		12		40		15		40		2		40		15		40		15		40		15		40		15		40		
五十五歳		12		5		12		40		15		40		2		40		15		40		15		40		15		40		15		40		
五十六歳		12		5		12		40		15		40		2		40		15		40		15		40		15		40		15		40		
五十七歳		12		5		12		40		15		40		2		40		15		40		15		40		15		40		15		40		
五十八歳		12		5		12		40		15		40		2		40		15		40		15		40		15		40		15		40		
五十九歳		12		5		12		40		15		40		2		40		15		40		15		40		15		40		15		40		
六十歳		12		5		12		40		15		40		2		40		15		40		15		40		15		40		15		40		
六十一歳		12		5		12		40		15		40		2		40		15		40		15		40		15		40		15		40		
六十二歳		12		5		12		40		15		40		2		40		15		40		15		40		15		40		15		40		
六十三歳		12		5		12		40		15		40		2		40		15		40		15		40		15		40		15		40		
六十四歳		12		5		12		40		15		40		2		40		15		40		15		40		15		40		15		40		
六十五歳		12		5		12		40		15		40		2		40		15		40		15		40		15		40		15		40		
六十六歳		12		5		12		40		15		40		2		40		15		40		15		40		15		40		15		40		
六十七歳		12		5		12		40		15		40		2		40		15		40		15		40		15		40		15		40		
六十八歳		12		5		12		40		15		40		2		40		15		40		15		40		15		40		15		40		
六十九歳		12		5		12		40		15		40		2		40		15		40		15		40		15		40		15		40		
七十歳		12		5	</																													

昭和十七年七月

昭和十五年國勢調查職名表

內閣統計局

昭和十五年國勢調査職名表

ト	氣象技術者、氣象手	八四	製鋼工（平爐其ノ他ニ依ルモノ）
チ	理科學研究員	八五	非鐵金屬製鍊工（電氣爐ニ依ルモノ）
ト	農、林、水產學研究員	八六	非鐵金屬製鍊工（其ノ他ノ爐ニ依ルモノ）
チ	鑛、工學研究員	八七	鐵物、土石等ノ採取作業者
ト	醫學研究員	六六	其ノ他ノ水產作業者
チ	其ノ他ノ理科學研究員	六七	發破係
リ	農、林、畜產作業者	六八	坑內採礦夫、採炭夫
リ	農耕作業者	六九	坑內掘進夫
リ	果樹園藝作業者	七〇	坑內支柱夫
リ	造園師、植木職	七一	坑內充填夫
リ	造林作業者	七二	坑內運搬夫
リ	伐木夫、造材夫	七三	露天採掘夫
リ	炭燒夫	七四	選礦夫、選炭夫
リ	畜產作業者	七五	土砂採取夫
リ	馬調教師	七六	鑿井夫、ボーリング工
リ	造園作業者	七七	汲油夫
リ	伐木夫、造材夫	七八	天然ガス採取夫
リ	製鍊作業者	七八	天然ガス採取夫
リ	燒燒工、燒結工、團鑛工	七九	燒燒工、燒結工、團鑛工
リ	馬調教師	八〇	製銑工（電氣爐ニ依ルモノ）
リ	鹽業作業者	八一	製銑工（塔鑄爐其ノ他ニ依ルモノ）
リ	養鷄作業者	八二	混銑爐工
リ	其ノ他ノ農產、林產作業者	八三	製鋼工（電氣爐ニ依ルモノ）
六四	其ノ他ノ農產、林產作業者	八四	製鋼工（平爐其ノ他ニ依ルモノ）
六五	漁撈長	八五	非鐵金屬製鍊工（電氣爐ニ依ルモノ）
六六	其ノ他ノ水產作業者	八六	非鐵金屬製鍊工（其ノ他ノ爐ニ依ルモノ）
六七	發破係	八七	鐵物、土石等ノ採取作業者
六八	坑內採礦夫、採炭夫	六六	其ノ他ノ水產作業者
六九	坑內掘進夫	六七	發破係
七〇	坑內支柱夫	六八	坑內充填夫
七一	坑內運搬夫	六九	坑內掘進夫
七二	露天採掘夫	七〇	坑內支柱夫
七三	選礦夫、選炭夫	七一	坑內充填夫
七四	土砂採取夫	七二	坑內運搬夫
七五	鑿井夫、ボーリング工	七三	露天採掘夫
七六	汲油夫	七四	選礦夫、選炭夫
七七	天然ガス採取夫	七五	土砂採取夫
七八	天然ガス採取夫	七六	鑿井夫、ボーリング工
七八	天然ガス採取夫	七七	汲油夫
リ	製鍊作業者	七八	天然ガス採取夫
リ	燒燒工、燒結工、團鑛工	七八	天然ガス採取夫
リ	馬調教師	七九	燒燒工、燒結工、團鑛工
リ	鹽業作業者	八〇	製銑工（電氣爐ニ依ルモノ）
リ	養鷄作業者	八一	製銑工（塔鑄爐其ノ他ニ依ルモノ）
リ	其ノ他ノ農產、林產作業者	八二	混銑爐工
リ	其ノ他ノ水產作業者	八三	製鋼工（電氣爐ニ依ルモノ）
九一	其ノ他ノ農產、林產作業者	九一	其ノ他ノ農產、林產作業者
九二	造船、航空機製圖工	九二	造船、航空機製圖工
九三	機械製圖工	九三	機械製圖工
九四	其ノ他ノ製圖工	九四	其ノ他ノ製圖工
九五	寫圖工、青寫真工	九五	寫圖工、青寫真工
九六	造船現圖工	九六	造船現圖工
九七	航空機現圖工	九七	航空機現圖工
九八	其ノ他ノ現圖工	九八	其ノ他ノ現圖工
九九	金屬材料ノ製造加工作業者	九九	金屬材料ノ製造加工作業者

一〇〇	金屬板壓伸張工	一一〇	旋盤工（木材以外ノ非金屬ニ加工スルモノ）
一一〇	金屬棒、條壓延伸張工	一一一	織附工
一二〇	金屬製管工	一二一	バイブ工（造船所ノ銅工ヲ含ム）
一三〇	金屬小物壓延伸張工	一二二	タレット工
一四〇	金屬線伸張工	一二三	卓上旋盤工、小型機械工
一五〇	金屬撚線工	一二四	中グリ盤工
一六〇	金屬彎取工	一二五	ボール盤工
一七〇	金屬切斷工	一二六	平削盤工、形削盤工、堅削盤工
一八〇	鍛冶職、刃物職	一二七	フライス盤工
一九〇	機械火造工	一二八	齒切盤工
二〇〇	熱處理工	一二九	研磨盤工、ラツプ盤工
二一〇	金屬熔融工	二〇〇	ラッピング工（手作業ニ依ルモノ）
二二〇	鑄物木型工	二〇一	レンズ研磨工
二三〇	鑄物砂型工	二〇二	レンズ心出、心取工
二四〇	中子工	二〇三	其ノ他ノレンズ工
二五〇	鑄造工	二〇四	ガラス目盛工
二六〇	特殊鑄物工	二〇五	其ノ他ノ目盛工
二七〇	其ノ他ノ金屬材料ノ製造加工作業者	二〇六	針金細工工
二八〇	機械器具ノ製作作業者	二〇七	電線被裝工
二九〇	ノ	二〇八	卷線工
一〇一	金屬棒延伸張工	二〇九	絶縁工
一〇二	金屬製管工	二一〇	配線工
一〇三	金屬小物延伸張工	二一〇	乾電池組立工
一〇四	金屬線延伸張工	二一六	蓄電池製造工
一〇五	金屬撚線工	二一七	電球、放電管製造工
一〇六	金屬彎取工	二一八	ガス熔接工
一〇七	金屬切斷工	二一九	ドラム罐、ブリキ罐製造工
一〇八	鍛冶職、刃物職	二二〇	ガス熔接工
一〇九	機械火造工	二二一	電氣熔接工
一一〇	熱處理工		
一一一	金屬熔融工		
一一二	鑄物木型工		
一一三	鑄物砂型工		
一一四	中子工		
一一五	鑄造工		
一一六	特殊鑄物工		
一一七	其ノ他ノ金屬材料ノ製造加工作業者		
一一八	機械器具ノ製作作業者		
一一九	ノ		
一六一	機械製錬工		

一六二	バネ工
一六三	針布工
一六四	義肢仕上工、組立工
一六五	綱具工、索具工
一六六	其ノ他ノ機械器具製作作業者
タ	
	機械器具ノ仕上、組立、修繕作業者
一六七	手仕上工
一六八	機械器具部品仕上組立工
一六九	機械器具總組立工
一七〇	レンズ調整工、バルサム工
一七一	計器組立工
一七二	航空機用金屬プロペラ仕上工
一七三	航空機用木製プロペラ仕上工
一七四	航空機部品組立工
一七五	航空機總組立工
一七六	航空機儀裝工
一七七	造船艦裝工
一七八	自動車組立工、修繕工
一七九	電氣機械器具組立工

一八〇	電氣通信機組立工
一八一	内張工、シート張工
一八二	鋸職
一八三	時計組立工、修繕工
一八四	機械器具裝置工、修繕工
レ	
一八五	工具保全工
	化學製品ノ製造作業者
一八六	硫酸工
一八七	鹽酸工
一八八	硝酸工
一八九	醋酸工
一九〇	ソーダ工
一九一	石灰爐工
一九二	カーバイド工
一九三	人造研磨材製造工（旋盤依ル仕上工ヲ除ク）
一九四	アセトン工
一九五	硫安工
一九六	石灰塗素工
一九七	醋酸纖維素工
一九八	硝化綿工
一九九	火薬工

二〇〇	火工
二〇一	染料工
二〇二	顔料工
二〇三	塗料工
二〇四	アルコール製造工
二〇五	アンモニア合成工
二〇六	樟腦精製工
二〇七	燐製造工
二〇八	二硫化炭素工
二〇九	其ノ他ノ薬品製造工
二一〇	壓縮ガス工
二一一	油脂搾出工、精製工
二一二	油脂加工工
二二三	グリセリン工
二二四	石炭乾溜工
二二五	タール分溜工
二二六	人造石油工
二二七	石油工
二二八	ガス發生爐工
二二九	マツチ工
二三〇	合成ゴム工
二三一	ゴム製鍊工
二三二	ゴム成型工、加工工（旋盤

ニ依ルモノヲ除ク)

ゴム加硫工

セルロイド素地工

セルロイド成型工、加工工

人造レジン工、加工工

人造レジン成型工、加工工

(旋盤ニ依ルモノヲ除ク)

バルブ工

製紙工

加工紙工

バルカナイズドファイバー

人絹、スフ、セロファン原

ク工(旋盤ニ依ル仕上工ヲ除

ク)

液工

人絹、スフ紡絲工

人絹、スフ仕上工

セロファン抄紙工

革鞣工

毛皮鞣工

黒鉛製造工

電極工(旋盤ニ依ル仕上工

ヲ除ク)

活性炭工

製鹽作業者

アルミナ製造工

其ノ他ノ化學製品ノ製造作

業者

窯業、土石類ノ加工作業者

窯業原料工

成型工(旋盤ニ依ルモノヲ除ク)

施釉工

焼成工

窯業仕上工(旋盤ニ依ルモ

ノヲ除ク)

黒鉛ルツボ工

陶工

セメント焼成工

ガラス熔融工

ガラス吹工

板ガラス製造工

型物ガラス工、機械製壠工

ガラス銀引工

特殊ガラス工

ガラス加工工、細工工

石綿紡職工

石綿工、保溫工

瓦製造職

石細工職

寶石細工職

其ノ他ノ窯業、土石類ノ加

工作業者

織線工

麻原線工

紡績工

燃絲工

織布工

起毛工、剪毛工

精練、漂白工

フェルト工

刺繡職

編物工、組紐工、メリヤス

染物職、浸染工

機械捺染工

編立工

洗張、洗濯職

編網工(藁製品ヲ除ク)

二四〇	活性炭工
二四一	製鹽作業者
二四二	アルミナ製造工
二四三	其ノ他ノ化學製品ノ製造作
二四四	業者
二四五	窯業、土石類ノ加工作業者
二五六	成型工(旋盤ニ依ルモノヲ除ク)
二五〇	施釉工
二五七	焼成工
二五八	窯業仕上工(旋盤ニ依ルモノヲ除ク)
二五九	黒鉛ルツボ工
二六〇	陶工
二六一	セメント焼成工
二六二	ガラス熔融工
二六三	ガラス吹工
二六四	板ガラス製造工
二六五	型物ガラス工、機械製壠工
二六六	ガラス銀引工
二六七	特殊ガラス工
二六八	ガラス加工工、細工工
二六九	織布工
二七〇	起毛工、剪毛工
二七一	精練、漂白工
二七二	フェルト工
二七三	刺繡職
二七四	編物工、組紐工、メリヤス
二七五	染物職、浸染工
二七六	機械捺染工
二七七	編立工
二七八	洗張、洗濯職
二七八	編網工(藁製品ヲ除ク)

二七九 製網工（漁製品ヲ除ク）	二九八 鞆具師	三一五 船大工、車大工
二八〇 其ノ他ノ紡織品製造作業者	二九九 紙幽製造工	三一六 建物指物職
二八一 被服、身ノ廻リ品製造作業者	三〇〇 其ノ他ノ印刷、紙製品製造	三一七 檜、桶職
二八二 仕立職		三一八 曲物職
二八三 洋裁師		三一九 疊表、筵、莫蘚織職
二八四 裁斷工		三二〇 疊職
二八五 ミシン工		三二一 笊、籠、行李類製造職
二八六 扇子、團扇製造職		三二二 其ノ他ノ木、竹、草、蔓類
二八七 帽子製造工（麥稈帽、バナ		三二三 製品ノ製造作業者
二八八 マ帽製造工ヲ除ク）		三二四 飲食料品、嗜好品製造作業者
二八九 提燈、傘、合羽職		三二五 船大工、車大工
二九〇 洋傘製造職		三二六 建物指物職
二九一 下駄職		三二七 檜、桶職
二九二 草履、履物表、鼻緒製造職		三二八 曲物職
二九三 其ノ他ノ被服、身ノ廻リ品		三二九 疊表、筵、莫蘚織職
二九四 製作業者		三三〇 疊職
二九五 活字、植字工、解版工		三三一 其ノ他ノ木、竹、草、蔓類
二九六 寫眞師、寫眞工		三三二 飲食料品、嗜好品製造作業者
二九七 製本職		三三三 精米、精穀工
		三三四 製粉工、澱粉工
		三三五 麵類、麩製造工
		三三六 豆腐、湯葉、蒟蒻製造工
		三三七 菓子、水飴製造工
		三三八 パン製造工
		三三九 製糖工
		三三〇 麵製造工
		三三一 味噌、醤油、酢醸造工
		三三二 和酒醸造工、杜氏
		三三三 其ノ他ノ酒類製造工
		三三四 清涼飲料製造工
		三三五 罐詰、壺詰飲料品製造工

三三六	製茶工	三五四	其ノ他ノ土木建築作業者
三三七	煙草製造工	三五五	電氣ニ關スル作業者
三三八	製氷工、冷凍工	三五六	發變電工
三三九	料理人、コック	三五六	通信電機裝置工
三四〇	其ノ他ノ飲食料品、嗜好品	三五七	其ノ他ノ電工
	製造作業者	ク	繪附、塗裝、メツキ作業者
	其ノ他ノ製品ノ製造作業者	三五八	畫工、繪附工
三四一	其ノ他ノ製品ノ製造作業者	三五九	漆工、蔴繪師
ノ	土木建築作業者	三六〇	塗裝工
三四二	大工	三六一	メツキ工（皮膜防錆工ヲ含ム）
三四三	左官	三六二	金屬酸洗工、洗滌工
三四四	コンクリート拌組工	三六三	砂吹工
三四五	鐵筋工、鐵網工	三六四	バフ磨工
三四六	コンクリート工	ヤ	實驗、試驗 檢查作業者
三四七	煉瓦積工、タイル職、築爐	三六五	實驗工、試驗工、分析工
三四八	石工	三六六	機械器具部品検査工
三四九	屋根職	三六七	機械器具検査工
三五〇	道路工夫、アスファルト舗装工	三六八	船體檢查工
三五一	線路工夫、保線夫	三六九	機械試運轉工
三五二	焉職	三七〇	紡織品檢查工
三五三	潛水夫	三七一	選別工、檢查手
		三七八	通信作業者
マ	運輸、運搬作業者	三八一	人力車夫、馬夫、駕者
		三八二	荷扱夫、仲仕、倉庫夫、運搬夫、配達夫
		三八三	有線電信通信士
		三八四	無線電信通信士
		三八五	電話交換手
		三八六	遞信集配員

フ	醫療、理容從事者	壓縮機、コンベヤノ運轉工
三八七	歯科技工	四〇二 起重機運轉工
三八八	看護婦	四〇三 汽罐士
三八九	產婆	四〇四 火夫、油差
三九〇	按摩、鍼灸師	四〇五 看貢掛、検量工
三九一	接角師	四〇六 包裝掛、塗詰工、樽詰工
三九二	其ノ他ノ醫療從事者	四〇七 荷造工
三九三	理髮師、髮結、美容師	四〇八 小使、給仕、雜役者
コ	商業的作業者	四〇九 見習工、養成工(他ニ分類 セラレザルモノ)
三九四	物品賣買業者、仲買人	四一〇 其ノ他ノ作業者
三九五	店員、賣子、註文取、集金 人	ミ 法務者
ア	其ノ他ノ作業者	四一二 判事、檢事
三九六	旅館、料理店等ノ番頭、女 中、給仕人	四二二 辯護士、辨理士
三九七	藝妓、娼妓、酌婦	四二三 文化科學、社會科學研究員
テ	家事使用人	四二四 記者、藝術家、文藝家
三九八	家事使用人	四二五 著述家、文藝家
メ		四二六 執達吏、公證人、司法代書人
教育者、研究員		四二七 記者
		四二八 著述家、文藝家
ハ	無職業者	四二九 畫家、圖案家、影塑家
四一〇	收入ヲ受クル無職業者	四三〇 音樂家、舞踊家、俳優
四一一	恩給年金、小作料、地代、 家賃、預金利子其ノ他ノ收 入ヲ受クル無職業者	四三一 其ノ他ノ藝術家、遊藝人
四一二	神官、神職	四三二 其ノ他ノ職業者
四一三	宗教家	四三三 其ノ他ノ職業者
四一四	神道教師	
四一五		
四一六	僧侶、佛教布教師	
四一七	牧師、キリスト教傳道師	
四一八	其ノ他ノ宗教家	

モ 其ノ他ノ無職業者

モノ

四三四 小學校兒童

四三六 無職業ノ家族

四三八 在監人

救助ヲ受タル者

四五五 學生、生徒（他ニ職業ナキ）

四三七 官公又ハ社會事業團體等ノ

四三九 其ノ他ノ無職業者

（備考）

此ノ職名表ハ昭和十五年國勢調査ニ於テ世帯主ガ世帯員ノ職名ヲ申告スルニ當リ之ニ據ラシメタノデアル。而シテ此ノ職名表ニ依リ職名ヲ記入スルコトニ付テ注意事項トシテ次ノ諸點ガ掲ゲラレテ居ル。

昭和十五年國勢調査ニ於ケル職名記入上ノ注意

〔經營者〕

1. 自分デ直接技師ノ仕事モ作業的又ハ事務的ナ仕事モセズ、單ニ經營ノ組織ヤ人ノ配置其ノ他經營ノ方針ヲ定メ事業ヲ管理スルダケノ仕事ヲスル者、例ヘバ事務ヲトライカイ會社ノ重役又ハ劇場、ホテル、食堂等ノ經營者ガソレデアル。
2. 普通ニ業主又ハ經營主ト呼バレル者デモ、直接仕入、販賣、設計、製造、農耕、牧畜等ニ從事スル者ハ、「一經營者」デハナイ。反對ニ支店長、工場長等デアツテモ事務ヤ作業ノ如キ實際ノ仕事ヲシテ居ナイ者ハ、「一經營者」デアル。

〔二二、經營者〕

1. 「二販賣、仕入係事務者」カラ「八タイピスト、筆耕」マデノ何レニモ當ラナイ事務者ノ總稱デアル。銀行、保險會社、商店、工業會社等デ預金、貸出、爲替、調查、人事、祕書等ノ事務ニ從事スル者ハ勿論、鐵道會社ノ驛長、助役、出札掛、改札掛、驛務掛、船舶乘組ノ事務長、事務員、司尉長、荷物主任等モ事務者デアル。尙銀行會社等ノ課長、係長級ノ者モ「二一般事務者」デアル。

2. 官公職ノ事務ニ從事スル雇員、傭人等ハ「二一般事務者」デアル。

〔二三、販賣、仕入係事務者〕

1. 「二販賣、仕入係事務者」ハ主トシテ販賣仕入ノ事務方面ニ拂ハル業主、職員例ヘバ記帳、會計ニ當ル商店主、工業會社ノ原料購入係書記、販賣係長、商會社ノ輸出部中南米主任、販賣部人絹係員等デアル。自ラ販賣仕入ニ當ル物品販賣業主ハ「三九四物品買賣者、仲買人」トシ、賣場ニ於テ實際ニ現品ノ販賣ニ當ル店員、賣子、註文取、集金人」トスル。
2. 商店、會社ノ販賣係、仕入係ニ居ル者デモ、販賣仕入事務ソノモノニ拂ハラナイ者、例ヘバ簿記係、給仕等ハココニ含メナイ。
3. 土地、株式、公社債等有價證券ノ賣買、仲介ノ事務ニ從事スル者ハ「二一般事務者」トスル。

〔八農、林、水產技術者〕、「三鐵、工技術者」、「ホ交通、通信技術者」、「ト氣象技術者」、「氣象手」
〔技術者〕ハ一般ニ技師長、技師、技手、技手補、技術員見習ト呼バレル者ヲ指ス。但シ研究、試驗、檢查ノミニ從事スル者ハ
〔物理科學研究員〕トスル。

2 官公署ノ技術者、技手ハソノ技術的知識ヲ實際ノ作業工程ニ應用シテ居ルカ、又ハ實地作業ノ指導ニ當ツテ居ル場合ニ限り「技術者」ノ夫々ニ記入シ、單ニ行政的事務ニ從事シテ居ル者ハ「四一一般ノ官吏、公吏」トスル。

3

造船工場ニモ機械技術者ガ居リ、化學工場ニモ電氣技術者ガ居ル如ク、自分ノ職業名ハ必ズシモ所屬工場ノ事業名トハ一致シナイカラ、技術者ハソノ擔當スル技術ノ内容ニヨツテ、自己ノ職業名ヲ決定セバナラヌ。

「四四醫師」、「四五齒科醫師」、「四六藥劑師」

1

官公立ノ病院、學校附屬ノ病院ニ於テ實際診療ニ從事スル官吏、公吏、教授、助教授等ハ「四四醫師」、「四五齒科醫師」ニアル。

2

官吏、公吏タル醫師、藥劑師ニシテ實際ノ診療ニ當ルコトヲ本務トシナイ者ハ「四一一般ノ官吏、公吏」トスル。

3

教職ニ在ル醫師、藥劑師ニシテ實際ノ診療ニ從事シナイ者ハ「四二〇理科的科目擔當教員」トスル。

「作業者」

1 作業者トハ實際ニ仕事ニ當ル人、例ヘバ實際ニ耕作ニ從事スル者、物品ヲ製造、加工、修理スル者、賣買、運搬其ノ他現品ヲ實際ニ取扱フ者及其等ノ補助的ナ仕事ヲスル者ナドデアル。從ツテ獨立ノ業者又ハ事業ノ主宰者デモ自ラ實際ニ製造、加工、販賣、仕入等ニ從事シテ居ル者ハ「作業者」トスル。

2

機械ヲ製作スル工場ニモ、「一九旋盤工」、「一二四ボール盤工」等「ヨ機械器具ノ製作作業者」ニ當ル者ノ外、「一五鑄造工」、「三一三木工」、「三五二裁縫」、「三六〇金屬板壓延伸張工」等鑄物、木工、土木建築業關係ノ職業ノ者モ居ルヤウニ、一事業ニ屬スル職業名ガ一箇所ニ集メテ舉ゲテアルノデハナイカラ、記入ニ當ツテハ職名表ノ全面ニ互ツテ自分ノ職名ガ何レニ當ツテ居ルカヲ見出サネバナラナイ。

3

壓延工場、板金工場、硫酸工場、ゴム工場等デ送風機具ノ他ノ機械ノ運轉ダケ、又ハ検査、荷造、積出シ、運搬、庫出シ、庫入レ等ノ夫夫丈ダケニ從事シ、壓延作業、硫酸製造作業等ニ直接携ハラナイ者ハ「一〇〇金屬板壓延伸張工」「一三五板金工」、「一八六硫酸工」「一二二ゴム精練工」等ト記入シテハナラナイ。

「コ商業的作業者」

1

商店ノ主人デ自ラ仕入販賣ニ當ル者ハ「三九四物品賣買業者、仲買人」デアルガ、專ラ其ノ事務ノミヲトル者ハ「三販賣、仕入係事務者」全然以上ノ如キ事務ニ當ラナイ主入ハ「一經營者」トスル。

2

直接現品ノ仕入販賣ニ當ル者、例ヘバ小賣店、百貨店等ニ於テ實際ニ賣場デ販賣スル者ハ「三九五店員、賣子、註文取、集金人」デアルガ、主トシテ販賣仕入方面ノ事務ニ當ル者ハ「三販賣、仕入係事務者」デアル。

3

土地、有價證券ノ賣買、仲介ニ從事スル業者、事務員等ハ「一經營者」、「二一般事務者」ノ夫々トスル。

「四一一般ノ官吏、公吏」

1

官吏、公吏テモ技術者、醫師、理科學研究員ニ該當スル者ハ、「四二一般ノ官吏、公吏」ニハ合マレナイ。

2

官公署ノ雇員、傭人等ハ從事スル仕事ノ實際ニ應ジテ「口事務者」、「作業者」中ノ夫々ノ番號ト職名ニ當ハタ記入スル。

3

官吏タル教育者、判事、檢事ハ夫々「四二文科的科目擔當教員」「四二四判事、檢事」等トスル。

11 外地人及外國人ノ職業（小分類）

全 國

職業	業	總數	男	女
369	小作料 = 依ル者	2	1	1
370	地代 宿主 有價證券又ノ他ノ收入ニ供する者	9	8	1
371	學 生 生徒	18,974	14,467	4,507
372	從屬 者	134,068	40,961	93,107
373	精神病院 感化院 痘苦病院等二花ノ者	160	151	9
374	官公又ハ營苦園圃等ノ救助ヲ受クル者	88	74	14
375	在監 人	327	324	3
376	其ノ他ノ無業者又ハ職業ノ申告ナキ者	5,382	2,989	2,393

11 外地人及外國人ノ職業(小分類)

全 國

職業	總數	男	女	職業	總數	男	女
247 道 路 工 夫	496	496	—	304 船 舶 事 務 長	6	6	—
242 鐵 道 軌 道 繩 路 工 夫	94	94	—	305 船 舶 油 差 火 夫	1,056	1,056	—
243 土 壴 職	58,458	58,450	8	306 船 舶 水 火 夫	705	705	—
244 烏 鴉	130	130	—	307 船 舶 石 炭 夫 員	458	429	29
245 其ノ他ノ土木建築ノ工事ニ從事スル勞務者	1,570	1,391	179	308 航 空 機 乘 員	4	4	—
248 電 氣 技 術 者	3	3	—	309 人 力 車 馬	225	225	—
249 瓦 斯 發 生 工 清 淨 工	10	10	—	310 荷 車 仲 仕	1,876	1,866	7
250 電 工	262	262	—	311 荷 袋 夫	10,805	10,693	112
251 天 気 信 訊 電 信 水 水道電信等務者	88	83	5	312 配 運 送 手 頭	3,103	3,103	—
252 其ノ他ノ製 造 業 主	28	27	1	313 其ノ他ノ運輸ニ從事スル夫	76	74	2
253 其ノ他ノ技術者 職 員 主	1	1	—	314 通 信 業 主	18	18	—
254 印 刷 師	25	25	—	315 電 話 信 通	1	1	—
255 文 言 翻 译 员	687	584	103	316 信 通 交 易	1	1	—
256 造 花 師	34	28	6	317 集 電 手 頭	45	45	—
257 盆 工 (添工ヲ除ク)	704	696	8	318 運 送 手 頭	36	36	—
258 製 造 圖 工	8	8	—	319 通 信 業 主	20	20	—
259 還 修 工	402	223	179	320 公 司 (他ニ分類セラレサル者)	134	133	1
260 修理機械工 建 造 工 火 灰 連接夫	703	700	3	321 官 公 ノ 居 住 資 (他ニ分類セラレサル者)	5	5	—
261 荷 造 工 送 送 工 包 裝 工	654	597	57	322 亂 草 現 役 下 士 官 兵	3	3	—
262 其ノ他ノ工 業 的 職 業	259	237	22	323 辦 譲 士 辦 理 士	3	3	—
263 物 品 販 賣 業 主	3,523	3,246	77	324 公 司 (他ニ分類セラレサル者)	20	20	—
264 物 仲 人 周 旋 業 主	521	518	3	325 官 公 ノ 居 住 資 (他ニ分類セラレサル者)	133	133	1
265 興 奉 行 主 娛 戲 場 論 論 業 主	8	8	—	326 亂 草 現 役 下 士 官 兵	5	5	—
266 其ノ他ノ商 業 業 主	3	3	—	327 亂 草 現 役 下 士 官 兵	3	3	—
267 其 店	5,119	5,096	23	328 辦 譲 士 辦 理 士	3	3	—
268 商 業 手 務 員 人	800	512	288	329 學 校 長 教 員	41	33	8
269 文 取 取 手 交 易 人	278	276	2	330 學 校 長 教 員	17	8	9
270 集 金 金	II	II	—	331 其ノ他ノ教 員	11	10	1
271 諸店 (屋号未記) 商 人 行 人 計算士	7,639	7,410	229	332 神 僧 道	33	33	—
272 其ノ他ノ商 業 的 職 業	161	151	10	333 神 僧 道	31	24	7
273 銀 行 家 信 託 業 主	1	1	—	334 神 僧 道	3	2	1
274 賃 金 業 主 賃 貨 產 業 主	1	1	—	335 其ノ他ノ宗 教	23	22	1
275 保 險 代 理 業 主	21	21	—	336 其ノ他ノ醫 學	10	9	2
277 旅 館 旅 館 保 陰 保 陰 二 隊 事 料 品	6	6	—	337 腹 胃 科	85	85	—
278 旅 館 旅 館 保 陰 保 陰 二 隊 事 料 品	567	515	52	338 腹 胃 科	59	59	—
279 飲 食 店 飲 食 店 便 便 廉 便 便 安 安	706	613	93	339 遠 記 著	2	—	2
280 飲 食 店 飲 食 店 便 便 廉 便 便 安 安 引	1,257	835	422	340 遠 記 著	457	447	10
281 料 理 人	1,472	1,320	152	341 摩 鐵 灰	76	76	—
282 蔡 人	35	—	35	342 遠 記 著	32	32	—
283 婦 婦	2	—	2	343 著 造 家	82	76	6
284 下 宿 館 下 宿 館 便 便 廉 便 便 安 安	1,975	297	1,678	344 俳 曲 家	28	20	8
285 浴 業 主 使 用 人	1,971	1,909	62	345 俳 曲 家	80	64	16
286 理 理 理 理 理 理 理	971	955	16	346 俳 曲 家	6	6	—
288 勤 勤 勤 勤 勤 勤 勤	27	26	1	347 俳 曲 家	1	1	—
289 自 船 船 運 輸 業 主	31	31	—	348 代 研 究 人	11	11	—
290 運 輸 取 取 業 主	3	3	—	349 代 研 究 人	114	114	5
291 其ノ他ノ運 輸 業 主	205	203	2	350 舞 蹚 家	2,184	804	1,380
293 出 札 保 改 札 保 係 係	5	5	—	351 俳 曲 家	1,184	1,126	58
294 貨 物 保 小 荷 物 係 係	18	18	—	352 俳 曲 家	74	71	3
295 舶 舶 係 係	6	6	—	353 俳 曲 家	385	383	2
296 車 電 車 電 車 電 車 電 車	15	15	—	354 俳 曲 家	45	45	—
297 電 車 電 車 電 車 電 車	46	44	2	355 俳 曲 家	51	51	—
298 車 運 車 運 車 運 車 運	21	21	—	356 俳 曲 家	1,928	1,126	12
300 自 動 車 運 車 運 車 運	2,102	2,101	1	357 俳 曲 家	8,708	8,482	226
301 船 船 運 車 運 車 運 車 運	13	13	—	358 俳 曲 家	19,125	18,877	248
302 船 船 運 車 運 車 運 車 運	6	6	—	359 俳 曲 家	989	989	67
303 船 船 運 車 運 車 運 車 運	112	112	—	360 俳 曲 家	1	1	—
361 案 內 人 下 足 品 係	—	—	—	362 門 衛 品 係	—	—	—
363 倉 庫 除 廉 係	—	—	—	363 門 衛 品 係	—	—	—
364 搬 備 係	—	—	—	364 門 衎 品 係	—	—	—
365 雜 係	—	—	—	366 日 億 (ト單申告シタル者)	—	—	—

11 外地人及外國人ノ職業 (小分類) 全 国

職業	業	總數	男	女	職業	業	總數	男	女		
I17	天ノ他ノ研磨	研磨品製造業主	143	142	1	I76	天ノ他ノ製革	印刷ニ製革スル所務者	54	54	
I18	向量	研磨品製造業者	51	49	2	I77	皮革	皮革業主	10	10	
I19	乾織工	邊縫工	496	485	11	I78	骨角	甲羽毛品類製造業主	11	11	
I20	織織	織工	3,715	98	3,617	I79	製革	革製造業主	345	341	
I21	揚	返	60	19	47	I80	製革	革製造業工	5	5	
I22	真原	綿毛	工	35	35	I82	皮革	品製革	375	351	
I23	原製	麻	工	20	16	I83	骨角	甲類	426	386	
I24	製	工	115	84	31	I84	刷毛	他ノ羽毛品類製造業工	281	216	
I25	混綿	綿工	打綿工	1,069	926	143	I85	製村	合板製造業主	5	5
I26	梳毛	工	272	77	195	I86	製村	合板製造業工	76	73	
I27	粗精	紡	工	830	68	I87	製村	木挽板	1,319	1,313	
I28	五瓦	筋	工	1,690	111	I88	板	製造	25	25	
I29	總織	燒絲	返	8	7	I89	合屋	根	1	1	
I30	總接	工	1,770	220	I550	I90	被具	家具職	489	482	
I31	接	查	工	2	1	I91	被	指物職	54	54	
I32	結機	織	東準	備	60	I92	木地	織造	356	347	
I33	機麻	織絲	織	252	I44	I08	I93	木地職	187	176	
I34	麻織	絲絲	織	2,620	I,410	I,210	I94	曲木	物型	29	29
I35	織	絲	織	119	60	59	I95	漆工	20	20	
I36	織	絲	織	1,154	751	493	I96	漆工	133	133	
I37	刺繡	織	織	31	27	4	I97	車大工	船大工	35	35
I38	織	工	組織	1,397	1,208	189	I98	木工ト草シ申告シタル者	125	124	
I39	織	工	精練	1,285	1,090	195	I99	木表	延英織	83	53
I40	染	工	掠擦	3,768	3,697	71	I00	漆工	織職	158	157
I41	染	工	上染工	1,055	959	96	I01	漆工	行李類製造	150	145
I42	洗	張	洗濯	598	577	21	I02	竹器	工	128	111
I43	洗	工	清工	341	247	203	I03	天ノ他ノ木竹材製造二司	1,321	1,125	
I44	洗	工	清工	629	490	205	I04	漆工	スル所務者	6	6
I45	洗	工	服裝	166	146	20	I05	漆工	焚者	98	97
I46	身	服裝	造	59	59	—	I06	精穀	粉製造業主	7	7
I47	洗	工	清	2	2	—	I07	稻草	豆苗	26	25
I48	裁	斷工	裁縫	3,331	2,587	744	I08	豆苗	豆苗	81	80
I49	裁	工	卜縫	153	137	211	I09	葉子	豆苗	7	7
I50	裁	工	卜縫	22	17	213	I10	他ノ他ノ飲食料品	404	450	
I51	其	他ノ他ノ	卜縫	356	307	49	I11	精穀工	豆苗製造	164	161
I52	袋	袋	製造	111	92	19	I12	豆腐	製造	203	179
I53	扇	物	圓扇	29	26	3	I13	豆腐	湯葉	1,406	1,354
I54	扇	燈	扇合	131	117	14	I14	圓扇	麵	93	92
I55	洋傘	組立	立	149	114	35	I15	圓扇	麵	7	7
I56	下	組狀	立	305	288	17	I16	圓扇	糖	223	223
I57	草履	履物表	鼻堵製造職	470	443	27	I17	和酒	醸造	36	36
I58	靴	靴造	(腰靴靴除)	813	799	14	I18	其ノ他ノ酒糟含有飲料製造工	1	1	
I59	靴	靴	腰靴製造二司	386	255	131	I19	清涼飲料	造	114	112
I60	紙	紙	料製造業主	3	3	—	I20	糖	造	25	21
I61	紙	紙	品製造業主	8	8	—	I21	急介	肉類	590	496
I62	製	版	印刷業	7	7	—	I22	製茶	造	7	5
I63	寫	寫	印刷業	107	106	1	I23	墨草	造	7	7
I64	寫	紙	印本	49	49	—	I24	墨草	造	82	82
I65	製	紙	本	326	314	12	I25	墨草	造	56	55
I66	紙	紙	料製造工	80	78	2	I26	墨草	土木建築業主	1,409	1,409
I67	抄	紙	紙工	183	163	20	I27	鐵筋工	監督	340	340
I68	紙	函	紙工	475	401	74	I28	鐵筋工	官	225	225
I69	活	字	鑄造工	549	488	61	I29	瓦積工	工	439	439
I70	活	字	鑄造工	4	4	—	I30	瓦積工	張工	40	40
I71	活	字	植字工	74	71	3	I31	瓦積工	工	440	440
I72	文選	工	植字工	74	71	—	I32	鐵筋工	根	51	51
I73	印	版刷	工	70	69	1	I33	鐵筋工	職	78	78

11 外地人及外國人ノ職業（小分類）

全 国

職業	總數	男	女	職業	總數	男	女
朝鮮人							
農業	827	809	18	59 紡織	277	264	13
耕管人	28	28	—	60 住石	422	404	18
理農業	8,661	8,571	90	61 紗瓦	99	94	5
作勞	4,027	3,872	155	62 鍊瓦	971	905	66
他業	670	325	345	63 其他	956	838	118
農業	827	809	18	64 金屬製造	52	52	—
耕管人	28	28	—	65 金屬製造	2	2	—
理農業	8,661	8,571	90	66 金屬製造	1	1	—
作勞	4,027	3,872	155	67 精密技術者	4	4	—
他業	670	325	345	68 鋼鐵技術者	2	2	—
農業	827	809	18	69 精密技術者	—	—	—
耕管人	28	28	—	70 鏟船	工	225	—
理農業	8,661	8,571	90	71 船工	工	225	—
作勞	4,027	3,872	155	72 鐵鑄	工	1,303	1,296
他業	670	325	345	73 鐵鑄	工	13	13
農業	827	809	18	74 鉛錫	工	681	664
耕管人	28	28	—	75 鉛錫	工	77	77
理農業	8,661	8,571	90	76 鋼鐵	工	—	—
作勞	4,027	3,872	155	77 鋼鐵	工	474	438
他業	670	325	345	78 鋼鐵	工	239	213
農業	827	809	18	79 鋼鐵	工	1,095	1,089
耕管人	28	28	—	80 鋼鐵	工	533	533
理農業	8,661	8,571	90	81 鋼鐵	工	57	56
作勞	4,027	3,872	155	82 鋼鐵	工	—	—
他業	670	325	345	83 鋼鐵	工	11	11
農業	827	809	18	84 機械	工	1,605	1,600
耕管人	28	28	—	85 機械	工	14	14
理農業	8,661	8,571	90	86 機械	工	604	599
作勞	4,027	3,872	155	87 機械	工	1,099	1,015
他業	670	325	345	88 機械	工	15	15
農業	827	809	18	89 機械	工	—	—
耕管人	28	28	—	90 機械	工	1,130	1,121
理農業	8,661	8,571	90	91 機械	工	1,039	1,017
作勞	4,027	3,872	155	92 機械	工	5	5
他業	670	325	345	93 機械	工	627	625
農業	827	809	18	94 機械	工	6	6
耕管人	28	28	—	95 機械	工	51	46
理農業	8,661	8,571	90	96 機械	工	7	7
作勞	4,027	3,872	155	97 機械	工	10	7
他業	670	325	345	98 機械	工	147	147
農業	827	809	18	99 機械	工	953	896
耕管人	28	28	—	100 機械	工	—	—
理農業	8,661	8,571	90	101 機械	工	11	11
作勞	4,027	3,872	155	102 機械	工	2	2
他業	670	325	345	103 機械	工	248	240
農業	827	809	18	104 機械	工	30	29
耕管人	28	28	—	105 機械	工	101	91
理農業	8,661	8,571	90	106 機械	工	—	—
作勞	4,027	3,872	155	107 機械	工	—	—
他業	670	325	345	108 機械	工	15	10
農業	827	809	18	109 機械	工	302	360
耕管人	28	28	—	110 機械	工	—	—
理農業	8,661	8,571	90	111 機械	工	1,973	1,883
作勞	4,027	3,872	155	112 機械	工	2,887	2,306
他業	670	325	345	113 機械	工	432	399
農業	827	809	18	114 機械	工	265	228
耕管人	28	28	—	115 機械	工	26	24
理農業	8,661	8,571	90	116 機械	工	4	4
作勞	4,027	3,872	155	117 機械	工	29	26
他業	670	325	345	118 機械	工	—	—
農業	827	809	18	119 機械	工	—	—
耕管人	28	28	—	120 機械	工	—	—
理農業	8,661	8,571	90	121 機械	工	—	—
作勞	4,027	3,872	155	122 機械	工	—	—
他業	670	325	345	123 機械	工	—	—
農業	827	809	18	124 機械	工	—	—
耕管人	28	28	—	125 機械	工	—	—
理農業	8,661	8,571	90	126 機械	工	—	—
作勞	4,027	3,872	155	127 機械	工	—	—
他業	670	325	345	128 機械	工	—	—
農業	827	809	18	129 機械	工	—	—
耕管人	28	28	—	130 機械	工	—	—
理農業	8,661	8,571	90	131 機械	工	—	—
作勞	4,027	3,872	155	132 機械	工	—	—
他業	670	325	345	133 機械	工	—	—
農業	827	809	18	134 機械	工	—	—
耕管人	28	28	—	135 機械	工	—	—
理農業	8,661	8,571	90	136 機械	工	—	—
作勞	4,027	3,872	155	137 機械	工	—	—
他業	670	325	345	138 機械	工	—	—
農業	827	809	18	139 機械	工	—	—
耕管人	28	28	—	140 機械	工	—	—
理農業	8,661	8,571	90	141 機械	工	—	—
作勞	4,027	3,872	155	142 機械	工	—	—
他業	670	325	345	143 機械	工	—	—
農業	827	809	18	144 機械	工	—	—
耕管人	28	28	—	145 機械	工	—	—
理農業	8,661	8,571	90	146 機械	工	—	—
作勞	4,027	3,872	155	147 機械	工	—	—
他業	670	325	345	148 機械	工	—	—
農業	827	809	18	149 機械	工	—	—
耕管人	28	28	—	150 機械	工	—	—
理農業	8,661	8,571	90	151 機械	工	—	—
作勞	4,027	3,872	155	152 機械	工	—	—
他業	670	325	345	153 機械	工	—	—
農業	827	809	18	154 機械	工	—	—
耕管人	28	28	—	155 機械	工	—	—
理農業	8,661	8,571	90	156 機械	工	—	—
作勞	4,027	3,872	155	157 機械	工	—	—
他業	670	325	345	158 機械	工	—	—
農業	827	809	18	159 機械	工	—	—
耕管人	28	28	—	160 機械	工	—	—
理農業	8,661	8,571	90	161 機械	工	—	—
作勞	4,027	3,872	155	162 機械	工	—	—
他業	670	325	345	163 機械	工	—	—
農業	827	809	18	164 機械	工	—	—
耕管人	28	28	—	165 機械	工	—	—
理農業	8,661	8,571	90	166 機械	工	—	—
作勞	4,027	3,872	155	167 機械	工	—	—
他業	670	325	345	168 機械	工	—	—
農業	827	809	18	169 機械	工	—	—
耕管人	28	28	—	170 機械	工	—	—
理農業	8,661	8,571	90	171 機械	工	—	—
作勞	4,027	3,872	155	172 機械	工	—	—
他業	670	325	345	173 機械	工	—	—
農業	827	809	18	174 機械	工	—	—
耕管人	28	28	—	175 機械	工	—	—
理農業	8,661	8,571	90	176 機械	工	—	—
作勞	4,027	3,872	155	177 機械	工	—	—
他業	670	325	345	178 機械	工	—	—
農業	827	809	18	179 機械	工	—	—
耕管人	28	28	—	180 機械	工	—	—
理農業	8,661	8,571	90	181 機械	工	—	—
作勞	4,027	3,872	155	182 機械	工	—	—
他業	670	325	345	183 機械	工	—	—
農業	827	809	18	184 機械	工	—	—
耕管人	28	28	—	185 機械	工	—	—
理農業	8,661	8,571	90	186 機械	工	—	—
作勞	4,027	3,872	155	187 機械	工	—	—
他業	670	325	345	188 機械	工	—	—
農業	827	809	18	189 機械	工	—	—
耕管人	28	28	—	190 機械	工	—	—
理農業	8,661	8,571	90	191 機械	工	—	—
作勞	4,027	3,872	155	192 機械	工	—	—
他業	670	325	345	193 機械	工	—	—
農業	827	809	18	194 機械	工	—	—
耕管人	28	28	—	195 機械	工	—	—
理農業	8,661	8,571	90	196 機械	工	—	—
作勞	4,027	3,872	155	197 機械	工	—	—
他業	670	325	345	198 機械	工	—	—
農業	827	809	18	199 機械	工	—	—
耕管人	28	28	—	200 機械	工	—	—
理農業	8,661	8,571	90	201 機械	工	—	—
作勞	4,027	3,872	155	202 機械	工	—	—
他業	670	325	345	203 機械	工	—	—
農業	827	809	18	204 機械	工	—	—
耕管人	28	28	—	205 機械	工	—	—
理農業	8,661	8,571	90	206 機械	工	—	—
作勞	4,027	3,872	155	207 機械	工	—	—
他業	670	325	345	208 機械	工	—	—
農業	827	809	18	209 機械	工	—	—
耕管人	28	28	—	210 機械	工	—	—
理農業	8,661	8,571	90	211 機械	工	—	—
作勞	4,027	3,872	155	212 機械	工	—	—
他業	670	325	345	213 機械	工	—	—
農業	827	809	18	214 機械	工	—	—
耕管人	28	28	—	215 機械	工	—	—
理農業	8,661	8,571	90	216 機械	工	—	—
作勞	4,027	3,872	155	217 機械	工	—	—
他業	670	325	345	218 機械	工	—	—
農業	827	809	18	219 機械	工	—	—
耕管人	28	28	—	220 機械	工	—	—
理農業	8,661	8,571	90	221 機械	工	—	—
作勞	4,027	3,872	155	222 機械	工	—	—
他業	670	325	345	223 機械	工	—	—
農業	827	809	18	224 機械	工	—	—
耕管人	28	28	—	225 機械	工	—	—
理農業	8,661	8,571	90	226 機械	工	—	—
作勞	4,027	3,872	155	227 機械	工	—	—
他業	670	325	345	228 機械	工	—	—
農業	827	809	18	229 機械	工	—	—
耕管人	28	28	—	230 機械	工	—	—
理農業	8,661	8,571	90	231 機械	工	—	—
作勞	4,027	3,872	155	232 機械	工	—	—
他業	670	325	345	233 機械	工	—	—
農業	827	809	18	234 機械	工	—	—
耕管人	28	28	—	235 機械	工	—	—
理農業	8,661	8,571	90	236 機械	工	—	—

昭和五年

國勢調查報告

第二卷

職業及產業

內閣統計局

34接客者	
旅館, 料理店等ノ番頭, 女中, 給仕人	40法務者
芸妓, 嬉妓, 酔婦	判事, 檢事
35家事使用人	弁護士
家事使用人	執達吏, 公証人, 司法代書人
36其ノ他ノ作業者	41記者, 芸術家, 文芸家
企画手	記者
守衛監督	著述家, 文芸家
原動機(電動機ヲ除ク)巻上機, ポン プ, 送風機, 空気圧縮機, コンベヤ ノ運転工	画家, 図案家, 彫塑家
起重機運転工	音楽家, 舞踊家, 俳優
汽罐士	其ノ他ノ芸術家, 遊芸人
火夫, 油差	42其ノ他ノ職業者
看貫掛, 檢量工	其ノ他ノ職業者
包装掛, 壤詰工, 檜詰工	
荷造工	
小使, 給仕, 雜役者	
見習工, 養成工(他ニ分類セラレザル モノ)	
其ノ他ノ作業者	
IV 公務者, 自由職業者, 其ノ他ノ職 業者	
37官吏, 公吏	
一般ノ官吏, 公吏(他ニ分類セラレザ ルモノ)	
神官, 神職	
38宗教家	
神道教師	
僧侶, 仏教布教師	
牧師, キリスト教伝道師	
其ノ他ノ宗教家	
39教育者, 研究員	
小学校教員	
理科の科目担当教員	
文科の科目担当教員	
其ノ他ノ教職員	
文化科学, 社会科学研究員	

罐詰, 壺詰, 食料品製造工	機械器具検査工
製茶工	船体検査工
煙草製造工	機械試運転工
製氷工, 冷凍工	紡織品検査工
料理人, コック	選別工, 検査工
其ノ他ノ飲食料品,嗜好品製造作業者	30運輸, 運搬作業者
者	機関士, 運転士, 機関助士(蒸気機関車)
25其ノ他ノ製品ノ製造作業者	運転手, 助手(電気機関車, 電車, 気動車)
其ノ他ノ製品ノ製造作業者	自動車運転手
26土木建築作業者	車掌
大工	操車手, 連結手, 転轍手, 信号手, 踏切手
左官	船舶運転士(総噸数40噸未満ノ船舶ノ船長及運転士)
コンクリート枠組工	船舶機関士(総噸数40噸未満ノ船舶ノ機関長及機関士)
鉄筋工, 鉄網工	舵手, 水夫, 舟夫
コンクリート工	航空機整備員
煉瓦積工, タイル職, 築炉工	人力車夫, 馬方, 駄者
石工	荷扱夫, 仲仕, 倉庫夫, 運搬夫, 配達夫
屋根職	31通信作業者
道路工夫, アスファルト舗装工	有線電信通信士
線路工夫, 保線夫	無線電信通信士
鳶職	電話交換手
潜水夫	通信集配員
其ノ他ノ土木建築作業者	32医療, 理容従事者
27電気ニ関スル作業者	歯科技工
発変電工	看護婦
通信電機装置工	産婆
其ノ他ノ電工	按摩, 鍼灸師
28絵付塗装, メツキ作業者	接骨師
画工, 絵付工	其ノ他ノ医療従事者
漆工, 蒔絵師	理髪師, 髮結, 美容師
塗装工	33商業的作業者
メツキ工(皮膜防錆工ヲ含ム)	物品売買業者, 仲買人
金属酸洗工, 洗滌工	店員, 売子, 注文取, 集金人
砂吹工	
パフミガキ工	
29実験, 試験, 検査作業者	
実験工, 試験工, 分析工	
機械器具部品検査工	

捻糸工	革選定工, 裁断工
織布工	革縫工
起毛工, 織毛工	革靴製造工
フエルト工	馬鞍工
精練, 漂白工	其ノ他ノ皮革製品製造工
染物職, 浸染工	骨, 角, 甲, 牙, 貝類細工職
機械捺染工	羽毛, 其ノ他ノ羽毛品類ノ製造作業者
刺繡職	23木, 竹, 草, 蔓類製品ノ製造作業者
編物工, 組紐工, メリヤス編立工	製材工
洗張, 洗濯職	調木工, 木羽割職
製綱工(藁製品ヲ除ク)	合板工
製網工(藁製品ヲ除ク)	人造板製造工
其ノ他ノ紡織品製造作業者	コルク加工工
20被服・身ノ廻り品製造作業者	木工
仕立職	木型工(鋸物木型工ヲ除ク)
洋裁師	船大工, 車大工
裁断工	建物指物職
ミシン工	樽, 桶職
帽子製造工(麦藁帽, パナマ帽製造工 ヲ除ク)	曲物職
扇子, 団扇製造職	壺表, 蓋, 莫蘆織職
提灯, 傘, 合羽職	壺職
洋傘製造職	箍, 箕, 行李類製造職
下駄職	其ノ他ノ木, 竹, 草, 蔓類製品ノ製造 作業者
草履, 履物表, 鼻緒製造職	24飲食料品, 嗜好品製造作業者
其ノ他ノ被服, 身ノ廻り品製造作業 者	精米, 精穀工
21印刷, 紙製品製造作業者	製粉工, 濬粉工
文選工, 植字工, 解版工	麵類, 麵製造工
活字鋳造工	豆腐, 湯葉, 茄蒻製造工
製版工, 紙型工	菓子, 水飴製造工
印刷工	パン製造工
写真師, 写真工	製糖工
製本職	麹製造工
表具師	味噌, 醬油, 酢釀造工
紙箱製造工	和酒釀造工, 杜氏
其ノ他ノ印刷, 紙製品製造作業者	其ノ他ノ酒類製造工
22皮革, 骨, 羽毛類製品ノ製造作業者	清涼飲料製造工

醋酸繊維素工	人絹, スフ, セロファン原液工
硝化綿工	人絹, スフ紡糸工
火薬工	人絹, スフ仕上工
火工	セロファン証紙工
染料工	革鞣工
顔料工	毛皮鞣工
塗料工	黒鉛製造工
アンモニア合成工	電極工(旋盤ニ依ル仕上工ヲ除ク)
アルコール製造工	活性炭工
樟脑精製工	製塩作業者
燐製造工	アルミナ製造工
二硫化炭素工	其ノ他ノ化学製品ノ製造作業者
其ノ他ノ薬品製造工	18窯業, 土石類ノ加工作業者
圧縮ガス工	窯業原料工
油脂搾出工, 精製工	成型工(旋盤ニ依ルモノヲ除ク)
油脂加工工	施彩工
グリセリン工	焼成工
石炭乾溜工	窯業仕上工(旋盤ニ依ルモノヲ除ク)
タール分溜工	黒鉛ルツボ工
人造石油工	陶工
石油工	セメント焼成工
ガス発生炉工	ガラス熔融工
マツチ工	ガラス吹工
合成ゴム工	板ガラス製造工
ゴム製鍊工	型物ガラス工, 機械製壠工
ゴム成型工, 加工工(旋盤ニ依ルモノヲ除ク)	ガラス銀引工
ゴム加硫工	特殊ガラス工
セルロイド素地工	ガラス加工工, 細工工
セルロイド成型工, 加工工	石綿紡織工
人造レジン工	石綿工, 保温工
人造レジン成型工, 加工工(旋盤ニ依ルモノヲ除ク)	瓦製造職
パルプ工	石細工職
製紙工	宝石細工職
加工紙工	其ノ他ノ窯業, 土石類ノ加工作業者
バルガナイズドファイバー工(旋盤ニ依ル仕上工ヲ除ク)	19紡織品製造作業者
	製糸工
	麻原線工
	紡績工

ボール盤工	バネ工
平削盤工, 形削盤工, 壓削盤工	針布工
フライス盤工	義肢仕上工, 組立工
歯切盤工	網具工, 索具工
研磨盤工, ラツプ盤工	其ノ他ノ機械器具製作作業者
ラッピング工(手作業ニ依ルモノ)	16機械器具ノ仕上, 組立修繕作業者
鉄木工(船台大工ヲ含ム)	手仕上工
撓鉄工	機械器具部品仕上組立工
填隙工	機械器具総組立工
鋸打工	レンズ調整工, パルサム工
板金鋸打工	計器組立工
板金工, ブリキ職	航空機用金属プロペラ仕上工
金属プレス工, 打抜工	航空機用木製プロペラ仕上工
ドラム罐, ブリキ罐製造工	航空機部品組立工
ガス熔接工	航空機組立工
電気熔接工	航空機儀装工
其ノ他ノ熔接工	造船儀装工
鐵付工	自動車組立工, 修繕工
パイプ工(造船所ノ銅工ヲ含ム)	電気機械器具組立工
鉛管工, 鉛工	電気通信機組立工
金属彫刻工	内張工, シート張工
目立工	飾り職
刃物研ギ工	時計組立工, 修繕工
レンズ研磨工	機械器具装置工, 修繕工, 保全工
レンズ心出, 心取工	工具保全工
其ノ他ノレンズ工	17化学製品ノ製造作業者
ガラス目盛工	硫酸工
其ノ他ノ目盛工	塩酸工
針金細工工	硝酸工
電線被装工	醋酸工
巻線工	ソーダ工
絶縁工	石灰炉工
配線工	カーバイド工
乾電池組立工	人造研磨製造工(旋盤ニ依ル仕上工 ヲ除ク)
蓄電池製造工	アセトン工
電球放電管製造工	硫安工
真空管 X 線管製造工	石灰窒素工
機械製鋸工	

伐木夫, 造林夫	其ノ他ノ金属製鍊作業者
炭焼夫	非金属製鍊工
畜産作業者	13製図, 現図作業者
馬調教師	造船, 航空機製図工
装蹄師	機械製図工
蚕業作業者	其ノ他ノ製図工
養鶏作業者	写図工, 青写真工
其ノ他ノ農産, 林産作業者	造船現図工
10水産作業者	航空機現図工
漁撈長	其ノ他ノ現図工
其ノ他ノ水産作業者	14金属材料ノ製造加工業者
11鉱物, 土石等ノ採取作業者	金属加熱炉工
発破係	金属板圧延伸張工
坑内採鉱夫, 採炭夫	金属棒條圧延伸張工
坑内掘進夫	金属製管工
坑内支柱夫	金属小物圧延伸張工
坑内充填夫	金属線伸張工
坑内運搬夫	金属捻線工
露天採掘夫	金属疵取工
選鉱夫, 選炭夫	金属切断工
土砂採取夫	鍛冶職, 刃物職
鑿井夫, ボーリング工	機械火造工
汲油夫	熱処理工
天然ガス採取夫	金属熔融工
12製鍊作業者	鋳物木型工
焙焼工, 焼結工, 団鉱工	鋳物砂型工
製銑工(電気炉ニ依ルモノ)	中子工
製銑工(熔鉱炉其ノ他ニ依ルモノ)	鋳造工
混銑炉工	特殊鋳造工
製鋼工(電気炉ニ依ルモノ)	其ノ他ノ金属材料ノ製造加工業者
製鋼工(平炉其ノ他ニ依ルモノ)	15機械器具ノ製作作業者
非鉄金属製鍊工(電気炉ニ依ルモノ)	ケガキ工
非鉄金属製鍊工(其ノ他ノ炉ニ依ルモノ)	旋盤工(金属ニ加工スルモノ)
非鉄金属製鍊工(化学操作ニ依ルモノ)	旋盤工(木材以外ノ非金属ニ加工スルモノ)
非鉄金属製鍊工(電解ニ依ルモノ)	タレット工
造塊工	卓上旋盤工, 小型機械工
	中グリ盤工

昭和15年国勢統計調査

職業(小分類)

I 経営者, 事務者

1 経営者

 経営者

2 事務者

 一般事務者

 販売仕入係事務者

 簿記係事務者

 計理士

 通訳

 速記者

 タイピスト, 筆耕

II 技術者

3 農林, 水産技術者

 農業技術者

 蚕業技術者

 畜産技術者

 獣医師, 獣医手

 林業技術者

 水産技術者

4 鉱, 工技術者

 鉱山技術者

 冶金技術者

 機械技術者

 電気機械技術者

 電気通信機械技術者

 航空機技術者

 造船技術者

 化学技術者

 電気化学技術者

 火薬技術者

 燃料化学技術者

 窯業技術者

 レンズ技術者

食料品技術者

醸造技術者

紡織技術者

染色技術者

木工技術者

土木技術者

建築技術者

電気技術者

其ノ他ノ工業技術者

5 交通, 通信技術者

 船長(総頓数40頓以上ノ船舶ノ船長)

 船舶運転士(総頓数40頓以上ノ船舶
 ノ運転士)

 船舶機関士(総頓数40頓以上ノ船舶
 ノ機関長及機関士)

 航空士

 航空機操縦士

 航空機機関士

 電子通信技術者(有線, 無線電信通信
 士以外ノモノ)

6 医師, 薬剤師

 医師

 歯科医師

 薬剤師

7 気象技術者, 気象手

 気象技術者

 気象手

8 理科学研究員

 農林, 水産学研究員

 鉱, 工学研究員

 医学研究員

 其ノ他ノ理科学研究員

III 作業者

9 農, 林, 畜産作業者

 農耕作業者

 果樹園芸作業者

 造園師, 植木職

 造林作業者

- 438演劇, 演芸, 其ノ他ノ興行
 439遊戯場, 娯楽場業
 440旅館, 下宿業
 441料理店, 飲食店業
 442貸席, 待合, 置屋, 貸座敷業
 443持株会社
 444葬儀業
 445其ノ他ノ商業
VI 交 通 業
 446鉄道, 軌道業
 447乗合自動車運輸業
 448旅客自動車運送業
 449貨物自動車運送業
 450小運輸業
 451其ノ他ノ陸上運輸業
 452船舶運輸業
 453航空輸送業
 454回漕業
 455其ノ他ノ運送取扱業
 456郵便, 電信, 電話業
 457ラヂオ放送業
 458ニュース供給業
 459其ノ他ノ通信業
VII 公 務, 自由業
 460皇室事務(他ニ分類セラレザルモノ)
 461神社
 462国家事務(他ニ分類セラレザルモノ)
 463地方事務(他ニ分類セラレザルモノ)
 464陸軍(他ニ分類セラレザルモノ)
 465海軍(他ニ分類セラレザルモノ)
 466弁護士, 弁護士事務所
 467執達吏役場, 公証人役場, 司法書士事務所
 468学校
 469図書館, 博物館
 470其ノ他ノ教育
 471神道
 472仏教
 473基督教
 474其ノ他ノ宗教
 475医業
 476助産婦業
 477看護業
 478按摩, 鍼灸業
 479其ノ他ノ医療業
 480理髪, 理容業
 481浴場業
 482清掃業
 483獣医業
 484装蹄業
 485著述業, 文芸
 486絵画, 彫塑
 487音楽, 舞踊
 488其ノ他ノ芸術, 遊芸
 489産業団体
 490社会事業団体
 491其ノ他ノ団体
 492代書, 代願業
 493其ノ他ノ自由業
VIII 家 事 業
 494家事業
IX 其ノ他ノ産業
 495其ノ他ノ産業
 496産業ノ不明ナルモノ
X 無職業
 497無業

- 364呉服, 織物販売業
365和服類販売業
366洋服類販売業
367古着販売業
368蒲団, 夜具, 蚊帳類販売業
369洋品雜貨販売業
370小間物, 袋物, 化粧品, 装身具販売業
371靴販売業
372皮革, 擬革, 其ノ製品販売業
373履物, 和傘販売業
374時計, 眼鏡, 貴金属, 宝石類販売業
375其ノ他ノ身ノ廻り品販売業
376建具, 家具, 指物販売業
377畳表, 莫蘆, 莼販売業
378荒物販売業
379漆器販売業
380陶磁器販売業
381ガラス, ガラス製品販売業
382木材, 竹材販売業
383セメント, 煉瓦, 瓦, 土管, 土石販売業
384薬品, 衛生材料販売業
385工業薬品, 塗料, 染料, 顔料, 油脂類販売業
386薪炭販売業
387石炭, コーカス類販売業
388石油, ガソリン類販売業
389紙, 紙製品, 文房具販売業
390玩具, 遊戯品, 運動具販売業
391写真機類, 写真材料販売業
392楽器, 蓄音機類販売業
393美術品, 骨董品販売業
394新聞発行販売業
395図書, 雑誌類出版販売業
396古物商
397家畜, 家禽販売業
398肥料販売業
399飼料販売業
400ゴム, ゴム製品販売業
401防水布, 油布, リノリウム類販売業
402鉄材, 鋼材販売業
403其ノ他ノ金属材料販売業
404金物, 琥珀鉄器類販売業
405電気機械器具販売業
406工作機械器具販売業
407自動車, 自動車部分品販売業
408自転車, 自転車部分品販売業
409農業用機械器具販売業
410度量衡器, 計器類販売業
411理化学機械, 医療用機械器具販売業
412其ノ他ノ機械, 工具販売業
413其ノ他ノ物品販売業
414百貨店
415各種物品販売業
416貿易業
417有価証券取引所取引員営業
418物産取引所取引員(会員ヲ含ム)営業
419有価証券売買仲立業
420不動産売買仲立業
421牛馬商
422其ノ他ノ売買仲立業
423労務供給業
424職業紹介業
425其ノ他ノ周旋, 紹介業
426銀行業, 信託業
427貸金業
428質屋業
429無尽業
430其ノ他ノ金融業
431保険業
433冷蔵倉庫業
434物品預り業
435物品賃貸業
436其ノ他ノ賃貸業
437映画興行

- 290澱粉製造業
 291製糖業
 292和酒製造業
 293麥酒製造業
 294其ノ他ノ酒類製造業
 295醬油, 味噌及食酢製造業
 296清涼飲料製造業
 297菓子, パン, 飴類製造業
 298罐詰製造業
 299壠詰製造業
 300畜產食料品製造業
 301水產食料品製造業
 302製茶業
 303煙草製造業
 304製氷業
 305冷凍食料品製造業
 306製麵業
 307其ノ他ノ食料品製造業
 308印刷業
 309製本業
 310土木建築業
 311紙製品製造業
 312竹製品製造業
 313杞柳製品製造業
 314簾製品製造業
 315其ノ他ノ蔓及莖製品製造業
 316畝製造業
 317莫蘆, 花莛及野草莛製造業
 318藁製品及棕梠製品製造業
 319麻真田製造業
 320麥稈及経木製品製造業
 321綿, 麻, 毛及絹製綱, 繩及網製造業
 322纖維板製造業
 323革靴製造業
 324其ノ他ノ皮革製品製造業
 325鈎鉗(金属製ノモノヲ除ク)製造業
 326刷毛及刷子製造業
 327漆器製造業
 328フェルト製帽子製造業
 329其ノ他ノ帽子製造業
 330玩具(金属製ノモノヲ除ク)製造
 331映画製作業
 332写真業
 333塗装業
 334骨, 角, 蹄, 甲, 牙及貝類製品製造業
 335医療材料品製造業
 336毛筆製造業
 337万年筆製造業
 338鉛筆及クレヨン製造業
 339和傘製造業
 340洋傘製造業
 341草履(革製及ゴム製ノモノヲ除ク)
 爪革類製造業
 342羽毛及獸毛漂白整理業
 343人造真珠製造業
 344宝石類加工業
 345魔法壠製造業
 346其ノ他ノ製造加工業
V 商 業
 347米穀販売業
 348其ノ他ノ穀類, 粉類販売業
 349蔬菜類販売業
 350果実販売業
 351豆腐類販売業
 352鮮魚介類販売業
 353鳥獸肉販売業
 354牛乳販売業
 355酒類, 調味料, 清涼飲料類販売業
 356漬物, 煮物類販売業
 357乾物販売業
 358菓子, パン類販売業
 359茶類販売業
 360水販売業
 361其ノ他ノ飲食料品販売業
 362各種飲食料品販売業
 363糸, 綿類販売業

215研磨材料及研磨用品製造業	253其ノ他ノ絹織物製造業
216炭素製品製造業	254麻織物製造業
217コークス製造業	255純毛織物製造業
218其ノ他ノ化学製品製造業	256混紡毛織物及交紡毛織物製造業
219ガス業	257純人造絹織物製造業
220電気業	258交織人造絹織物製造業
221水道業	259ステープルファイバー織物製造業
222陶磁器製造業	260其ノ他ノ織物製造業
223陶磁器絵付業	261メリヤス素地編立業
224ガラス及ガラス製品製造業	262メリヤス製品製造業
225セメント製造業	263其ノ他ノ編物, ドロンウォーク, レース類製造業
226煉瓦及耐火物製造業	264糸組物製造業
227尾根瓦製造業	265製綿業
228石灰製造業	266真綿製造業
229琺瑯鉄器製造業	267機械捺染業
230其ノ他ノ窯業製品製造業	268其ノ他ノ捺染業
231セメント製品製造業	269無地染及絞染業
232石綿品製造業	270糸染色, 精練及漂白業
233石工品製造業	271精練, 漂白及整理業
234其ノ他ノ土石工業	272起毛業
235生糸製造業	273洗張, 洗濯業
236玉糸製造機	274フェルト製造業
237野蚕糸製造業	275裁縫業
238生皮苧, 慰斗糸類製造業	276刺繡業
239綿糸紡績業	277反毛業
240絹糸紡績業	278其ノ他ノ紡織品製造加工業
241麻糸紡績業	279製材業
242毛糸紡績業	280防腐, 耐火等ノ木材処理業
243ステープルファイバー糸紡績業	281ベニヤ合板製造業
244其ノ他ノ紡績業	282木製建具及家具製造業
245綿撚糸業	283包装用木箱, 樽及桶製造業
246絹撚糸業	284水管製造業
247其ノ他ノ撚糸及加工撚糸業	285コルク製品製造業
248純綿織物製造業	286挽物, 曲物類製造業
249混紡綿織物及交織綿織物製造業	287其ノ他ノ木製品製造業
250純絹織物製造業	288精穀業
251人造絹糸トノ交織絹織物製造業	289製粉業
252綿糸トノ交織絹織物製造業	

140医療用機械器具製造業	177人造石油製造業
141写真機械製造業	178植物油脂製造業
142其ノ他ノ光学機械器具製造業	179樟脑製造業
143電球製造業	180薄荷製造業
144其ノ他ノ照明用機械器具製造業	181其ノ他ノ植物性揮発油製造業
145楽器類製造業	182魚油製造業
146蓄音機製造業	183獸脂類製造業
147銃砲, 弾丸, 兵器類製造業	184木蠟製造業
148事務用機械製造業	185蠟燭製造業
149金庫製造業	186加工油製造業
150ガス器具製造業	187ゴム製品製造業
151弁及コツク製造業	188再製ゴム素地製造業
152軸受製造業	189パルプ製造業
153齒車製造業	190製紙業
154ベルト車, 車両及車軸製造業	191セロファン紙製造業
155前掲以外ノ部分品及付属品製造業	192セルロイド素地製造業
156其ノ他ノ機械器具製造業	193セルロイド製品製造業
157電気機械器具装置業	194再製セルロイド素地製造業
158其ノ他ノ機械器具装置業	195人造絹糸製造業
159製薬業	196ステープルファイバー製造業
160ソーダ製造業	197其ノ他ノ化学繊維製造業
161硫酸製造業	198植物質肥料製造業
162燐製造業	199動物質肥料製造業
163圧縮ガス製造業	200鉱物質及配合肥料製造業
164カーバイド製造業	201製革業
165其ノ他ノ工業薬品製造業	202精製毛皮製造業
166製塩業	203石鹼及化粧品製造業
167天然染料製造業	204人造レジン素地及製品製造業
168硫化染料製造業	205蓄音機コード製造業
169其ノ他ノ合成染料及中間物製造業	206バルガナイズドファイバー製造業
170漆液製造業	207リノリウム製造業
171塗料製造業	208防水布, 擬革布類製造業
172顔料製造業	209建築用防水紙及防水布製造業
173マツチ製造業	210フィルム乾板類製造業
174其ノ他ノ発火物製造業	211人造香料製造業
175コールタール及コールタール分溜 物製造業	212タンニン製造業
176石油精製業	213糊料製造業
	214殺虫剤及防腐剤製造業

- 67ボルト, ナット, 座金及鉄製造業
68釘類製造業
69針類製造業
70金属板製品製造業
71建築用及家具用金物製造業
72金属製建具, 家具類製造業
73建築, 橋梁, 鉄塔等ノ建設材料製造業
74金属器類製造業
75金属製パン先製造業
76剃刀, 食卓用ナイフ, フォーク及スプーン製造業
77洋傘骨製造業
78金属製玩具製造業
79金属製小間物類製造業
80蹄鉄及蹄釘製造業
81火造(鍛冶)業
82金属切断業
83熔接業
84其ノ他ノ金属品製造加工業
85蒸気罐製造業
86蒸気機関及蒸気タービン製造業
87内燃機関製造業
88水車製造業
89其ノ他ノ原動機製造業
90原動機部分品及付属品製造業
91電気機械器具製造業
92無線及有線通信機械器具製造業
93電線及電纜製造業
94電池製造業
95切削研磨用金属工作機械製造業
96其ノ他ノ金属工作機械製造業
97金属工作機械部分品及付属品製造業
98製材及木工機械製造業
99工具製造業
100採鉱, 選鉱及精鍊機械器具製造業
101化学工業用機械器具製造業
102窯業用機械器具製造業
103製紙機械器具製造業
104紡織機械器具製造業
105蚕糸機械器具製造業
106ガス発生装置製造業
107食料品製造加工用機械器具製造業
108印刷機械器具製造業
109製本機械器具製造業
110ミシン製造業
111其ノ他ノ製造加工用機械器具製造業
112鉄道車両製造業
113大型自動車製造業
114小型自動車製造業
115自動二輪車及自動三輪車製造業
116自動車部分品及付属品製造業
117自転車製造業
118其ノ他ノ車両製造業
119鋼船製造業
120其ノ他ノ船舶製造業
121航空機製造業
122航空機部分品及付属品製造業
123運搬機械製造業
124ポンプ及水圧機製造業
125送風機及氣体圧縮機製造業
126農業用機械器具製造業
127土木建築用機械器具製造業
128度量衡器製造業
129ガスマートル及水道メートル製造業
130寒暖計製造業
131体温計製造業
132電気計器製造業
133計圧器類製造業
134其ノ他ノ計器製造業
135電気時計製造業
136其ノ他ノ時計製造業
137測量機械器具製造業
138試験及検査機械器具製造業
139学術用機械器具製造業

昭和15年国勢統計調査

産業(小分類)

I 農 業

- 1稻作
- 2麦作
- 3雜穀作
- 4豆作
- 5甘藷, 馬鈴薯作
- 6蔬菜栽培
- 7花卉栽培, 高等園芸
- 8種苗業
- 9果樹栽培
- 10甘藷, 甜菜作
- 11茶栽培
- 12麻栽培
- 13薬草栽培
- 14其ノ他ノ農耕業
- 15搾乳業
- 16產牛業
- 17馬產業
- 18養豚業
- 19養鶏業
- 20孵卵業
- 21其ノ他ノ畜産業
- 22養蚕業
- 23蚕種製造業
- 24造園業
- 25其ノ他ノ農業
- 26森林業
- 27炭焼業
- 28其ノ他ノ林産物生産, 採取業

II 水 産 業

- 29漁撈採藻業
- 30母船式漁業
- 31魚類養殖業

32介類養殖業

33藻類養殖業

III 鉱 業

- 34金属鉱業
- 35砂鉱採取業
- 36石炭(亜炭ヲ含ム)鉱業
- 37石油鉱業
- 38其ノ他ノ採鉱業
- 39土石採取業
- ### IV 工 業
- 40鉄精鍊業及材料品製造業
- 41銅精鍊業及材料品製造業
- 42亜鉛精鍊業及材料品製造業
- 43鉛精鍊業及材料品製造業
- 44アルミニウム精鍊業及材料品製造業
- 45マグネシウム精鍊業及材料品製造業
- 46錫精鍊業及材料品製造業
- 47金属タンゲステン精鍊業及材料品製造業
- 48アンチモン精鍊業及材料品製造業
- 49其ノ他ノ金属精鍊業及材料品製造業
- 50黃銅材料品製造業
- 51其ノ他ノ銅合金材料品製造業
- 52其ノ他ノ合金材料品製造業
- 53銑鐵鑄物業
- 54可鍛鑄鐵鑄物業
- 55銅鑄物業
- 56青銅(燐青銅含ム)鑄物業
- 57アルミニウム鑄物業
- 58其ノ他ノ鑄物業
- 59亜鉛メツキ業
- 60錫メツキ業
- 61ニッケルメツキ業
- 62其ノ他ノメツキ業
- 63鏈鎖製造業
- 64バネ製造業
- 65鋼索製造業
- 66金網製造業

地域	世帯	総 数	内地人世帯数	朝鮮人世帯数
内 地		14,213,947	13,974,154	228,646
朝 鮮		4,586,565	167,230	4,406,206
台 湾		974,745	76,795	343
樺 太		75,210	72,664	2,392
閩 東 州		231,604	41,311	1,001
南 洋 群 島		28,552	18,013	632
合 計		20,110,623	14,350,167	4,639,220

台湾人ノ世帯数	樺太人ノ世帯数	南洋人ノ世帯数	外国人ノ世帯数
3,297	161	37	7,652
21	—	—	13,108
886,239	—	—	11,368
—	73	—	81
87	—	—	189,205
1	—	9,863	43
889,645	234	9,900	221,457

昭和十年人口	昭和五年人口	大正十四年人口	大正九年人口
	63,972,025		55,884,992
	419,009		40,755
	4,611		1,703
	22		31
	18		3
	54,320		35,569
69,254,148	64,450,005	59,736,822	55,963,053
619,005	527,016	443,402	
22,208,102	20,738,108	19,020,030	
48	19	9	
172	15		
71,711	93,147	54,504	
22,899,038	21,058,305	19,522,941	
270,584	228,281	183,722	164,266
1,474	898	297	69
4,882,945	4,313,681	3,775,288	3,466,507
		—	—
57,423	49,677	34,101	24,466
5,212,426	4,592,537	3,993,408	3,655,308
320,689	284,198	—	102,841
8,841	8,301	—	934
1	5	—	
1,949	2,164	1,884	1,954
463	528	—	170
331,943	295,196	203,754	105,899
163,571	117,931	94,853	78,634
4,384	2,316	1,172	576
205	52	63	22
962,706	834,444	669,106	608,589
3,215	998	582	309
1,134,081	955,741	765,776	688,130
51,309	19,629	7,330	3,403
546	198	98	268
6	1	2	—
—	7	—	—
50,573	49,695	48,798	48,505
103	96	66	46
102,537	69,626	56,294	52,222
—	65,149,080		
—	20,868,830		
—	4,318,369		
—	2,208		
—	49,718		
—	1,033,210		
—	91,421,410		

地 域	民 籍	國 籍	人口	昭和十五年人口		
			總 數	男	女	
內 地	內 地	人	71,810,222	35,777,983	36,032,039	
	朝 鮮	人	1,241,315	744,296	497,019	
	台 湾	人	22,499	17,584	4,915	
	樺 太	人	986	545	441	
	南 洋	人	249	153	96	
	外 国	人	39,237	25,449	13,788	
朝 鮮	計		73,114,308	36,566,010	36,548,298	
	內 地	人	707,742	374,212	333,530	
	朝 鮮	人	23,547,465	11,839,295	11,708,170	
	台 湾	人	226	182	44	
	樺 太	人	—	—	—	
	南 洋	人	2	—	2	
台 湾	外 国	人	70,892	52,541	18,351	
	計		24,326,327	12,266,230	12,060,097	
	內 地	人	312,386	161,834	150,552	
	朝 鮮	人	2,376	1,026	1,350	
	台 湾	人	5,510,259	2,776,808	2,733,251	
	南 洋	人	1	1	—	
樺 太	外 国	人	47,062	30,986	16,076	
	計		5,872,084	2,970,655	2,901,429	
	內 地	人	394,603	224,494	170,109	
	朝 鮮	人	19,505	14,914	4,591	
	台 湾	人	35	34	1	
	樺 太	人	396	191	205	
關 東 州	外 国	人	352	222	130	
	計		414,891	239,835	175,056	
	內 地	人	198,188	103,435	94,753	
	朝 鮮	人	6,384	3,769	2,615	
	台 湾	人	550	334	216	
	滿 州	國 人	1,158,083	670,967	487,116	
南 洋 群 島	其 他 外 國 人		4,129	3,087	1,042	
	計		1,367,334	781,592	585,742	
	內 地	人	77,011	44,143	32,868	
	朝 鮮	人	3,472	2,284	1,188	
	台 湾	人	7	7	—	
	樺 太	人	—	—	—	
合 計	南 洋	人	50,648	26,146	24,502	
	外 国	人	120	61	59	
	計		131,258	72,641	58,617	
	內 地	人	73,494,952	36,086,081	36,813,871	
	朝 鮮	人	24,820,517	12,605,580	12,214,433	
	台 湾	人	5,533,576	3,394,949	2,738,627	
	樺 太	人	1,382	736	646	
	南 洋	人	59,900	26,300	24,600	
	外 国	人	1,314,875	783,313	536,562	
	計		103,226,202	52,896,963	52,329,234	

卷之三

(卷之二)

人七十四名，而其四全，（除山川、洋水、海、内、外等洋水、山川、内外等外）以人丁全数，是其一也。

昭和十五年国勢調査統計原表（全人口ニ関スル分）

第十表 民籍及国籍ニ依リ分チタル帝国版図内ノ人口及世帯数

備 考

[表枠外下段の備考]

- 1 昭和十年以前ノ関東州ノ人口ニハ滿鉄附属地ニ現在シタル者ヲ含ム
- 2 世帯ハ普通世帯ノミナリ。世帯ノ民籍、国籍ノ區別ハ申告書初筆者ノ民籍、国籍ニ依ル
- 3 世帯主ノ民籍、国籍ニ依リテ分チタル世帯数ト初筆者ノ民籍、国籍ニ依リ分チタル世帯数トノ比較ニ付イテハ「第十表ノ二」参照ノコト（「第十表ノ二」は現存しない—編者注）

[表枠外右側の備考]

大正十四年国勢調査ニ際シテハ樺太ニ於テハ外国人及樺太土人以外外地人ヲ全然製表セズ其ノ数モ判明セザルニ付総人口中樺太土人ノミヲ抽出スルニ止メタリ

付屬資料

編纂者紹介

木村 健二（きむら けんじ）

1950年 愛媛県生まれ

1986年 早稲田大学大学院商学研究科博士後期課程満期退学

1990年～99年 東京農工大学、1999年～2016年 下関市立大学教員

下関市立大学名誉教授、在日朝鮮人運動史研究会会員

〈著作〉

『史料と分析：「韓国併合」直後の在日朝鮮人・中国人』（小松裕共編）明石書店、1998年

『一九三九年の在日朝鮮人観』ゆまに書房、2017年 他

在日朝鮮人資料叢書18 〈在日朝鮮人運動史研究会監修〉

在日朝鮮人国勢調査資料 2

2019年8月30日 第1刷発行

編纂者……………木村健二

発行者……………南里知樹

発行所……………株式会社 緑蔭書房

〒173-0004 東京都板橋区板橋 1-13-1

電話 03(3579)5444・FAX 03(6915)5418

印刷所……………長野印刷商工株式会社

製本所……………ダンクセキ株式会社

Printed in Japan

落丁・乱丁はお取替えいたします。

ISBN978-4-89774-190-1